高飏

记
/M/A/R/K/
号

真知　卓思　洞见

高飏——著

汴京，汴京

一座城市的衰落，一个王朝的崩塌

北京科学技术出版社

图书在版编目（CIP）数据

汴京，汴京：一座城市的衰落，一个王朝的崩塌 /
高飏著 . -- 北京：北京科学技术出版社，2024. 10.
ISBN 978-7-5714-3981-1

Ⅰ . K296.13

中国国家版本馆 CIP 数据核字第 2024U5S088 号

选题策划：记　号
策划编辑：马春华
责任编辑：武环静
责任校对：贾　荣
封面设计：何　睦
图文制作：刘永坤
责任印制：吕　越
出 版 人：曾庆宇
出版发行：北京科学技术出版社
社　　址：北京西直门南大街 16 号
邮政编码：100035
电　　话：0086-10-66135495（总编室）　0086-10-66113227（发行部）
网　　址：www.bkydw.cn
印　　刷：北京顶佳世纪印刷有限公司
开　　本：710 mm × 1000 mm 1/16
字　　数：230 千字
印　　张：21.25
版　　次：2024 年 10 月第 1 版
印　　次：2024 年 10 月第 1 次印刷
ISBN 978-7-5714-3981-1

定　　价：128.00 元

前言

2022年9月，国家文物局发布了一项重大考古发现：开封州桥汴河遗址。在这次发现中，令人瞩目的宋代堤岸石壁巨幅长卷，尤其受人关注。

北宋时期的州桥建在汴河与御街的交叉处，是汴京城的文化高地和地理标志。在详细记载宋代汴京城繁华景象的《东京梦华录》中，孟元老对州桥有着详细的描述：

近桥两岸皆石壁，雕镌海马、水兽、飞云之状。

一直以来只存在于书本上的文字描绘，如今真真切切地展现在千年后的人们眼前，无疑勾起了大众对10个世纪前那座以繁华著称的大都市——北宋汴京城的遐想。

一千年前，被誉为"凡有井水饮处，皆能歌柳词"的北宋大词人柳永，曾经写过一首小词，歌咏北宋京师汴京城。

看花回·玉城金阶舞舜干

玉城金阶舞舜干。朝野多欢。九衢三市风光丽，正万家、急管繁弦。凤楼临绮陌，嘉气非烟。

雅俗熙熙物态妍。忍负芳年。笑筵歌席连昏昼，任旗亭、斗酒十千。赏心何处好，唯有尊前。

开封州桥汴河遗址出土的宋代堤岸石壁巨幅长卷（部分）

在这首词中，柳永毫不掩饰地表达了他对自己居住的这座城市的喜爱：繁荣富足的城市中，朝廷歌舞升平，一派祥和；人民生活安乐，饮宴作乐；街道上人潮涌动，熙熙攘攘……柳永将汴京城春日繁盛的景象，用文字凝固在这首小词之中，仿佛是为数十年后那幅传世名画《清明上河图》所做的歌咏。

有赖于张择端的这幅名画，我们对于北宋汴京城究竟是什么样的有了最为直观的认识。这幅画的影响之大，以至于很多人将它描绘的市井面貌当成了中国古代都市的标准景象。提到古代著名的大都市，如汉唐长安、汉魏洛阳、南朝建康、北朝邺城……直到最晚近的明清北京，在很多人心目中，它们的市井，就是这幅名画中所画的那样。

然而，事实并非如此。《清明上河图》中展现的北宋汴京是如此独特。它之前的大都市并不是这样的。如历史教科书上所写，北宋汴京城诞生于坊市制崩溃之后，采用的是开放的街市制。这使它有别于之前所有的京城与都市。《清明上河图》

中繁华热闹的街市实际上诞生并不久。有意思的是，汴京城与之后的大都市也有很大不同。《清明上河图》中的城市形态只存在了短暂的百余年。它的很多特点，在中国古代历史上如此独树一帜，以至于我们要在近代城市中才能重新发现，有的甚至再也没有重现。

北宋汴京城究竟有哪些独一无二的地方？这座独一无二的大都市是如何诞生和发展的，又是如何在短短百余年内就走向了衰败和灭亡并不再复现的？在这里，我们试图揭开这座城市的神秘面纱，探究它兴亡成败的前世今生。

目 录

01

第一章

———

帝都人生活
靠京东吗

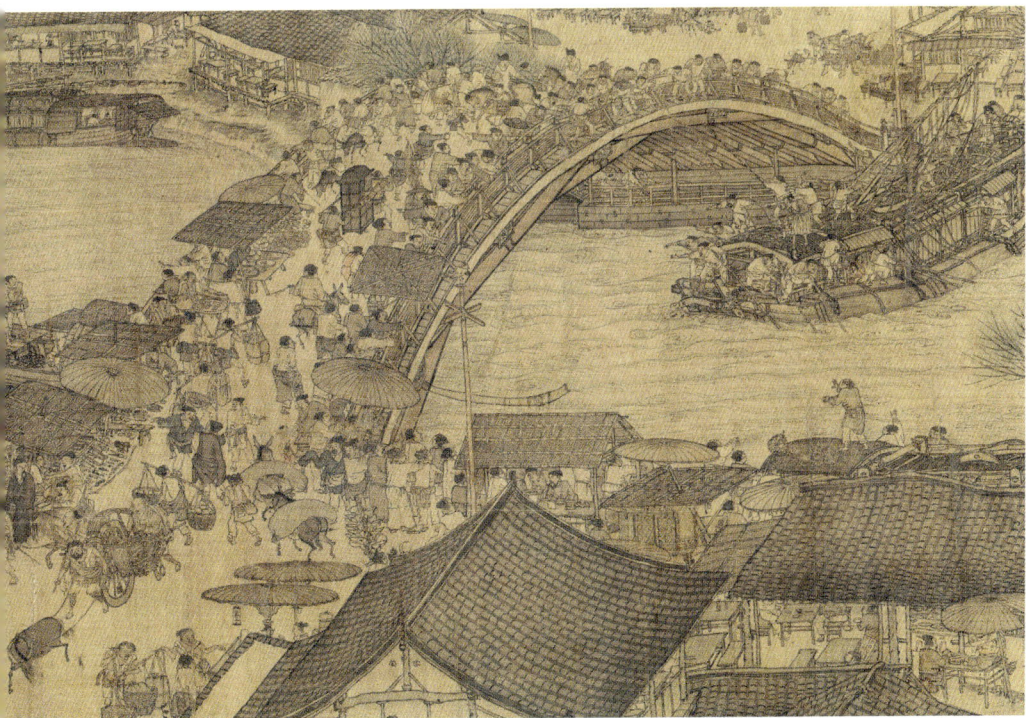

那年汴京的那场雪

宋真宗大中祥符五年（1012 年）十二月，纷纷扬扬的大雪已经连下了好几天。对于文人骚客，漫天的大雪无疑是吟诗作词的绝佳时机。然而，对 11 世纪的宋朝首都汴京城这座超级都市来说，连续的降雪很快就带来了一场前所未有的危机。

开封府的一道紧急奏章被连夜送到了皇帝赵恒的案头。

这份奏章上所报告的情况确实令人揪心。开封府称，连日大雪苦寒。京城的居民争相抢购御寒的必需品——柴薪木炭，市场上的薪炭随即水涨船高，每秤（15 斤）炭已经卖到了200 文[1]。而北宋前期的日常物价，一秤炭的价格不过十来文钱[2]。此时的炭价已经比平时涨了 10~20 倍。贫困的市民负担不起昂贵的炭价，在连日的大雪苦寒中，有冻馁而毙的危险。

接到上奏的皇帝赶紧召来了宰相和财政部门——三司的长官三司使商量对策。很快，一条诏命下发给三司：令三司调拨政府库存的木炭 40 万秤投放市场。派出官员 16 人分头设置卖场，将木炭以市价的一半出售给京城的居民。

---

[1]［宋］李焘：《续资治通鉴长编》卷七九，"大中祥符五年十二月己巳"条："时连日大雪苦寒，京城鬻炭者每秤钱二百，故有是命。"中华书局，1995 年，第 1807 页。

[2] 程民生：《宋代物价研究》，人民出版社，2008 年，第 536 页。

真宗坐像轴

［宋］佚名《真宗坐像轴》
台北故宫博物院藏

　　政府低价出售木炭的消息很快传遍汴京城。广大民众奔走相告，抢购的队伍排起长龙——毕竟，40 万秤听起来数量巨大，但考虑到汴京城的实际人口，一人一秤恐怕都分不到。抢购人群逐渐失控，终于引起了踩踏事故。一些体弱的贫民，尚未死于冻馁，却因抢购木炭被活活踩死、挤死在风雪中。

　　噩耗传来，真宗皇帝紧急派出自己的亲信，负责京城治安的都巡检张旻率领军校前往救护，并负责维护各木炭卖场的秩序。对于事故中死难的平民，皇帝特命赐死者家钱物；对于没有家人的单身死难者，则由官府出面予以安葬……①

---

① ［宋］李焘：《续资治通鉴长编》卷七九，"大中祥符五年十二月己巳"条："仍遣使臣十六人分置场，以内供奉二人提总之。自是小民奔凑，至有践死者，乃命都巡检张旻遣军校领徒巡护，赐死者家缗钱，无族者官为埋瘗。"中华书局，1995 年，第 1807 页。

这是史书上记载的北宋首都汴京城遭受的第一次雪灾。这次灾难发生之后，宋真宗便专门下令，三司日常要在京城保持储炭 50 万 ~70 万秤，以便遇到类似炭价腾贵有碍民生的灾害时，调用储备平抑炭价。①

史书记载中，对于大中祥符五年雪灾事件的记载至此告一段落。然而，这次事故中体现出的很多史实细节，却揭示出一些深层的信息。

就算是现代社会的大都市，遇到极端天气时，城市的物资供应出现问题的状况都屡见不鲜。以一千年前宋代的生产力，汴京城遇到雪灾，出现运输困难、物资匮乏的困境，是再正常不过的现象。然而值得深思的是，面对着极端天气下的运输困难，为什么不是消耗量更大的粮食出现匮乏，而是相对消耗量较小的木炭先出现了供应困难？

这个故事中另一个值得提出疑问的地方是，木炭的市价已经涨到日常 10~20 倍的高价，为何官方调用储备木炭平抑物价时，并不是用日常价格平价出售，而是以当时市价的一半，也就是日常价格 5~10 倍的价格出售？这可以仅仅简单地用宋朝官府也想乘机牟利，在普通市民身上捞一笔来解释吗？还是另有什么原因？

汴京城雪灾的故事背后，还有一些更为深层的信息可供挖掘。根据竺可桢先生的研究，在北宋时期，中国的气候经历了由温暖向寒冷变化的过程。自隋代开始至宋真宗咸平四年（1001 年），长达 400 余年的温暖期结束了。从 1001 年开始，

①［清］徐松：《宋会要辑稿》食货三七之六，上海古籍出版社，2014 年，第 6808 页。

至 12 世纪末（南宋前中期），经历了约 200 年的寒冷期①。这个宏观的气候变化对汴京城的影响颇为明显：从宋真宗咸平四年（1001 年）直到北宋灭亡的靖康二年（1127 年）这 127 年时间里，史书记载汴京城共经历过 16 次严冬雪灾②。其中对大中祥符五年（1012 年）这次雪灾，史书第一次记载了汴京城因雪灾造成平民死亡的情况。

那么，面对日益频繁的极端天气现象，宋朝官方制定并逐步设置为定制的这些短期和长期的应对措施，在汴京城再遭遇雪灾时，发挥了预想中的作用吗？后来面对雪灾时，汴京城中的官府和居民还有什么新的对策吗？他们的生活因此发生了怎样的改变？

理清这一切的来龙去脉，需要我们把视线拉回到宋太祖开宝三年（970 年）秋，北宋建立仅仅 10 年的当口。这一天，宋太祖赵匡胤正因为三司的一封奏章大发雷霆。在这份奏章中，三司报称，京城的粮食仓储不足，按月发放仅仅够发放到次年二月。

根据学者的研究，北宋汴京城极盛时期，人口约有 150 万，其中军队及军人家属约 40 万，皇宫、各级官吏及家属的人口也有约 10 万，余下是从事各行各业营生的市民③。宋初的汴京城当然没有这么多户口，但人口也有六七十万，其中军人、官吏及家属以及皇宫人口也有约 25 万。这 25 万人的口

① 竺可桢：《中国近五千年来气候变迁的初步研究》，载《考古学报》，1972 年第 1 期。
② 柴国生：《北宋开封雪灾与社会应对》，载《中州学刊》，2015 年第 9 期。
③ 周宝珠：《宋代东京研究》，河南大学出版社，1992 年，第 323~325 页；吴涛：《北宋都城东京》，河南人民出版社，1984 年，第 35~38 页。

粮依靠官府按月以军饷、俸禄的形式发放。三司奏报中所称按月发放只够发放至次年二月的粮食仓储，并不是指全城人的口粮，而是指发给这部分人的。

面对还有半年就将用尽的粮食储备，三司给出的解决方案是：将驻扎在汴京城的军队分散调往有粮食储备的地区，同时征集全部民船去江淮地区加紧运输粮食。暴怒的宋太祖将三司主要官员招来一通臭骂，他指着三司使楚昭辅骂道："国家没有 9 年的储备就叫储蓄不足。你平时不关心仓储，导致仓储快要用尽才发现，想出这么个分散军队、搜刮民船的馊主意出来，这是能一下子办到的吗？要你们有什么用？如果真的发生了仓储短缺，我就治你的罪以谢天下！"①

这次宋太祖的震怒引发了一个深远的影响——此后北宋政府极度重视汴京的粮食仓储。建立了 25 个大型仓库存储粮食②，常年保持京师有足够吃 2~7 年的粮食储备。据文献记载，在本篇讲述的这场雪灾发生的宋真宗统治中晚期，京城储粮应已达到 1560 万余石③，按当时每人每天消耗 2 升粮食的普遍标准计算，一石十斗，一斗十升，一个人一年④消耗七石二斗，足够 200 万人吃一年还多。所以，当雪灾发生后，虽然物资运输困难，粮食也因此出现了涨价，但没有出现匮乏的现象。

---

① ［元］脱脱等：《宋史》卷二七六《陈从信传》，中华书局，1977 年，第 9403 页。
② ［清］徐松：《宋会要辑稿》食货六二之三，上海古籍出版社，2014 年，第 7550 页。
③ ［元］马端临：《文献通考》卷二五《国用考三·漕运》："天禧末，京城所积仓粟一千五百六十万余石，草一千七百万五千余围。"中华书局，2011 年，第 743 页。天禧末当在 1021 年前后。
④ 按农历一年十二个月，一个月三十天，每人每年消耗七石二斗。

第一章　帝都人生活靠京东吗

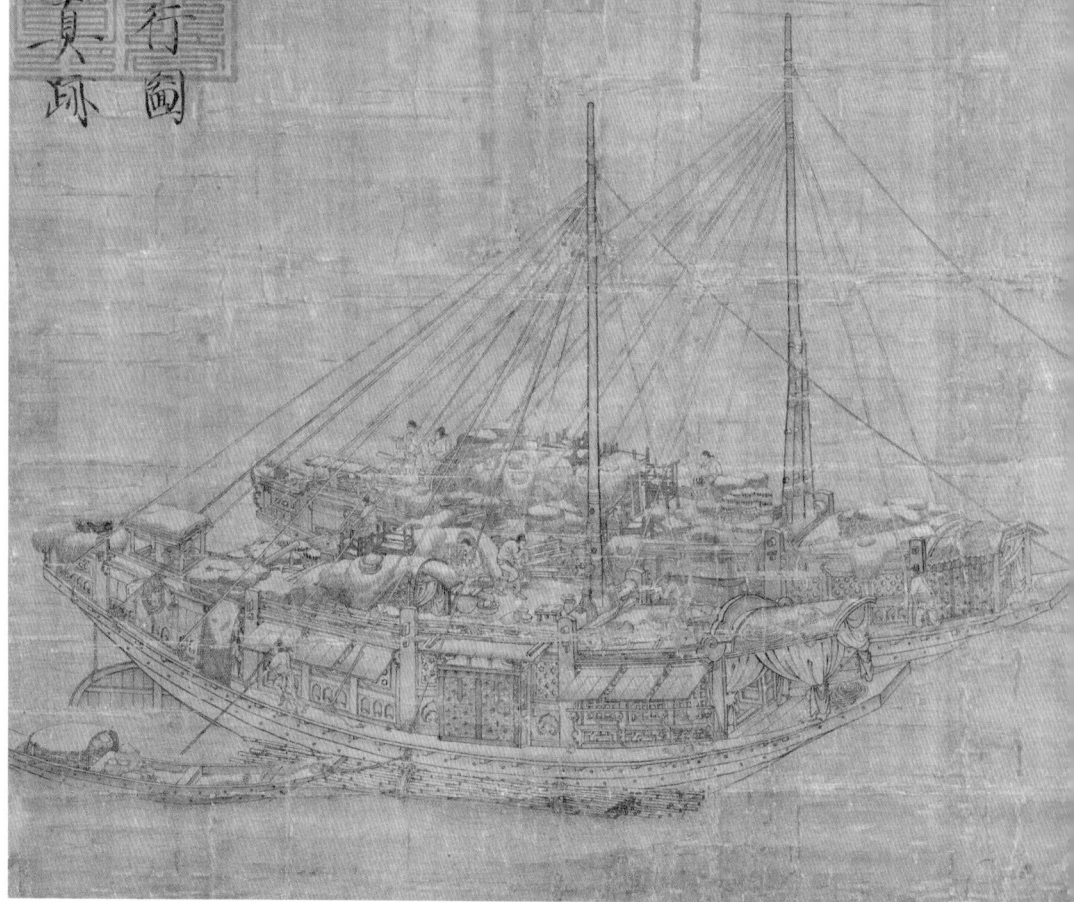

雪天，船运成为最可靠的运输方式

[北宋] 郭忠恕《雪霁江行图》
台北故宫博物院藏

在这次引起宋太祖震怒的事件中,还有一个信息引起了学者们的注意。被责成拿出解决方案的三司,在之后的计划中提到,如果强行征集全部民船赶运粮食,会产生一个意想不到的连带后果:原本依靠这些民船运输进京的薪炭无法运输,将会导致当年冬天汴京城中薪炭短缺[1]。这也解释了一个事实:北宋时的汴京城,冬季使用的薪炭,主要靠当年秋季从外地运输而来,储存起来成为冬季使用薪炭的主要部分。剩下的另一小部分则依靠冬季时运量已经急剧收缩的实时贩运。这就导致了这次雪灾时汴京城面临的困境:冬季的柴薪储备主要靠秋季的储备,储备量相当有限,一旦出现雪灾这类柴薪消耗量剧增的情况,再加上实时运输困难补给不继,就很容易酿成柴薪匮乏、炭价腾贵的局面。

虽然在宋真宗的命令下,三司在京设立了专门储藏薪炭的仓库,但最多70万秤的储藏量依旧不足一人一秤。对于雪灾中的平民,虽不能说杯水车薪,但也只能说作用有限。

仅仅5年后,雪灾再临。天禧元年(1017年)十二月,"京师大雪,苦寒,人多冻死,路有僵尸"[2],宋真宗的措施,似乎并没有起到很大的作用。

在随后的数十年中,一旦遭遇雪灾,汴京城就屡屡出现平民"冻馁"甚至路有冻死骨的惨状。宋仁宗庆历四年(1044年)正月,"京师积雪,民多冻馁",在这次雪灾中,

---

① [元]脱脱等:《宋史》卷二七六《陈从信传》,中华书局,1977年,第9404页。
② [元]脱脱等:《宋史》卷六二《五行志一·水·下》,中华书局,1977年,第1342页。

宋仁宗下令三司拿出储备的粮食、薪炭减价出售①救济受灾平民。

然而，这种措施效果实在有限。至和元年（1054年）正月"京师大雪，贫弱之民冻死者甚众"②；嘉祐元年（1056年）正月，"大雨雪，泥途尽冰。都民寒饿，死者甚众"③；最惨的是嘉祐四年（1059年），京师再次遭遇连续降雪，从前一年岁末一直下到这一年正月，史载"自去年雨雪不止，民饥寒，死者道路甚众"。时任知开封府的大文豪欧阳修在给皇帝的上奏中描述了这样的悲惨画面：连日阴寒雨雪，导致平民失业，街市萧条，不少人因寒冷被冻死；薪炭和食物价格翻倍上涨；许多人因为贫寒受冻，难以忍受，投井、跳河自杀，甚至还出现了妻子被冻死、丈夫随之自缢身亡的人间惨剧。

一连串遭遇雪灾就会出现冻死平民的惨剧让以仁爱著称的宋仁宗急了眼，于是在嘉祐四年（1059年）的这次雪灾中，宋仁宗干脆"遣官分行京城，赐孤穷老疾钱，畿县委令佐为糜粥济饥"④。给老弱病残直接发钱，向平民直接发放食物。这依旧只是亡羊补牢，效果并不理想。

然而，奇怪的是，这一连串雪灾致人冻死的记录，在宋仁宗嘉祐年间之后，却戛然而止。此后的宋神宗、宋哲宗、

---

① ［宋］李焘：《续资治通鉴长编》卷一四六，"庆历四年正月庚午"条，中华书局，1995年，第3527页。
② ［元］脱脱等：《宋史》卷六二《五行志一·水·下》，中华书局，1977年，第1342页。
③ ［元］脱脱等：《宋史》卷六二《五行志一·水·下》，中华书局，1977年，第1342页。
④ ［元］脱脱等：《宋史》卷十二《仁宗本纪四》，中华书局，1977年，第243~244页。

宋代绘画中的雪地行旅
[宋] 佚名《雪山行旅图》
故宫博物院藏

宋徽宗年间，都曾出现过数次京师遭遇连续大雪的灾害，除北宋灭亡的宋钦宗靖康二年（1127 年）外，却再也没有了因雪灾致民众冻馁而死的记录①。是宋仁宗之后的宋朝史官就此为君主讳，不再记录实情了吗？

然而，事情并非如此简单，北宋汴京城面对雪灾的应对效果的变化，与一种燃料的出现并迅速占领了汴京城的燃料市场有关。这种燃料就是煤炭。而煤炭代替薪炭成为汴京城燃料的主力背后，是一次影响深远的革命——中古燃料革命。

从远古时代到唐宋时期，由于交通运输条件极不便利，居民利用的燃料大多就地取材或短途运输。因此，可供利用的燃料主要是居住区周边的植物性燃料。包括木柴、秸秆、蒿草、木炭等。这些燃料多来自木本植物即树木的枝杈、树干以及草本植物如农作物的茎秆、叶片。

在古代中国，靠近山区的地区往往是不缺燃料的。山区各种天然林木分布广泛，当地居民使用的燃料中以天然木质材料为主，将野生草本植物如蒿草与农作物秸秆作为重要补充。而在广大平原地区，燃料的供应则相对困难。因为经过充分开发的平原农业区，历来就缺少天然林木，因此很早就形成了以农作物秸秆为主，蒿草等野生草本植物为辅，搭配少量树木枝叶的燃料格局②。

这些植物燃料最大的特点，就是密度低，体积大，热值低，不易大量储存③。按照测算，古代平民的生活中，每人每

① 许惠民、黄淳：《北宋时期开封的燃料问题——宋代能源问题研究之二》，载《云南社会科学》，1988 年第 6 期。
② 赵九洲：《古代华北燃料问题研究》，南开大学 2012 年博士学位论文。
③ 柴国生：《宋代能源结构变迁原因探析》，载《中州学刊》，2019 年第 9 期。

年需要使用的燃料，大约是 0.5 吨的木质薪柴[①]，如果使用秸秆、蒿草等草本燃料，数量还会更多。在古代，通常一家以5口计，一年需用的燃料则约为2.5吨薪柴或更多的秸秆、蒿草。

作为京师，汴京城遇到的困境其实是北宋全国，尤其是北方地区在燃料上遭遇困境的一个缩影，那就是唐宋时期已经愈演愈烈的燃料危机。随着人口的不断增加，生活所需的燃料需求量越来越大。尤其是广大的平原地区，随着农业的开发，天然林木日渐稀疏。可供使用的木质燃料越来越少，只能以农业生产产生的农作物秸秆为主要燃料来源，燃料资源相对匮乏。而人口密集的城市也集中出现在交通相对便利的平原地区。城市人口大量从事手工业、商业等非农业活动，并不生产秸秆类燃料，却同样对燃料需求巨大，这使得平原地区的燃料危机更加严重。唐长安城、唐洛阳城、宋汴京城这种人口接近或超过百万的大都市在平原地区的出现，更是将唐宋时期的燃料危机推向了高峰。

北宋前中期的汴京城燃料市场上，占据统治地位的，还是植物性燃料。在《清明上河图》上我们能明显看出，汴京普通的民居并不宽敞，自然难以有足够空间去囤聚如此数量的植物性燃料。也就是说，汴京城的普通居民，日常使用的燃料高度依赖市场的实时供应。植物性燃料稳定供应的规模大小与顺畅程度，成了影响汴京城规模能否持续扩大的一个重要因素。当然，根据学者们的研究，我们也得以知道，北宋汴京城的人口，从建国之初到宋徽宗时期，一直处于持续

---

① 龚胜生：《唐长安城薪炭供销的初步研究》，载《中国历史地理论丛》，1991年第3期。

膨胀的过程。这一趋势从宋初到宋仁宗时代并没有出现很大的曲折①。这就意味着，宋仁宗末期之前，对汴京城植物性燃料的供应支撑起了汴京人口的扩张，但随之而来的，是燃料季节性短缺愈演愈烈带来的雪灾惨剧。这也说明依靠植物性燃料作为主要燃料，汴京城的规模扩张和日常燃料安全在宋仁宗末期都已经触到了安全阈值的红线。

相比植物性燃料，煤炭是密度大、体积小、热值高、易储存运输的矿物燃料。同体积下煤炭与薪炭的热值比达到了 1.659∶1②，比起秸秆、蒿草就更高得多。考虑到汴京城日常运输中薪炭有限的运量，以矿物燃料煤炭替代植物性燃料薪炭成为增加燃料供给的不二选择。

在宋神宗刚刚登基一年多的熙宁元年（1068 年），也就是发生了严重雪灾冻死汴京平民的嘉祐四年（1059 年）后仅仅 9 年，史书中出现了关于煤炭的记载。这一年，宋朝官府下令，对从怀州（今河南焦作）贩运至京城的煤炭免除征收部分商税③。这条诏令的存在说明，在宋神宗之前的宋仁宗、宋英宗（仅仅在位不足 4 年）时期，煤炭已经作为商品开始小规模出现在汴京城的燃料市场上。它的优点很快被汴京市民和官方发现，随着减税令的发布，煤炭通过商业流通渠道进入汴京的规模快速扩大，很快占据了大量市场份额。生活在北宋末南宋初的朱弁在其《曲巧旧闻》中回忆"石炭不知始

---

① 周宝珠：《宋代东京研究》，河南大学出版社，1992 年，第 323~325 页；吴涛：《北宋都城东京》，河南人民出版社，1984 年，第 35~38 页。
② 柴国生：《宋代能源结构变迁原因探析》，载《中州学刊》，2019 年第 9 期。
③ 〔元〕马端临：《文献通考》卷一四《征榷考一》："石炭自怀至京，不征。"中华书局，2011 年，第 407 页。

何时，熙宁间初到京师"，正反映了熙宁初年在官方减税令的支持下，煤炭在汴京城快速推广的情况。

6年后的熙宁七年（1074年），京城的官方手工业工场中，已经将煤炭和木柴对等兼用[1]。

到北宋后期，如南宋人庄绰在所著《鸡肋编》中回忆北宋都城汴京时称"昔汴都数百万家，尽仰石炭，无一家燃薪者"。这个描述也许有一点儿夸张，但大体情况就是煤炭在宋神宗熙宁年间大规模进入后，至北宋灭亡的五十多年时间里，煤炭已经完成了对汴京城燃料市场的占领，全面取代了木柴、木炭、秸秆等植物性燃料，成为供应边境市民、官署、皇宫的主要燃料。汴京城的这次燃料供应变化，成为学界所说"中古燃料革命"的一个标志性现象。

然而，煤炭作为燃料，并非始于宋代。在一些汉代的冶铁遗址中，考古人员发现了原煤和煤渣，说明在汉代的冶炼手工业中已经开始使用煤炭作为燃料[2]。三国魏晋时期，曹操在邺城筑铜雀台时，就储藏了数十万斤煤炭[3]。一些煤炭产地

---

[1] ［清］徐松：《宋会要辑稿》食货五五之二一："勘会在京窑务，所有柴数于三年内取一年最多数，增成六十万束，仍与石炭兼用。"上海古籍出版社，2014年，第7263页。

[2] 河南省文化局文物工作队：《巩县铁生沟》，文物出版社，1962年，第18页；郑州博物馆：《郑州古荥镇汉代冶铁遗址发掘简报》，载《文物》，1978年第2期。

[3] 西晋时期陆云写给其兄陆机的信中曾提到"一日上三台，曹公藏石墨数十万斤，云消此烧，复可用然，不知兄颇见之不？今送二螺"，见［宋］李昉等：《太平御览》卷六〇五《文部二一·墨》，中华书局，2000年，第2723页。郦道元《水经注》卷十《浊漳水》也有记载："魏武封于邺，城之西北有治……井深十五丈，藏冰及石墨焉。石墨可书，又然之难尽，亦谓之石炭，又有粟窑及盐窑，以备不虞。"［北魏］郦道元著，陈桥驿校证：《水经注校证》，中华书局，2007年，第259页。

古代常见的植物性燃料：木柴

[明] 吴伟《樵夫图》

不列颠博物馆藏

周边，更是早已将煤炭作为主要燃料使用，甚至取代了植物性燃料。曹操在邺城储藏并使用的煤炭，就应出自邺城周边今天峰峰、邯郸一带煤矿区。然而，在如此漫长的历史时期里，煤炭的使用仅仅局限于产地周边，并未扩散到远离产地的中原广大地区。而汴京城的这次"燃料革命"，之所以被视为"革命"，恰好是因为煤炭突破了产地的限制，成为远离煤炭产区的大都市的主要燃料。

汴京城和雪灾的故事，背后隐藏着一个燃料革命的故事。在这个故事中，有两个值得深思的细节。其一，在面临普遍燃料危机的条件下，煤炭进入汴京之前，这个人口日益扩张的大都市日常巨量植物性燃料的供应是如何实现的？其二，一直以来都局限在产地周边使用的煤炭，为什么恰恰是在北宋汴京城完成了成为远离产地的大都市燃料来源的突破？

这个燃料革命的故事其实牵涉北宋汴京城这个超前于时代的大都市在 1000 年前得以诞生的秘密，以及这座前无古人的大都市维持正常运作的机理。就让我们从这些故事出发，去一窥这座城市和产生它的时代的奥秘吧。

汴京人的吃穿用度从哪里来

探寻汴京城的奥秘之前，我们首先要回顾一下汴京城之前的中国城市是什么样的，是怎样诞生和发展的。这样才能发现这座城市与之前的城市的差别在哪里。

古代中国的城市，最早在商周时期是"军事城堡性质"，也就是作为统治者的军事据点存在。它的作用是依靠城市中驻扎的军队和统治机构对周围的农业聚落进行政治控制。

随着经济的发展，到了春秋时代，中国的城市初步开始有了工商业。城市人口开始集聚、增加，"但城市的职能主要还是政治控制"，并没有发生质的变化。

战国中期开始，各国竞相发展农耕经济，手工业随之兴起，出现了工商业的第一次繁荣。受到经济发展的刺激，战国各国之间交往频繁，连接各国的交通路线大规模开辟。那些位于交通枢纽的城市相应地也得到了快速发展，要么被择为列国的都城或重要都邑，要么成为商人会聚的著名商业都市。当时著名的城市如齐国的临淄、赵国的邯郸、魏国的大梁、楚国的寿春、韩国的新郑、秦国的咸阳，以及作为著名商业都市的洛阳、宛等都是如此发展起来的。

秦汉统一后，各地区之间经济交流日益加强，原先分布在这些主要交通干线上的城市进一步繁荣和发展[1]。各地区都出现了本区域基于交通枢纽形成的核心都市。司马迁在《史记·货殖列传》中一一列出了各地区的都会城市[2]，《汉书·食货志》更明确地列出了长安、洛阳、成都、临淄、邯郸、宛是全国最重要的六大都会。此后，中国古代的都市，在此基础上不断发展，基于交通、政治、军事等多方面因素的影响，在南北朝隋唐时期，终于出现了南朝建康，隋唐长安、洛阳等人口百万级的大都市。

然而，物流毕竟是有成本的，司马迁记载的"百里不贩樵，千里不贩籴"[3]谚语正是这一现实的写照。对脱离了农业生产的城市居民来说，维系生活的日用大宗物资，基本来自农业生产，即所谓的"盖人家每日不可阙者，柴米油盐酱醋茶"[4]。这些日常生活的大宗物资一般需求量大，单位价值

① 邹逸麟：《历史时期黄河流域的环境变迁与城市兴衰》，载《江汉论坛》，2006 年第 5 期。
② ［汉］司马迁：《史记》卷一二九《货殖列传》："然邯郸亦漳、河之间一都会也""夫燕亦勃、碣之间一都会也""临淄亦海岱之间一都会也""陶、睢阳亦一都会也""夫吴自阖庐、春申、王濞三人招致天下之喜游子弟，东有海盐之饶，章山之铜，三江、五湖之利，亦江东一都会也""郢之后徙寿春，亦以都会也""番禺亦其一都会也""宛亦一都会也"，中华书局，1959 年，第 3264~3269 页。
③ ［汉］司马迁：《史记》卷一二九《货殖列传》，中华书局，1959 年，第 3271 页。
④ ［宋］吴自牧：《梦粱录》卷一六《鲞铺》，中华书局，1956 年，第 270 页。

不高，而且难以长期储存。在交通并不发达的古代，这些农业产品很难通过长途贩运获利。因此，学者们发现，在古代中国，尽管贯通全国的水、陆交通网已初步形成，但商品贩运对象"除极少数不可缺少的生产和生活用品，如盐、铁等之外，多半是单位价值高、体积轻便的奢侈品，如珠玉之类"①。

于是，在秦汉直至隋唐的古代中国，城市的日常大宗物资供应，基本来自城市周边区域。向一座城市提供物资的区域的大小，以及这个区域所能提供物资的多少，直接决定了这座城市能达到规模的物理上限。中国的城市，在发展到隋唐时期后，著名的唐长安城就明显撞上了这个"天花板"。

唐代长安作为一个人口百万级的大都市，在其极盛时，人口可能曾短暂超过了一百万，但大部分时期，其人口都被

---

① 张弘：《战国秦汉时期商人和商业资本研究》，齐鲁书社，2003年，第30页。

限制在70万～90万的区间内①。甚至有学者认为唐长安城的人口从来没有达到过一百万，中国古代都城人口超过百万是北宋汴京才实现的②。其中重要的原因就是长安城的大宗物资供应遭遇到供应地域的限制。

比如长安城需要的粮食。按唐代长安城的人口计算，长期需要每年600万石以上的粮食供应。但因为长安坐落在关中盆地腹地，有"四塞之国"之称③，以至于与区域外地区交通多有阻碍。因为黄河三门峡天险的存在，通过漕运从唐代关东地区向长安运送粮食极其困难。唐政权不计成本地向长安漕运粮食，每年平均只有100万石（在大多数年份内还达不到这个数字）。因此，长安城的粮食供应，高度依赖关中盆地的农业生产。一旦发生自然灾害、战乱等变故导致关中农业大规模减产，长安立刻就会陷入粮食危机。唐代历史上曾15次"移都就食"，皇帝带着众臣，甚至带着部分百姓离开都城长安，前往粮食储备丰富的东都洛阳居住。等关中灾荒过去，经济情况好转后再回归长安。这种状况的出现，正是唐长安城大宗物资供应受到地域严重限制的体现。

之前一直讨论的柴薪也是如此。与每年还有百万石漕运作为补充的粮食不同，长安城的植物性燃料供应完全依靠关中盆地内的出产。虽然不至于完全符合"百里不贩樵"的古谚，但也局限在京畿地区。从当时留下的资料来看，唐代供

① 张天虹：《再论唐代长安人口的数量问题——兼评近15年来有关唐长安人口研究》，载《唐都学刊》，2008年5月。
②［日］妹尾达彦：《唐都长安城的人口数与城内人口分布》，载《中国古都研究》（十二），山西人民出版社，1998年，第182～189页。
③［汉］司马迁：《史记》卷六《秦始皇本纪》："秦地被山带河以为固，四塞之国也。"中华书局，1959年，第277页。

给长安的植物性燃料大多出自长安所在的关中京兆府、岐州、陇州（约包括今陕西西安、咸阳、宝鸡）200余千米范围的终南山、陇山的树木[1]。虽然终南山等山地有着充足的林木供应，但唐长安城常年大量的薪炭需求（据研究，以人口80万计，长安城每年的薪炭消耗量达40万吨），导致关中地区森林遭到了急剧破坏，从而引发关中地区一系列环境恶化的后果，如河流水量减小、水土流失加剧等。而关中的环境恶化，使得长安城作为大都市存在的根基越发动摇。自907年唐代灭亡后，长安城就一蹶不振，关中盆地在前工业时代再也支撑不了百万级人口的城市。而关中盆地再次出现人口超过百万的大城市要等到千年之后的现代了。

从唐长安城的例子，我们可以得知，汴京城作为一个长期人口超过百万，鼎盛时人口接近150万的前所未有的大都市，它面临的日常大宗物资的供给需求远在唐长安城之上。那么，仅仅依靠汴京城周边数百里范围（也就是今河南中部平原地区）内的区域农业生产，足以支撑起这个时代大都市的物资供应吗？答案当然是否定的。如果仅仅依靠周边区域的供给，汴京城不要说人口超过百万，恐怕连百万的一半都难以支撑。更不要说同一区域中还有北宋的西京河南府（今河南洛阳地区）、南京应天府（今河南商丘地区）这两个人口数十万的陪都大城市了。

汴京城不同于之前所有大都市的一大秘密：汴京城得以容纳百万以上人口，它的物资供应完全依赖以开封为中心的

---

[1] 龚胜生：《唐长安城薪炭供销的初步研究》，载《中国历史地理论丛》，1991年第3期。

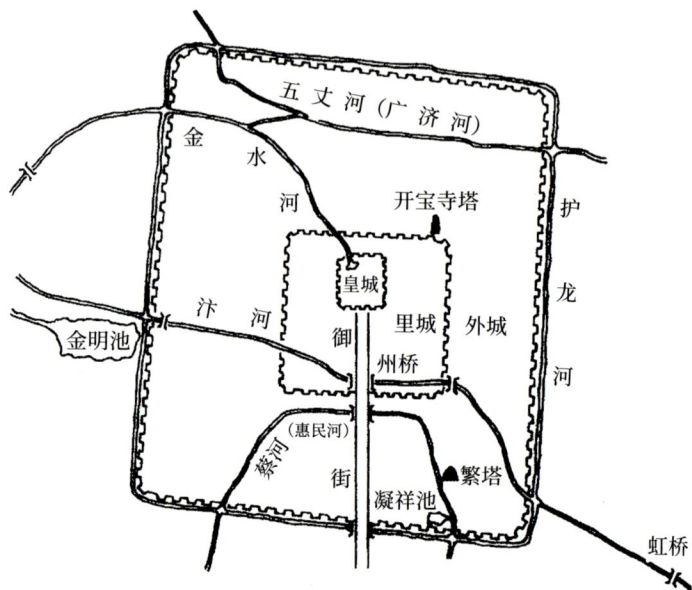

庞大的内河交通网。依靠极其发达的内河交通网，北宋汴京
城的大宗物资供应范围，突破了周边区域，延伸到了全国各
地的各个角落。这个内河交通网中最为重要的，是作为水运
主力的四条内河运输线，它们是黄河、汴河、惠民河、五丈
河。其中，汴河、惠民河、五丈河从汴京城穿城而过，使得
经由水运输送的物资可以直达汴京城内。它们对于汴京城的
意义如此重大，以至于宋太祖赵匡胤在统一全国之前曾对来
自吴越国的使臣炫耀，将穿城而过的这三条运河比作自己的
三条"宝带"①。

在这张内河交通网中，黄河、汴河、惠民河、五丈河勾

①［宋］范镇：《东斋记事》，"补遗"条："钱俶进宝带，太祖曰：'朕有
三条带，与此不同。'俶请宣示，上曰：'汴河一条，惠民河一条，五丈
河一条。'俶大愧服。"中华书局，1980年，第45页。

汴京，汴京

连起四面八方的水路运输线，济水、御河、泗水、颍水、涡河、汜水、石塘河等连接以上四条水路向外呈放射状分布。汴河主要流经东南方向与淮河相连，再连接真楚运河、江南运河和浙东运河从而沟通长江、松江、钱塘江。五丈河向东北方向与济水沟通；惠民河与西南方向的颍水、涡水等相连；西北方向有汴河与黄河相衔接，并通过御河与渭水向北向西分别延伸。各河流间环环相扣，四通八达，基本上勾连起全国各主要地域。

借助这张四通八达的内河交通网，北宋时期汴京的物资供应突破了古人"百里不贩樵，千里不贩粜"的经验总结，打破了原来各地物资只能在本地域内流动的限制，实现了全国范围内的大宗物资汇集于汴京城并在此地交换，汴京城也因此成了真正意义上的全国物流中心和枢纽。

具体从粮食的运输上看，汴京城的粮食供应，正是从四条水路接收来自全国四方的供给。以京师汴京城为中心的漕运分为四路。汴河自东向西运输来自江南路、淮南路、两浙路、荆湖南路、荆湖北路（今江苏、安徽、浙江、上海、江西、湖南、湖北大部以及河南东南部）从淮河转运的粮食；汴河同时自西向东运送陕西（今陕西）自黄河转运而来的粮食；惠民河运输来自陈、蔡地区（今河南西南部、湖北北部）的粮食；五丈河运输来自京东路（今山东、河南东部）的粮食。其中运输量最大的是汴河①。

为了支撑汴京城超百万的人口，通过水路漕运供给汴京的粮食运输量相当惊人。

在北宋统一南方之前，按照后来宰相王曾的记载，汴京的粮食供应主要依靠京东路，每年通过五丈河漕运进京的粮食达百余万石②，可以说，那时的京东路是汴京物资供应的主要来源地。随着统一战争的推进，北宋消灭南唐，吴越纳土归降，富庶的江淮地区日益成为汴京的粮食主要供应地。

到吴越纳土仅仅3年之后的宋太宗太平兴国六年（981年），"汴河岁运江淮秔米三百万石、豆百万石；黄河粟五十万

① ［元］马端临：《文献通考》卷二五《国用考三·漕运》："本朝定都于汴，漕运之法分为四路。江南、淮南、浙东西、荆湖南北六路之粟，自淮入汴至京师；陕西之粟，自三门、白波转黄河入汴至京师；陈、蔡之粟，自闵河、蔡河入汴至京师；京东之粟，自十五丈河历曹、陈济及郓至京师，四河所运惟汴河最重。"中华书局，2011年，第744页。
② ［宋］王曾：《王文正公笔录》载："国初方隅未一，京师储廪仰给，唯京西京东数路而已。河渠转漕最为急务，京东自潍密以西州郡，租赋悉输沿河诸仓，以备上供。清河起青淄，合东阿，历齐郓，涉梁山，泝济州，入五丈河，达汴都。岁漕百余万石。"见《全宋笔记》第一编第三册，大象出版社，2003年，第264页。

石、豆三十万石；惠民河粟四十万石、豆二十万石；广济河粟十二万石"①，共计550余万石的各地粮食运至京师，足够80万人吃一年，加上其他途径运至汴京的各地粮食以及汴京周边区域的粮食产出，供应百万以上人口的粮食来源就此确定。

到宋真宗景德三年（1006年），宋朝官方在衡量了往年的漕运量后，将江淮地区通过汴河运输到汴京城的粮食数量定为每年600万石②。此后，各运河漕运粮食数量的分配大约是每年汴河600万石、五丈河（广济河）62万石、惠民河60万石③，达到每年700余万石粮食的运输量。每年仅粮食的漕运量就已经足够提供100万人口的口粮。此后的北宋大部分时期，粮食漕运数量都在600余万石至700余万石之间波动，汴京城超过百万人口的粮食供应量基本稳定。

汴京城的粮食供给，正是通过遍布全国的水运网络，得到了北宋版图里除四川和河北外所有主要产粮地区的支撑。河北除需要供给自身的庞大人口外，还要负责驻扎在宋辽边境的数十万军队的口粮，粮食偶尔还需要从外部输入补充；四川则是因为出川的水道要经过险阻的长江三峡，不利于运输。此外，北宋政府控制下的所有主要产粮区，都参与了向汴京城提供漕运粮食的活动。

---

① [清] 徐松：《宋会要辑稿》食货四六之一，上海古籍出版社，2014年，第7029页。
② [清] 徐松：《宋会要辑稿》食货四二之三："欲以淮南、江、浙、荆湖南、北路至道二年至景德二年终十年般过解斗数目，酌中取一年般过数定为年额。仍起自景德四年船般上供六百万石，永为定制。"上海古籍出版社，2014年，第6940页。
③ [宋] 李焘：《续资治通鉴长编》卷二六九，"熙宁八年十月壬辰"条："自后定立上供年额，汴河斛斗六百万石，广济河六十二万石，惠民河六十万石。"中华书局，1995年，第6592页。

与粮食类似，我们之前一直着重提到的另一种汴京城民生日用的物资柴薪木炭，在被煤炭大规模取代之前，其供应状况与粮食供应的状况呈现出极大的相似之处，甚至薪炭的供应地域范围更加广阔。

北宋境内供应汴京城的柴薪木炭，可谓来自全国四面八方。这导致向汴京城供应柴薪木炭的运输与粮食漕运主要依靠汴河、惠民河、五丈河不同。在史书的记载中，今河北、河南的太行山山区的木柴，集中后从黄河进入汴河运送至汴京[1]，是汴京城植物性燃料的最重要来源之一；其余惠民河、石塘河、广济河、御河、蔡河[2]、氾水[3]、泗水[4]等几乎所有流经东京开封府境内有运输能力的河流，全部负担着向汴京城运送薪炭的任务。而供应汴京城的柴薪木炭其"采集是以开封为中心向四面八方伸出形成一个方圆广大的燃料采集面，其采集半径之长已达千里之外"[5]，广泛分布到陕西、河东、河北、京西、京东、淮南诸路（今陕西、河北、山东、河南、江苏北部、安徽北部、湖北北部）。

---

[1]［元］脱脱等：《宋史》卷九三《河渠志三》："汴河……又下西山之薪炭，以输京师之粟，以振河北之急，内外仰给焉。"中华书局，1977年，第2316~2317页。

[2]［宋］李焘：《续资治通鉴长编》卷九五，"天禧四年三月戊寅"条："戊寅，三司言，前诏江、淮、两浙、荆湖五路部纲殿侍听挈属随行，其惠民、石塘、广济、黄、御、蔡河押薪炭者，望令准例，从之。"中华书局，1995年，第2186页。

[3]［清］徐松：《宋会要辑稿》崇儒七之五九，诏罢贡品，罢贡尚食局："氾水白波辇运司本贡柴三十六万斤，减二十万斤。"上海古籍出版社，2014年，第2916页。

[4]［清］徐松：《宋会要辑稿》刑法二之九七："泗水上供绵、木炭。"上海古籍出版社，2014年，第8335页。

[5] 许惠民、黄淳：《北宋时期开封的燃料问题——宋代能源问题研究之二》，载《云南社会科学》，1988年第6期。

在如此广大的范围内收集并运输至汴京城的薪炭，可以想见，其数量相当巨大。据宋英宗治平二年（1065 年）的记载，当时仅京西、陕西、河东三路运送进京的薪炭就达到了木柴1713 万斤，炭 100 万秤[1]。加上从汴京城周边收集提供的柴薪，使得汴京城在人口快速膨胀至百万以上时，其燃料供应得以在最低限度上稳定维持，等待着煤炭进入后的燃料革命。

除了粮食、燃料，借助于这个发达的物流体系，汴京城很多日常物资的供应地区，同样呈现出类似的跨越小地域的全国性分布。

作为汴京最重要的肉食来源的羊肉，从现有的记载看，汴京城周边地区的供应占有相当比重。如史料中记载的"京师猪羊圈"[2]，北宋朝廷甚至还专门设置了牛羊司，"掌畜牧羔羊，栈饲以给烹宰之用"。宋真宗大中祥符三年（1010 年）

[1] ［元］脱脱等：《宋史》卷一七五《食货志上三》："京西、陕西、河东运薪炭至京师，薪以斤计一千七百一十三万，炭以秤计一百万。"中华书局，1977 年，第 4253 页。
[2] ［宋］李焘：《续资治通鉴长编》卷三五六，"神宗元丰八年五月乙未"条下"户部侍郎李定奏"条："万木场、天汉桥及四壁果市、京城猪羊圈、东西面市、牛圈、垛麻场、肉行、西塌场，各废罢。"中华书局，1995 年，第 8512 页。

时，牛羊司存栏羊达 3.3 万只[①]。

但出于汴京城周边的终究还是少部分，汴京城日常羊肉的供应，源自全国其他地域的更多。据记载，北宋皇宫御厨每年用羊数万只，"市于陕西"[②]，即来自陕西地方的采购。在河东（今山西），仅绛州（今山西运城新绛）一地，每年官方就要向民间采购羊数万只供给京师[③]。

对供给京师羊的采购甚至成为北宋对外贸易的一项重要内容。通过正式的榷场贸易，北宋每年向辽采购数万只羊[④]，向西夏采购二万只羊[⑤]，供给京师，这尚未包含走私贸易的数量。

粮食、燃料、羊肉这些基础消费品的稳定供应，是汴京这个大都市存在的基础。而全国物流中心和枢纽带给汴京城的，则是成为一个真正大都市必不可少的多元性。作为一个北方内陆城市，汴京市场上的商品具有明显的北方内陆特点。然而，得益于全国性物流体系在北宋时期的逐步建立，全国各地的地方特色性产品，尤其是南方物产，作为京师居民日常可以获得的商品出现在汴京城的市场上。

①［清］徐松：《宋会要辑稿》职官二一之一〇至一一，"牛羊司"条，上海古籍出版社，2014 年，第 3610 页。
②［宋］李焘：《续资治通鉴长编》卷五三，"咸平五年冬十二月丙戌"条："是日，上谓宰臣曰：'御厨岁费羊数万口，市于陕西，颇为烦扰。近年北面榷场贸易颇多，尚虑失于孳牧。'吕蒙正言洛阳南境有广成川，地旷远而水草美，可为牧地，即遣使视之。"中华书局，1995 年，第 1171 页。
③［宋］曾巩：《曾巩集》卷四三《司封员外郎蔡公墓志铭》："于绛州，州岁市羊数万供京师，公奏减之，至今赖其法。"中华书局，1984 年，第 585 页。
④［宋］李焘：《续资治通鉴长编》卷五三，"真宗咸平五年十二月丙戌"条，中华书局，1995 年，第 1171 页。
⑤ 李华瑞：《宋夏关系史》，中国人民大学出版社，2010 年，第 253 页。

最典型的例子就是汴京市场上出现了来自全国各地的水产和水果。

　　今天，从零星的记载中，我们能找到出现在汴京市场上的各地水产品，有淮南的虾，南方海边的蛤蜊，山东、河北沿海的鲉、鳖、鲡、鲍，福建的子鱼，蔡河流域的蚬蛤，黄河沿岸的淡水鱼等，每天早晨从新郑门、西水门、万胜门等运进汴京城内出售的生鱼就有数千担之多[①]。仅从《东京梦华录》中收录的汴京城中酒店菜色中的"假河鲀、白渫齑、货鳜鱼、假元鱼、决明兜子、决明汤齑、肉醋托胎衬肠沙鱼、两熟紫苏鱼……炒蛤蜊、炒蟹、煠蟹、洗手蟹……姜虾、酒蟹"[②]等，也可以看出来自全国的南北水产品在京城饮食领域中所占的比重。

　　与之类似，仅在《东京梦华录》中记载的汴京市场上来自全国各地的水果就有：西京（今河南洛阳）雨梨，镇府（今河北正定）浊梨，河北鹅梨，卫州（今河南新乡）白桃，南京（今河南商丘）金桃，河阴（今河南荥阳）石榴，河阳（今河南焦作）查子，胶州、青州、亳州（今山东青岛、淄博、安徽亳州）枣，沙苑（今陕西大荔）榅桲，回马孛萄，温州（今浙江温州）黄柑，江西金橘，四川、福建荔枝，福建和广东的橄榄、龙眼、甘蔗[③]等。

　　水产和水果容易腐坏，不易久放，因此汴京市场上的水

---

① ［宋］孟元老：《东京梦华录》卷四《鱼行》："每日早惟新郑门、西水门、万胜门，如此生鱼有数千担入门。"中华书局，1956年，第28页。
② ［宋］孟元老：《东京梦华录》卷二《饮食果子》，中华书局，1956年，第17页。
③ ［宋］孟元老：《东京梦华录》卷二《饮食果子》，中华书局，1956年，第17页。

产和水果主要以北方产物为主，但不少南方特色品种也已经可以购得。

正因为全国各地的物产能便利地集聚在汴京，同一种商品之间的竞争就格外激烈。因此，北宋的汴京市民很容易地就能对比得出同一种商品，哪里所产的最为出色。北宋太平老人的《袖中锦》记载：

> 监书、内酒、端砚、洛阳花、建州茶、蜀锦、定磁、浙漆、吴纸、晋铜、西马、东绢、契丹鞍、夏国剑、高丽秘色、兴化军子鱼、福州荔眼、温州挂、临江黄雀、江阴县河豚、金山咸豉、简寂观苦笋、东华门把鲊……皆为天下第一，他处虽效之，终不及。

这些正是来自全国各地的特产，在汴京这个大舞台上相互比较竞争后得出的考评。这背后体现的，正是汴京城依靠发达的水运交通和京师的消费市场，聚集了全国各地物产。

这个时候，有一个疑问就自然而然产生了。北宋汴京城来自全国各地的物资，究竟是通过征收实物税收，由官方运输物资等方式专程送到京师来以满足京师消费的，还是由民间商人逐利、远程贩运而来的？从粮食的供应来看，官方统筹安排的漕运运输了汴京城日常所需的大部分粮食，让汴京城的物资供应看上去更加依赖官方主导。但答案就是如此简单吗？

汴京城的物资供应主要靠官府还是民间商业，这个问题直接关系到北宋汴京城这个大都市得以存在和运作的根本特质。关于这个问题，我们将在下一节中为大家解答。

靠商人？靠官府？

这一节的开头，我们先说两个故事。

有一首唐诗，算得上是耳熟能详，就算没有在学校时背过，也会在各种场合听人引用过。那就是唐代著名诗人杜牧《过华清宫绝句三首》中的第一首：

> 长安回望绣成堆，山顶千门次第开。
>
> 一骑红尘妃子笑，无人知是荔枝来。

这首脍炙人口的诗歌背后，隐藏着一个关于物流的故事。生于四川的杨贵妃，从小就喜欢吃家乡的荔枝（唐代平均气温比今天高 2 ℃左右，因此四川的涪州等地在唐代盛产荔枝，甚至一直延续到北宋，见第一节所引竺可桢先生的研究结论）。在她成为唐玄宗的宠妃后，唐玄宗为了满足爱妃的这一口腹之欲，特地下令每年从荔枝的产地用驿马快递到长安，供杨贵妃享用①。

第二个也是皇帝的宠妃与她爱吃的南方水果之间的故事。

宋仁宗庆历元年（1041 年），宋仁宗最宠爱的嫔妃才人

---

① ［唐］李肇：《唐国史补》卷上："杨贵妃生于蜀，好食荔枝，南海所生，尤胜蜀者，故每岁飞驰以进。然方暑而熟，经宿则败，后人皆不知之。"见《唐五代笔记小说大观》，上海古籍出版社，2000 年，第 165 页。当然，荔枝极易变质，岭南的荔枝是无法通过马匹送到长安的，因此苏轼曾辩证，"此时荔枝自涪州致之，非岭南也"，即杨贵妃所享用的，是四川涪州（今重庆涪陵区）所产的荔枝。宋代地理著作《方舆胜览》卷六八引《洋川志》载："杨贵妃嗜生荔枝，诏驿自涪陵由达州取西乡入子午谷至长安才三日，香色俱未变。"见［宋］祝穆：《方舆胜览》，中华书局，2003 年，第 1194 页。

张氏（就是电视剧《清平乐》中那个贵妃张妼晗在历史上的原型）的宫中，送来了一种时新的水果。出生在河南的张才人从小进宫，在杨太后宫中养育长大，什么样的水果没见过。且不说汴京常见的梨、栗、枣、柿等北方新鲜水果，就是南方的珍异水果如福建进贡的荔枝等，也是常见常吃。然而，这次送来的果子，张才人却是生平第一次见到——鸽子蛋大小，黄澄澄的一个小球，气味分明是橘子一类，酸酸甜甜，看着可爱，吃着可口——是的，今天的我们一看就知道，这是金橘。第一次吃到金橘，张才人就爱上了这种奇异的小橘子。北宋的金橘，是南方江西所产，距离京师就是陆路也有千里之遥，然而张才人手中的金橘，却非常新鲜，分明是刚刚采摘不久的鲜果。张才人好奇之下，派人打听，却得知，原来这种时新的南方小橘子，并非来自江西的进贡，而是在汴京城市场上可以随意购买得到。皇帝的宠妃好吃金橘，这个消息一经传开，自然引起了高门贵妇、达官贵人争相效仿。一时间，汴京城市场上的金橘被炒出了天价，供不应求①。

同样是皇帝宠妃爱上了一种南方的水果，杨贵妃的荔枝与张才人的金橘间的差别，折射出唐长安城与宋汴京城之间的本质区别。

杨贵妃享用的南方水果荔枝，并不是通过商业物流从南方产地运往京城长安售卖的，而是皇帝唐玄宗通过动用权力，利用官方的信息物流机构——驿马，专程运输到长安城的。这中间固然有荔枝本身易腐坏特点导致的困难，但依旧不失

---

①［宋］张世南：《游宦纪闻》卷二："金橘产于江西诸郡。有所谓金柑，差大而味甜。……往时因温成皇后好食，价重京师。"中华书局，1981年，第11页。

《清明上河图》中面向市民的路边货摊，水果也可以在这样的货摊上买到

为北宋汴京城出现之前的大城市物资供应的一个缩影——超出本地域之外的物产，能出现在京城，大多依靠政府不计成本的运输。而商人的长途贩运，仅仅局限于少量高价值、不易变质的珍贵"宝货"。

而张才人和北宋的达官贵人、高门贵妇们在市场上就能购得金橘这种可口的水果。事实上，在张才人这次偶然的惊艳之前，江西金橘刚刚进入汴京城市场不久[①]，价格并不高昂，属于普通市民都有机会品尝的平价水果。

这一切的实现，有赖于空前发达的宋代商业物流。金橘的植株矮小，因此贩卖金橘的客商，在金橘的产地江西，以

---

① 按照欧阳修《归田录》的记载："金橘产于江西，以远难致，都人初不识。明道、景祐初，始与竹子俱至京师。"见［宋］欧阳修：《归田录》卷二，中华书局，1981年，第33页。也就是在宋仁宗明道至景祐初年间（1032—1034年）才进入汴京城市场。距离张才人以低阶妃嫔的身份刚刚得宠不久的康定元年（1040年）只有6~8年。

低廉的价格整株购买成熟结果的金橘树。一株果实丰满、根系茂盛的金橘树，在产地的进货价只需要二三文钱。商人进货后，以一船装运成百上千株金橘树的方式，一船船沿着长江、江南运河、汴河的路线运进汴京城，从而保证了新鲜的金橘大量供应京师。为了保证摘下的金橘果实能够保存更长时间，宋代商人还找到了金橘和绿豆混合存放的保存方式①。随着金橘在京师市场上的供不应求，价格飙升，按照经济规律，就会有更多商人加入向汴京城贩运金橘的队伍，以赚取超额利润，直到越来越大的供应量将金橘的市价平抑下来。

　　这就是宋汴京城与唐长安城的本质区别。和杨贵妃吃荔枝的唐代故事相比，最为核心的区别就是，汴京城各色各样的全国物产，是依靠商人的长途大规模贩运供应，并在市场上公开出售。上一节，我们提到过，秦汉至唐，商品贩运对象主要是单位价值高、体积轻便的奢侈品，如珠玉之类。然而，研究古代商业发展的学者早已发现，这一局面在唐代后期开始发生变化。"粮食、茶叶、瓷器等生活必需品逐渐成为商品交易的大宗"，到北宋时期，日用大宗商品的贩运，尤其是利用水路进行大宗商品长途贩运越来越繁荣。贩运的商品种类也扩大至与日常生活相关的方方面面的各类用品②。从唐代后期至宋代发生的商业领域的这一革命性变化直接改变了

① ［宋］张世南：《游宦纪闻》卷二："金橘产于江西诸郡。有所谓金柑，差大而味甜。年来，商贩小株，才高二、三尺许。一舟可载千百株。其实累累如垂弹，殊可爱。价亦廉，实多根茂者，才直二、三镮。往时因温成皇后好食，价重京师；然患不能久留。惟藏菉豆中，则经时不变。盖橘性热，豆性凉也。"中华书局，1981 年，第 11 页。
② 宁欣：《中国古代商业发展的概貌和特点》，载《历史教学问题》，2009年第 3 期。

中国古代商业的形态。

同样是位于北方内陆的大都市，同样是易腐败的南方水果，在唐代只能作为皇宫中特供宠妃享用的荔枝，到了宋代，就如前述，《东京梦华录》中明确列出了荔枝是汴京城街头商铺中普通市民也可以买到的商品[①]。那么，极易腐坏变质的南方水果荔枝，是如何做到大量供应远在中原的京师市场的呢？原来，为了长途贩运荔枝，宋代商人发明了红盐、白晒、蜜煎等处理方法，将荔枝制作成蜜饯或果干，使其便于存储。不只能舟车辗转运送至京城，远销到辽、西夏，甚至漂洋过海到达新罗、日本、大食等地[②]。

类似的商业过程，在北宋的汴京城，同样发生在另一种南方特产——福建的鲻鱼上。鲻鱼，在宋代被称为子鱼，福建特产，以兴化军（今福建莆田）出产的最为有名。宋仁宗庆历年间（1041—1048 年），在京城担任知谏院官职的兴化军名人蔡襄，想用家乡的特产子鱼送给谏院中二三位同僚。但因为子鱼在汴京城市场上实在少见，于是蔡襄不得不花大价钱，才只买了六尾子鱼分赠好友。然而，在 30 余年后的宋神宗在位期间（1067—1085 年），当时人发现，子鱼已经大批量贩卖进了京师的市场，使得"子鱼之价减十倍"。原本因为供应量少而价格高昂的子鱼，在追求高额利润的商人大量贩运进京师之后，价格骤减为原来的十分之一，这使得当时汴京

---

① ［宋］孟元老：《东京梦华录》卷二《饮食果子》，中华书局，1956 年，第 17 页。
② ［宋］蔡襄：《荔枝谱》，"第三"条："初着花时，商人计林断之以立券，若后丰寡商人知之，不计美恶，悉为红盐者。水浮陆转，以入京师。外至北漠、西夏，其东南舟行新罗、日本、流求、大食之属，莫不爱好，重利以酬之。"福建人民出版社，2004 年，第 5 页。

人用子鱼送礼时一次就可以送出百尾之数。子鱼也从原来非常昂贵的珍味，成为京城普通百姓都能消费得起的水产品①。也因此，在上一节我们所引太平老人《袖中锦》中，"兴化军子鱼"成为京师人评定的一系列"天下第一"中的一员。

各地特产相继贩运进京，使得同类产品之间的竞争愈发激烈残酷，被汴京城市场淘汰的各地商品也为数不少。比如和金橘同时开始贩入京师市场的另一种南方水果"竹子"，就因为"竹子味酸，人不甚喜"，导致"后遂不至"。因为不符合当时汴京大多数人的需求，被京师的水果市场所淘汰②。

就连最大宗的粮食供应，也体现出了民间商业主导的特征。虽然我们在上一节列举了北宋政府惊人的物资漕运数量，但官方漕运的物资无论从种类上还是数量上，实际上只占汴京城日常物资供应的一小部分。可以确定，覆盖汴京日常物资供应主体的正是民间的商业物流。

宋代资料中曾经留下了官方漕运一年向京师运输物资的供应量。宋英宗治平二年（1065年）这个北宋中期平平无奇的年份，《宋史·食货志》中留下了较为完整的漕运数据："漕粟至京师，汴河五百七十五万五千石，惠民河二十六万七千石，广济河七十四万石。又漕金帛缗钱入左藏、内藏库者，总其数一千一百七十三万……籴京西、陕西、河东运薪炭至京师，薪以斤计一千七百一十三万，炭以秤计一百万。"运输量确实巨

---

① ［宋］王巩：《闻见近录》，"佚文"条："蔡君谟重乡物，以子鱼为天下珍味，尝遗先公，多不过六尾，云：'所与者，不过谏院故人二三公耳。'今子鱼盛至，京师遗人，或至百尾，由是子鱼之价减十倍。"见《全宋笔记》第二编第六册，大象出版社，2006年，第32页。

② ［宋］欧阳修：《归田录》卷二："（金橘）明道、景祐初，始与竹子俱至京师。竹子味酸，人不甚喜，后遂不至。"中华书局，1981年，第33页。

大，但种类仅仅有粮食、薪炭、贵金属、丝织品以及铜钱，种类相对较少。究其原因，这些物资与宋代朝廷征收的税收种类高度重合，实际上漕运物资就是朝廷的主要税收来源。

作为王朝的都城，北宋汴京城本身无疑具有浓厚的政治属性。官方漕运物资运送到汴京后，主要用于体制内的官员、军队的俸禄、军饷的发放以及进入仓储系统进行存储以备非常之用，并非普通汴京城市民可用，后者的口粮与漕运无关，而是直接来自市场上的商品粮。就算将漕运进京的粮食全部用于供应汴京城居民，以宋代平均每人"日食二升"，每年7.2石粮食的消费标准[1]计算，每年漕运进京的600万至700

---

[1] ［宋］沈括：《梦溪笔谈》卷一一《官政一》："米六斗，人日食二升，二人食之，十八日尽。"见《全宋笔记》第二编第三册，大象出版社，2006年，第92页。

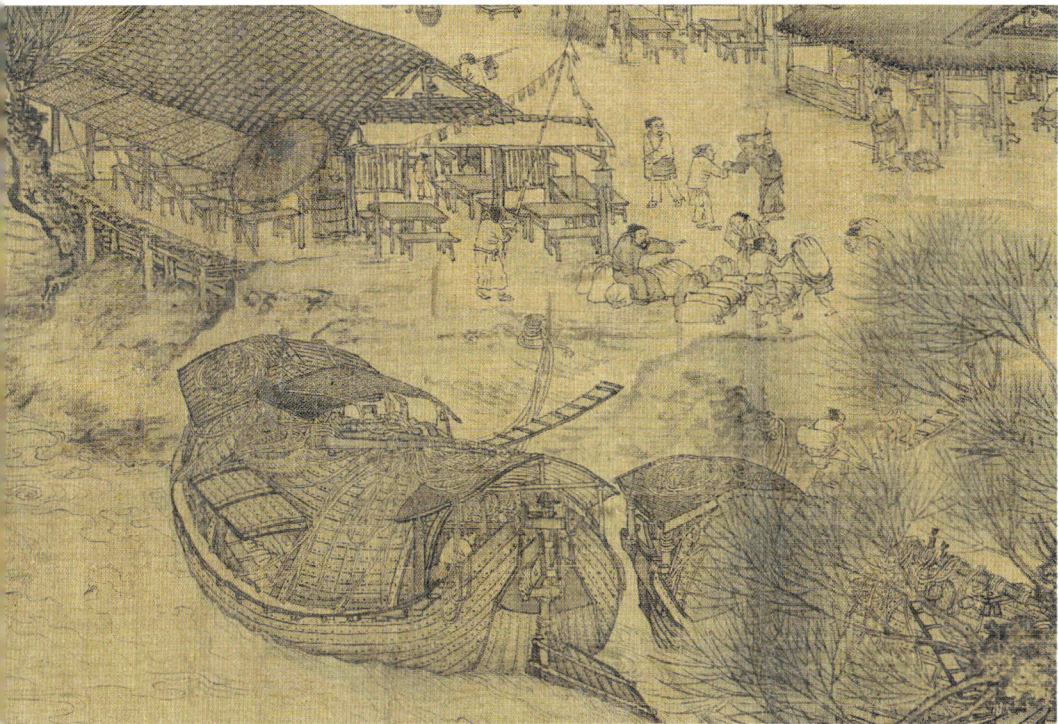

《清明上河图》中正在卸载粮食的货船码头

万石粮食，也不过够 82 万至 95 万人食用，离供应汴京城 150 万以上的人口尚有较大差距。有学者指出，汴京城每年超过 41% 的粮食需要依靠商品粮提供。考虑到漕粮并非完全用来供给京城居民的口粮，以及各种因素造成的运输量波动，以致漕粮缺额，那么汴京城对商品粮的依赖更得成倍增加[①]。

实际上，粮食商人向汴京城大规模贩运粮食早已成为汴京城粮食供应的主要途径。早在宋真宗景德三年（1006 年），三司就奏报称"富商大贾自江、淮贱市秔稻，转至京师，坐邀厚利"[②]。如果遇到南方地区粮食丰收，更是会出现粮食商人在江浙地区大规模收购粮食，然后租雇大量商船"舳舻衔尾，入凑京都"的盛况。如果遇到进京的运河水浅、阻塞等运输困难，就会导致高度依赖南方产粮区大量商品粮供应的汴京城出现粮价飞涨的现象[③]。粮食商人的经营规模也十分惊人，在宋仁宗天圣年间（1023—1032 年），就已经出现了能一次性向官府出售数十万石粮食的大粮商[④]。

对此，北宋官方也心知肚明。宋哲宗时就有官员明确指

---

① 李晓：《宋代工商经济与政府干预研究》，中国青年出版社，2000 年，第 103 页。
② ［宋］李焘：《续资治通鉴长编》卷六三，"景德三年五月戊辰"条："三司言富商大贾自江、淮贱市秔稻，转至京师，坐邀厚利，请官籴十之三，不许。"中华书局，1995 年，第 1403 页。
③ ［宋］李焘：《续资治通鉴长编》卷六一，"景德二年十一月是岁"条："江浙大穰，谷价尤贱。会汴水干浅，故辇下粮斛涌贵，丙寅，令减价粜官米以济民。"中华书局，1995 年，第 1374 页。
④ ［宋］李焘：《续资治通鉴长编》卷一〇九，"天圣八年三月己卯"条下"度支副使"条："（唐肃）在度支，会官籴麦京师，数且足，有豪姓欲入官者以数十万石，因权幸以干掖庭。太后面命肃，肃曰：'麦贮于仓率不过二岁，多则朽腐不可食，况挠法耶？'卒不受。"中华书局，1995 年，第 2538 页。

出——京师人口繁盛，除军队的军粮外，所有居民食用的粮食都是商人从外地贩运而来的。这一常态甚至改变了京师居民的口味——原本地处北方的汴京城居民日常习惯食用麦，而商人从南方大量贩运而来的是便宜的稻米，长此以往，汴京城的居民便习惯了改吃稻米①。

作为官方漕运运输量最大的物资，汴京城市场上的粮食供应尚且需要依赖民间粮食商人从全国远近各处贩运进京。可想而知，大量根本不在漕运范围内的大宗日用物资，则几乎完全依赖于商业物流的供应。

前一节我们提到汴京城依靠其全国交通枢纽的地位、发达的水运交通和京师的消费市场，逐渐聚集起全国各地物产，成为真正的全国性物流中心。以上的故事正体现出以全国性物流中心为基础，长途贩运商业的发展使汴京城逐渐成了全国商业中心。正如有学者所指出的："商业交换及工业的发展刺激了开封及其周围地区经济功能的迅速提高，开封成为南北及全国各地商品包括外国进口物的汇总与交换中心。"②

北宋建立后的百年时间，随着汴京城由物流中心发展为全国商业中心，全国各地的物产逐渐被越来越多地贩运到汴京城市场上，对当时京师人的生活也产生了显著的影响。

司马光就曾回忆，宋仁宗天圣年间（1023—1032年）自己尚年幼时，京师士大夫家请客，所用的水果只有梨、栗、

---

① ［宋］王巩：《奏乞稍贵京师常平仓米疏》，见［明］黄淮、杨士奇：《历代名臣奏议》卷二四五："夫京师者，众大之居也，生齿之繁，何可胜计，民所食者，军粮之外则皆商贾所运，自外而至也……京师之民，旧多食麦，而今多食米，以米贱故也。"上海古籍出版社，1989年，第3227页。
② 李治亭：《中国漕运史》，文津出版社，2008年，第181页。

《清明上河图》中开封街市上内容丰富的各行各业

汴京，汴京

枣、柿之类，菜肴也只有简单的肉干、肉酱、菜羹。而到了他晚年的宋神宗时期（1067—1085年），则水果菜肴必须是"远方珍异"，宴客之家才能请人赴宴[1]。虽然司马光在名篇《训俭示康》中的这段记载是为了抨击当时日渐奢侈的世风，然而借此我们也可以看出，宋仁宗刚继位时的天圣年间，士大夫宴请时见于席面的梨、栗、枣、柿，都是北方常见的水果，肉干、肉酱、菜羹也是中原常见的菜色，这些都从侧面显示出当时汴京城市面上还是以周边区域的物产为主。而半个世纪之后，同类宴会上的果肴都变成了"远方珍异"，充分体现出全国各地物产进入京师，极大丰富了汴京市场乃至京师人的生活。士大夫是京师居民中比较有消费力的群体，他们开始追求消费更加美味精致的外地物产，从侧面展现了京城消费市场的显著改变。

汴京城的商业繁荣前所未有，不仅体现在汴京市场上各地物产的汇聚，还体现在生活中的各方面需求都有商业化的专业经营市场。按照经营种类的不同，汴京城的商人和手工业者分为很多行，每行都建立有本行的行会。我们日常所说的俗语"三百六十行，行行出状元"，正是来源于唐宋时期商业和手工业的各行会。

时人记载南宋首都临安的行多达414行[2]，学者以此推算，

---

① [宋] 司马光：《司马光集》卷六九《训俭示康》："吾记天圣中，先公为群牧判官，客至未尝不置酒，或三行、五行，多不过七行。酒酤于市，果止于梨、栗、枣、柿之类；肴止于脯、醢、菜羹，器用瓷、漆……近日士大夫家，酒非内法，果、肴非远方珍异，食非多品，器皿非满案，不敢会宾友，常量月营聚，然后敢发书。"四川大学出版社，2010年，第1413页。
② [宋] 佚名：《西湖老人繁胜录》，"诸行市"条："京都有四百十四行。"中华书局，1956年，第125页。

北宋汴京城的行数当与此数接近①，也在 300～400 行。今天，我们在关于北宋东京的历史记录中还能看到不少各行的零星记载。

> 供应主食的有米行、麦行、糠行、面行等，
> 提供副食的有鱼行、肉行、果子行、茶行等，
> 提供牲畜的有牛行、马行等，
> 提供日用百货的有梳行、纸行、纱行、彩帛行、彩色行、大货行、小货行、金行、竹木行等，
> 其他还有供水的水行、送殡的件作行、介绍雇佣买卖的牙行等。

这些只是汴京数百个行中极少的一部分。三四百个行，覆盖了汴京城的商业、手工业、服务业等各个行业，基本上满足了汴京城市民日常生活的全部需求②。

当时的官府甚至皇宫大内，日常生活物资也需要依靠汴京商业市场的供应。

秦汉唐时期，宫廷所需物资大多来自政府向编户齐民征收的赋税和官营手工业直接提供的产品，以及经由各地州县采买而后向宫廷进献的物品。然而，到了唐代中后期，随着城市商品经济的日益发展以及宫廷需求的日渐扩大，旧有方式已经不能满足现实的需要，官府供给系统中的市场采购比重逐渐增大。宫廷也逐渐与民间的市场发生越来越多的接触。

① 周宝珠：《宋代东京研究》，河南大学出版社，1992 年，第 266 页。
② 周宝珠：《宋代东京研究》，河南大学出版社，1992 年，第 263 页。

第一章　帝都人生活靠京东吗

于是，唐代的"宫市"应运而生——内廷不经政府和地方州县原有的供应体系，派专人到京城市场上直接采购①。

这无形中也加重了民间各行的负担。中学课本中白居易的那首《卖炭翁》所咏，"翩翩两骑来是谁，黄衣使者白衫儿。手把文书口称敕，回车叱牛牵向北。一车炭，千余斤，宫使驱将惜不得，半匹红绡一丈绫，系向牛头充炭直"，描述的正是唐代"宫市"向民间强行征购木炭的实景。

进入北宋后，"宫市"依然存在，针对"宫市"强买强卖的弊病，宋太宗太平兴国四年（979 年），朝廷专门设置了一个政府部门：杂买务，由政府官员和皇宫内侍共同执掌，专门负责在京城市场为宫廷以及驻京的各政府机构采购物资。"掌和市百物，凡宫禁、官府所需，以待供纳。"②这个部门编制有特别安排的日常购买经费，用于购买宫廷和政府机关急需的各种物资，其经费不受预算限制。

事实上，在日常的运行中，杂买务在市场上购买的往往并非急需物资，而是包揽了大批经常性的日常物资，如宋仁宗所说，"物非所急者一切收市"③。据记载，仅熙宁年间奉旨在京师市面上就购买过胡桃 60 万~80 万颗，石榴 5 万颗④。

---

① 宁欣：《内廷与市场：对唐朝"宫市"的重新审视》，载《历史研究》，2004 年第 6 期。
②［清］徐松：《宋会要辑稿》职官二七之三，上海古籍出版社，2014 年，第 3710 页。
③［宋］李焘：《续资治通鉴长编》卷一七二，"皇祐四年三月辛未"条："上谓辅臣曰：'国朝监唐世宫市之患，特置此务，以京朝官、内侍参主之，且防扰人。近岁物非所急者一切收市，其扰人亦甚矣。'"中华书局，1995 年，第 4140 页。
④［清］徐松：《宋会要辑稿》食货三四之三九，上海古籍出版社，2014 年，第 6752 页。

宋代的宫廷生活
也需要市场提供
物资
［北宋］赵佶《瑞
鹤图》
辽宁省博物馆藏

宋朝官方将宫廷与驻京的政府机关的采购事务集中到杂买务，并给予近乎无限的经费支持，从立意上是为了杜绝唐代"宫市"之弊。当然，在后来的日常运行中，拥有如此雄厚经费而同时又背靠宫廷与朝廷的无上权力，杂买务必然走上强买强卖、刻剥商民、营私舞弊的旧路[1]。

然而，杂买务的出现和规模庞大的采购，也为汴京城市场的规模和对汴京城这个大都市的作用做了最好的注脚。在北宋东京汴京城，支撑上至皇宫、官府，下至普通百姓的日常生活物资需求的，是商业，尤其是跨越区域，吸纳全国各

---

[1] 李晓：《宋代工商经济与政府干预研究》，中国青年出版社，2000年，第138~140页。

地物产的远距离贩运商业。这才是北宋汴京城这座大都市与之前所有都市的实质性区别，也是汴京城与近代乃至现代都市在结构上相像的一个基本点。

但是，作者在这里，并不想像不少谈史作品中那样吹嘘宋代商业的发达、经济的繁荣。因为刚刚我们所点出的汴京成为大都市的基础是商业这一点，不过是汴京这个大都市密码的第一层。真正要勘破这座 1000 年前的大都市的诞生与崩溃，我们必须看到商业背后更深一层的东西——是怎样的社会造就了这样的商业，而无所不在的权力，又在商业背后发挥着怎样的作用。

权力、社会与商业——大都市汴京的底色

一场灾害中一个官员提出了一条看起来有悖常理的建议，这个建议恰好揭示了汴京城诞生和存在的那个时代那个社会运行的逻辑。

宋哲宗元祐二年（1087 年）春，河北路发生灾荒。河北大地哀鸿遍野，民不聊生。北宋政府紧急在河北启动了救灾预案，派出专员按视灾情，指挥救灾，并开放义仓和常平仓，向灾民提供粮食[1]。

然而，眼看受灾之后就要青黄不接，为了寻求生路，大

---

[1]［宋］李焘：《续资治通鉴长编》卷三九五，"元祐二年二月丁亥"条："诏左司谏朱光庭，乘传诣河北路，与监司一员遍视灾荒，按累降指挥措置赈济。有未尽、未便事，并得从宜，事体稍重，即奏禀。仍访本路从来如何赈济，今流移倍多，如缘官吏奉法不虔，即按劾以闻。"中华书局，1995 年，第 9626 页。

量灾民离开家乡，渡过黄河，途经京师汴京，向京西南路就要收获冬小麦的唐州、邓州（今河南南阳、驻马店）一带迁徙。虽然宋代政府在汴京各城门处向灾民发放口粮，予以赈济，然而突如其来的大量外来人口，还是令汴京市场上的粮食价格突然高涨起来。

京师粮价腾贵，立即引起了宋廷的注意。于是朝廷援引常例，开常平仓，向民间低价出售存米，以平抑物价。

常平仓起源于春秋战国时代，是古代中国官方设置的用来应对灾荒的粮食储存机构。常平仓的运作方式是趁丰收年景，粮食价贱，官府增价购买，预先储积；遇灾荒年景，粮价暴涨之时，降价出售，平抑物价。

这次灾荒发生的元祐元年（1086 年）前后，京城的日常米价为 80~100 文[①]。而这次粜常平仓米平抑米价，官方将出售价格压至远远低于市价的 60~65 文省[②]，以稍高于正常市场价格一半的亏本价格售卖，意图快速平抑物价。这正是常平仓的标准使用方法。

然而，这一标准操作却遭到了一位官员的反对，右司谏王觌上疏，批评常平仓向市民出售粮食的价格太低，看上去短时间对平民有利，实则会破坏汴京长期的粮食供应。

这个意见听起来似乎既有悖常理，也有违人情。粮价飞

---

① 程民生：《宋代物价研究》，人民出版社，2008 年，第 126 页。
② 加"省"字说明这一价格是省陌。省陌是宋代货币现象。一般一贯铜钱是 1000 文，称为"足陌"，而长时间以后，通行用不足额铜钱代替足额货币使用，称为"省陌"，省陌的一贯铜钱不是 1000 文，通常是 770 文。标记时在数量后加"省"字以为标志。如一贯文省，就是一贯省陌铜钱，是 770 文，而不是足陌的 1000 文。这里 60~65 省，则需要乘以 0.77，为 46~50 文，相比日常粮价的 80~100 文，几乎只有后者的一半。

涨，难道不该低价平抑吗？王觌的看法是，京师居民的粮食完全依靠商人从外地运来。只要交通通畅，京师粮价飞涨，那么商人为了赚钱，自然会向京师运来更多的粮食，从而使得粮价自然回落。现在官方以赔本的价格将仓储的粮食出售给市民，短期看，市民买到了便宜的粮食，但过低的价格让商人无利可图，贩运粮食甚至还要赔本。他们为了利益不受损，自然不会继续向京师贩粮。常平仓的储粮有限，不会一直提供赔本价格的粮食供应。等到常平仓储备用完，停止出售，商人却因为不知道常平仓还会不会恢复售卖，心生犹疑，不敢恢复粮食贩运。到那个时候京师断粮，粮价再次飞涨，平民就会成为真正的受害者。

因此，王觌建议，提高常平仓售卖粮食的价格至 100 文，达到日常粮价的上限，使得商人有利可图，市民也不会因为价格过高无法接受。这样，既能刺激粮食商人多运粮进京，又能逐步将过高的粮价平抑下来①。

还记得第一节中提出的那个一直没有回答的问题吗？面对汴京雪灾后飞涨的炭价，为何官方调用储备木炭平抑物价时，并不是以日常价格平价出售，而是以当时市价的一半但仍属高价的价格出售？这里的逻辑是相同的。

秦汉唐时期，面对灾荒，一直以来，救荒措施都是政府直接安排。或直接发给物资救济，或平价出售物资，甚或直接组织灾民迁徙躲避灾荒。而这种深谙商人求利特性，设法利用商业逻辑，并依靠商业物流实现高效救灾的方法，却是

---

① ［宋］王觌：《奏乞稍贵京师常平仓米疏》，见 ［明］黄淮、杨士奇：《历代名臣奏议》卷二四五，上海古籍出版社，1989 年，第 3228 页。

在宋代才首次出现，并迅速成为当时有识之士的共识的。

当时的名臣如范仲淹和赵抃都曾用这个方法完美地完成了救灾任务。范仲淹知杭州，赵抃知越州时，都曾遇到灾荒造成粮价飞涨的情况。两人的做法如出一辙——在已经飞涨的粮价基础上，反而要求市场上出售粮食的卖方把售价提得更高。因为高昂的粮价带来了超高的利润，各路粮商为了追求高额利润，争相将大量粮食运往杭州和越州，使两地的粮价快速平复，百姓因此得以安然度过灾荒①。遇到灾荒不能人为抑制粮价甚至成为宋代救灾经验总集《救荒活民书》中记载的一条铁律。

宋代以商救灾的方法能够实现，需要三个前提，缺一不

① ［宋］董煟：《救荒活民书》卷二，"不抑价"条："昔范仲淹知杭州，两浙阻饥，谷价方涌，斗计百二十文，仲淹增至百八十，众不知所为。仍多出榜文具述杭饥，及米价所增之数。于是商贾闻之，晨夕争先惟恐后，且虞后者继来。米既辐凑，价亦随减。"见［清］张海鹏：《墨海金壶》第89册，上海博古斋，1921年，第78页；［元］脱脱等：《宋史》卷一七八《食货志上六》："知越州赵抃揭榜于通衢，令民有米增价以粜，于是米商辐凑，越之米价顿减，民无饥死。"中华书局，1977年，第4337页。

可。其一，需要大量可供贩卖的商品粮，这需要农业生产具有相当的商品化程度；其二，需要相当数量进行跨地域粮食贸易的粮食商人，这需要商业发展进入远距离贩卖大宗生活物资的大规模商业的阶段；其三，需要粮食供应依靠商业物流的城市大量出现，这是社会的城市化水平的一个重要反映。

换言之，以上所说的故事中，宋代才出现的以商救灾的方法能够实现，需要的是：①农产品的大规模商品化；②商品生产与流通的专业化；③建立在商品化和专业化基础上的城市化。

这正是大都市汴京得以诞生的土壤——与秦汉至唐前期的古代农业社会模式不同的宋代"农商社会"①。

秦汉唐时期的中国，基本是一个自给自足的农业社会，农业是唯一的支柱和基础性产业。与现代大量古装剧中表现的古代人的生活完全不同，这个时代绝大多数平民以自耕农

---

① 葛金芳、柳平生：《"农商社会"说的学术背景与理论资源》，载《云南社会科学》，2019 年第 1 期。

的身份被固定在土地上进行农业生产，不能自主迁徙、更换职业。他们生产所得的农产品，主要是粮食、丝织品以及一些简单的手工制品，用于维持自己家庭的生存、缴纳及应付统治者征收的赋税和劳役。如果有少量富余产品，也只能拿到当地市集上进行交换。这自然最为符合当时的统治方式——统治者直接人身控制每一个编户齐民并从他们身上直接征发赋税和劳役。这种统治模式下，整个社会处于近乎凝固的状态。对平民来说，他们只需要有小区域内自发的商品交换就足以满足绝大部分日常生活所需。而剩下的少数如盐、铁等个体自耕农无法生产的大宗商品，则被中央直接控制。在这个社会结构中，并不需要大宗商品大规模的跨区域流动。为了维持统治结构的稳定，当时的统治者将进行跨区域贸易的商人视为秩序的破坏者和统治的威胁予以打压。

因此，在秦汉至唐前期的社会结构中，商业也长期停留在民间的小区域内部的小规模市集交易与主要为统治者服务的少数跨地区贩运奢侈品的贩运商业两种模式上。商业被遏制，使得以商品生产为目的的专业化生产无法产生；而一直保持着传统农业模式的平民，也只能依靠农业技术缓慢的进步提高生产效率，改善自己的生活。

这种延续了一千多年的统治模式在唐代中期面临着前所未有的挑战。安史之乱后的长期战乱使得王朝的基层控制力松弛，为了满足庞大的财政需求，唐朝政府进行了重要的税法改革：以征收人头税为宗旨的旧税法，被以征收财产税为宗旨的新税法"两税法"取代。而作为最重要的财产，土地便成了朝廷征收赋税的基础。地方官府只要盯着土地，找土地的主人收税即可，不管土地的主人如何变更，都不影响朝廷的税源。因此，对于普通人人身的固定变得不再必要。唐朝政府对平民的人身束缚和对商业的抑制都有了极大松弛。商业在唐中后期得到了长足的发展，原有的社会生产与生活的组织方式逐渐改变。

这些改变中的一个革命性的变化是商业从主要贩卖奢侈品，转变为大量运销生活必需品。这标志着商业不再只是为少数富人服务，而变成了供应广大平民日常生活的大宗商品的大规模商业。有学者甚至认为，这个变化标志着"生产过程已经开始与流通过程相结合，是商品生产的工业迈向新阶段的起点"[①]。

在这个变化之下，农业虽然仍是经济的基础，但是随着商业的发展，越来越多的农民转向生产不以自身使用而以出售为目的的农产品，包括粮食和经济类作物。农产品商品化水平的提升会为手工业和商业释放出更多劳动力，而种植经济类作物（如种茶、植蔗、栽花和种植桑麻等）的增加，则为手工业提供了原材料，为商业提供了可供售卖的商品；手工业与商业的成长反过来又为农业部门的商品化提供了需求与动力[②]。

这个商品化与专业化双轮驱动相互促进的过程充分展现在汴京城郊区的农业发展中。

---

① 傅筑夫：《中国封建社会经济史》第五卷："商业不再是为少数富人服务，而变成供应广大人民的大规模商业，这在性质上是一种革命性的变化……这个变化标志着生产过程已经开始与流通过程相结合，是商品生产的工业迈向新阶段的起点。"人民出版社，1981年，第2页。
② 葛金芳、柳平生：《"农商社会"说的学术背景与理论资源》，载《云南社会科学》，2019年第1期。

河南省开封市复原的北宋樊楼建筑群，重现了北宋汴京城中最繁华的酒楼樊楼

宋初，汴京郊区与其他地区的农村差别不大，主要种植粮食作物，从事自给自足的传统农业生产。随着汴京城的发展，情况发生了变化。因为京师居民的粮食供应依靠商人从外地贩运，并不依赖京郊供给，这就为京郊不再种植粮食作物提供了条件。

汴京城的人口不断增多，市场愈加繁华，人们对于蔬菜、水果等副食类农产品的消费需求大大增加。同时，随着经济的繁荣，汴京居民也不再仅仅满足于温饱，官员市民的消费逐步升级。市场上对于时新花卉水果等高档消费类农产品的需求水涨船高。同时，这些商品相比粮食、布匹等保存难度更大，对新鲜度的要求也比较高。在市场需求的刺激下，汴京近郊的农民发现种植蔬菜、水果、花卉更加有利可图。

当时汴京郊区的一位菜农，依靠生产蔬菜在汴京城中出

售，仅仅用 10 亩菜园就养活了一家 30 口人[1]。生产蔬菜这种
农业营生，在拥有了专业化的生产效率、商品化的广阔市场
之后，对于传统的粮食生产无异于是降维打击。因此，对水
果、蔬菜、花卉这些价值相对较高的农产品进行本地生产，
以便就近供应京城市场成为京郊农业的发展方向，直接带动
了京郊园圃产业的兴旺。粮食作物生产逐渐被取代[2]。

北宋中期以后，京郊开始大量栽种花卉、果木、蔬菜，
很快就达到了"大抵都城左近，皆是园圃，百里之内，并无
闲地"[3]的盛况。我们在第二节中列举的汴京市场上的各种各
样的水果，有很大一部分产自京郊。每到春天，汴京市场上

①［宋］陶谷：《清异录》卷上，"青铜海"条："汴老圃纪生，一钮茈
三十口。病笃，呼子孙戒曰：'此土十亩地便是青铜海也。'"见《全宋笔
记》第一编第二册，大象出版社，2003 年，第 17 页。
② 梁建国：《北宋东京近郊的农业转型》，载《中山大学学报（社会科学
版）》，2020 年第 6 期。
③［宋］孟元老：《东京梦华录》卷六《收灯都人出城探春》，中华书局，
1956 年，第 38 页。

鲜花上市，"是月季春，万花烂漫，牡丹、芍药、棣棠、木香，种种上市，卖花者以马头竹篮铺排……最一时之佳况"①的场景，得益于京郊花卉种植产业的兴旺。可以说正是顺应了京城市场的消费需求，京郊的农村通过蔬菜、水果、花卉等产业实现了与汴京城内产业的分工与互补。

汴京郊区农业的转型简直是一个完美的典型案例——城市对农产品的消费，城市的商贸流通，为农产品打开了销路，开辟了市场，从而催化了农业生产的分工，推动了农业的商品化和农村商品经济的发展。商品经济如此轻易地摧毁了秦汉唐时代传统的农业社会形态，将一个转型生产商品的农村融入以汴京这个超级都市为中心的商业链条中去。

原本单纯依赖农业技术提升的社会生产力，此时开始变为技术提升与交易效率提升相互间的良性互动，并共同作用于社会经济的双轮提升机制。社会生产力在这个机制的驱动下快速提高，财富飞速增长。

在这个机制的推动下，一方面，宋代大量农民都已经卷入商业交换，他们以"兼业"的方式，从事农业生产的同时，也从事着以商业交换和营利为目的的手工业小商品生产、小雇佣劳动、小商业经营，扮演着小工、小农、小商三位一体的复合身份②。

文学家曾巩在江南西路洪州分宁县（今江西九江修水）就曾目睹过这样的典型农家，产业结构多元化，对平原田地、

---

① ［宋］孟元老：《东京梦华录》卷七《驾回仪卫》，中华书局，1956年，第46页。
② 李晓：《宋代工商经济与政府干预研究》，中国青年出版社，2000年，第14页。

湿地、丘陵、滩涂等多种土地进行综合开发，同时种植粮食、各类经济作物，从事手工业生产丝织品、纸张、蜂蜜等[①]。这些产品中的绝大多数，毫无疑问是作为商品进入商业物流进行交易的。

另一方面，随着商业的发展，贸易性质由原来的奢侈品贩运性商业变为以居民日用品为主的规模型商业。市场明显扩大，城市化进程启动，大量人口从农业中释放出来，进入城市从事手工业和服务业。他们的日常所需完全依赖于商业物流提供，而他们的产品也全部投入商业流转换取货币以维持生计。

因此，类似汴京这样完全依靠商业物流供应生活必需物资的城市，在宋代并不罕见，比如江宁府（南宋建康府）也就是今天的江苏南京，在当时的记载中，就是粮食供应完全依靠粮食商人通过长江水路运输提供的。一旦"米舟一日不至，米价即倍腾踊"[②]。

为了供给如此庞大的商品粮市场，在商业的催化下，当时形成了几个大型商品粮基地。如长江中游的荆湖地区，今天湖北、湖南的江汉平原，在宋代以产出稻米著称。当地居民每年种稻收获之后，只留下种子和少数口粮，其余全部出

[①]［宋］曾巩：《曾巩集》卷一七《分宁县云峰院记》："其人修农业之务，率数口之家，留一人守舍行馌，其外尽在田。田高下硗腴，随所宜杂殖五谷，无废壤。女妇蚕杼，无懈人。茶盐蜜纸竹箭材苇之货，无有纤巨，治咸尽其身力。"中华书局，1984年，第272页。

[②]［宋］刘宰：《漫塘文集》卷二二《建康平止仓免回税记》："金陵古帝王州，民物所萃，食焉者众，生之者寡，岁仰籴客贩。长江天险，舟至不时，价辄翔涌。"见《宋集珍本丛刊》第72册，线装书局，2004年，第368页；［宋］马光祖、周应合：《景定建康志》卷二三《城阙志四》："此邦虽名为繁庶，而民生最艰，素无盖藏，日食所须，仰给商贩，米舟一日不至，米价即倍腾踊。"见《宋元方志丛刊》第二册，中华书局，1990年，第1686页。

售。连当地的富裕人家都没有粮食储备。每到稻熟时节，就有粮食商人前往各家收购粮食，运往外地[1]。又如太湖流域，今天的浙江湖州、嘉兴，江苏苏州，上海地区，在宋代被称为"产米去处"，每到丰收时节，就有大量粮食商人用舟车将米运往四方[2]。

可见汴京并不是孤零零出现的，一个超级都市汴京的背后，是商业和产业链条上几十个小型城市和十几个中型城市。与之前的长安、洛阳、建康相比，北宋汴京不仅是全国的政治中心，同时也是影响全国的经济中心、物流中心和商业中

---

[1] ［宋］叶适：《叶适集》卷一《上宁宗皇帝札子二》："地之所产，米最盛，而中家无储粮……民计每岁种食之外，余米尽以贸易。大商则聚小家之所有，小舟亦附大舰而同营，辗转贩粜，以规厚利。"中华书局，1961年，第2页。
[2] ［宋］王炎：《双溪文集》卷十一《上赵丞相》："湖、苏、秀三州号为产米去处，丰年大抵舟车四出。"见《宋集珍本丛刊》第63册，线装书局，2004年，第162页。

　　　　　　　　　第一章　帝都人生活肇京东吗

心。这才是汴京前所未有的特点，也是它比之前的都市显得更加拥有现代性的地方。不过，唐后期至宋代商业大发展引起的这一系列结构性变化，并不是当时的统治者良心发现大发慈悲的结果。秦汉以来的1000多年利用权力牢牢控制着社会各个角落的思维习惯在唐宋统治者身上并没有多少改变。

之所以发生了如此巨大的变化，深究下来，是因为中晚唐至五代连续的战乱，让统治集团对底层的控制暂时力有不逮。利用权力控制松动的缝隙，商业得以发展，从而引发了一系列社会和经济变革。而后来的宋朝统治者惊喜地发现，在这一系列变革中，有巨大的利益可图。

宋仁宗康定元年（1040年）十二月，欧阳修在给宋仁宗的一份上奏中，一不小心就说出了大实话："大国之善为术者，不惜其利而诱大商：此与商贾共利，取少而致多之术也。"——用利益去诱使商人把蛋糕做大，统治者依靠权力才能攫取更多的利益。如果不舍得引诱商人的那点儿利益，直接靠权力强行汲取，如之前秦汉至唐初的统治模式那样，只能是捡了芝麻丢了西瓜。紧接着欧阳修还告诫称，如果官方亲自下场插手商业经营进行渔利，只会是涸泽而渔，不能久长；并希望统治者能够放弃直接插手民间商业的小利，从而使民间商业可以加快商品流通，推进货币化，最终使国家可以"不劳而用足矣"。[①] 可见，"取少而致多""不劳而用足"，

---

① ［宋］李焘：《续资治通鉴长编》卷一二九，"康定元年十二月乙巳"条下"太子中允"条："故大商之善用其术者，不惜其利而诱贩夫；大国之善为术者，不惜其利而诱大商：此与商贾共利，取少而致多之术也。若乃县官自为鬻市之事，此大商之所不为，臣谓行之难久也。诚能不较锱铢而思远大，则积朽之物散而钱币通，可不劳而用足矣。"中华书局，1995年，第3070页。

河南省巩义市宋永昭陵，北宋执政时间最长的皇帝宋仁宗赵祯的陵墓。正是在他的统治时期，汴京城开始了最关键的转型

用很小的代价攫取最大的利益才是宋朝统治者放松对商业的压制背后的根本目的。

因此，有学者认为，宋代统治者已经意识到"国家权力对市场不能完全垄断。如果靠专制主义强力垄断，其市场利益就不可能最大化，势必影响财利的攫取，因为这种强力往往是不计成本的"，"宋统治者已经懂得，把政治利益绝对化是会损害经济利益的，所以他们转而从经营、核算、成本、利润等方面来抓具体的经济利益"①。

当然，宋朝开国皇帝宋太祖赵匡胤的一句话恐怕更加道出了宋代统治者心中的根本想法。他说："富室连我阡陌，为国守财耳。缓急盗贼窃发，边境骚动，兼并之财，乐于输纳，

---

① 李华瑞：《宋代的财经政策与社会经济》，载《中国社会科学》，2022年第 7 期。

皆我之物。"①一个"皆我之物"，霸气地阐述了皇帝心中"你的也是我的"的根本认识。有这一认识，商业再怎样发达，终究是无上权力手中随时可以予取予求的一块肥肉罢了。

这一认识体现的是虽然基层社会发生了巨大的改变，上层统治者的思想与治理手段也随之发生了一些变化，但并没有完全跟上时代与社会的变化。之前秦汉唐时代传统的控制一切、"利出一孔"的统治思想依旧根深蒂固地存在于宋代统治者内心深处。

因此，在有眼光的统治者掌握权力时，尚能够按照欧阳修所说的"与商贾共利"，玩弄"取少而致多之术"，给商业发展留下一些腾挪空间；而一旦遇上目光短浅的统治者或事态紧急的时刻，权力随时都能竭泽而渔，与之前千年的秦汉唐统治者并无二致。

而这一切，给超级大都市汴京的诞生留下了空间也埋下了终将毁灭的种子。

小　结

作为汴京城存在和发展的物理基础，从"物流"的角度审视汴京城日常所用的物资从何处来，无疑也是回答汴京城何以成立的基础。

历史上，作为王朝的首都，京师一向是除军事活动外各个王朝物流活动的重中之重。只是在宋代之前，满足京师的

---

① ［宋］陈傅良：《历代兵制》卷八，见《文渊阁四库全书》第 663 册，台湾商务印书馆，2008 年，第 478 页。

日常需求和长期储备，以依靠向京师所处周边小区域收集大宗物资的短途物流为主。受高昂的运输成本限制，跨地域的长距离物流在这个时代为数不多，主要以朝廷出面运用行政权力手段进行调拨的形式存在。

北宋汴京城日常需求和长期储备的满足，则以跨地域的长距离物流为主。其中虽然朝廷主导的漕运运输了大量大宗物资，这从留存至今的北宋漕运数据也能看出来，但更重要的是，民间商业物流逐渐成了跨地域长途物流的主力。

这一变化，自然与汴京城所处的地理位置有关，拥有四通八达的内河水网无疑有助于长距离物流的发达。另一个不可忽视的重要因素则是社会结构的变化。由唐至宋巨大的社会结构变化带动了商业的飞速发展，使得人们的日常生产和生活都与民间商业紧密联系起来，从而使得民间商业成了长距离物流的重要参与者。

正是民间商业占据重要地位的长距离物流成了满足京师的日常需求和长期储备的主要物资来源，塑造了北宋汴京城与之前所有王朝的京师截然不同的底色。为适应这一改变，北宋朝廷的治理手段也相应地发生了改变，更加塑造出汴京城乃至这个时代的与众不同来。这个时代的与众不同，在物流的基础上，将渗透在下文将深入展示的诸多重要方面里。

漂到汴京当皇后

宋太宗太平兴国八年（983年）的一天，开封城东南的东水门前，一对少年夫妻刚刚从汴河码头下船。这是他们第一次来到帝国的都城。他们并不知道在遥远的未来，会以怎样意想不到的状态，在这座大都市中度过自己的余生。

这对年轻的夫妻来自遥远的四川成都。丈夫名叫龚美，22岁，是一名银匠，技艺高超，打造得一手好银器。妻子刘氏，15岁，年轻貌美，能歌善舞，尤其善于播鼗（一种像拨浪鼓的乐器）①。他们千里迢迢，来到帝国的都城，只为一件事——讨生活。

从仅有的一点记载推测，生活在蜀地首府成都时的龚美，生活应该还过得去，至少他在养活自己之外，还有余力讨了老婆。小他7岁的妻子刘氏其实是他的邻居。刘氏幼年父母双亡，只能在母亲的娘家寄人篱下②。虽然刘氏容貌美丽、能歌善舞，但是外婆家似乎并不愿意在她身上花费什么精力和

① ［宋］司马光：《涑水记闻》卷五："章献刘后本蜀人，善播鼗。蜀人龚（宋史作龚）美携之入京。美以锻银为业。"中华书局，1989年，第100页。
② ［元］脱脱等：《宋史》卷二四二《后妃上》："初，母庞梦月入怀，已而有娠，遂生后。后在襁褓而孤，鞠于外氏。善播鼗。"中华书局，1977年，第8612页。

《清明上河图》中
汴河上的客船,
一位妇人正从船
舱的窗口向外望
去。龚美夫妻来
到开封时应该也
是这样的

资源。刘氏小小年纪就不得不做了歌女。到了刚刚能结婚的十三四岁的年纪,就匆忙嫁给了隔壁的银匠大哥龚美。在 10 世纪的四川,刘氏这样的身份,能嫁给一个有手艺的平民,也算是外婆家对她最后的照拂了①。

刚刚 20 岁出头的龚美和十三四岁的刘氏婚后的生活是什么情形,因为缺乏记载,我们不得而知。但从多年后刘氏对龚美家族的格外照顾和亲密感情来看,小夫妻之间的感情应该是融洽的。他们真正需要面对的麻烦,来自社会和市场。

在宋朝建立之前的五代十国时期,广阔的中原地区陷入了战乱,从朱温灭唐建立后梁政权,到赵匡胤陈桥兵变建立

———————

① [宋] 司马光:《涑水记闻》卷六:"宫美以锻银为业,纳邻倡妇刘氏为妻,善播鼗。"中华书局,1989 年,第 109 页。

宋王朝，短短 50 多年更迭了 7 个政权。加之北方契丹政权的侵扰，这半个世纪中，中原大地战乱频仍，动荡不已。如果再算上唐帝国灭亡之前经历的"黄巢之乱"，整个中原就有80 多年战乱不休。为躲避战乱，贵族富商、文人雅士乃至平民百姓，大量逃向远离战乱的南方，尤其是在唐帝国鼎盛时期就以"扬一益二"著称的江南和四川蜀中。到了五代十国时代，分别割据江南和蜀中的南唐、前蜀、后蜀等地方政权，更是呈现出经济繁荣、文化发达的景象。我们故事的主人公龚美夫妻的故乡，蜀中成都，在中晚唐直至五代时期，发展得尤其令人瞩目。自安史之乱唐玄宗幸蜀至唐末，唐代皇帝三次因为躲避战乱入川驻跸成都，随行带来了大量长安的贵族、文化人士和掌握皇家技术的工匠[①]。

大量人口带着财富和技术迁入，自然刺激了当地经济的发达和手工业的繁荣，尤其是为高官大族的享受服务的奢侈品制造业，水平更是突飞猛进。困守蜀中过自己平安小日子的后蜀统治者作风奢靡，宫中大量使用金银器皿。史载后蜀后主孟昶的夜壶是用镶嵌宝石的金银制成的，人称"七宝溺器"，令宋太祖赵匡胤都为之瞠目结舌。城中好高髻，四方高一尺，后蜀上层浮华奢靡，民间自然也就奢侈之风盛行[②]，朝野上下对奢侈品的追求，使蜀地金银器工匠在唐代皇家金银器制造技术基础上更加精进，出身蜀地成都的银匠龚美，自然也学到了一身好本事。

---

① 王瑛：《论前后蜀文化的发展及影响》，载《中华文化论坛》，2007 年第 1 期。
② 王瑛：《论前后蜀文化的发展及影响》，载《中华文化论坛》，2007 年第 1 期。

然而，宋太祖乾德三年（965年），宋朝大军灭亡后蜀，让很多人的命运发生了改变。宋军攻下成都后，将后蜀皇室、文武官员的家族一并送往开封①。随即，因为宋军军纪败坏，引发了已经投降的后蜀士兵起兵反叛的全师雄之乱。这场兵乱波及全蜀各地，持续一年有余。虽然宋廷紧急增兵换将后终于将兵乱镇压，但历经唐末五代一直富庶安宁的蜀中，也因此居民流离，元气大伤②。这一年，龚美3岁，刘氏还没出生。

　　从地方割据政权的首都，到边陲省份的首府，成都的地位下滑带来的，是市场的急剧萎缩。割据政权上层集体离开，让后蜀的奢侈品制造业一下失去了最大的消费群体。而横扫全蜀的全师雄之乱，对原本富足的广大蜀中的地方富户是一个致命打击。这些富户，又是奢侈品的基层消费者。战乱初定，民间的财富积蓄损失惨重，在漫长的恢复期内，无论大族还是平民，都更多地将生产所得用于积蓄和扩大再生产。后蜀时代奢靡的世风不再。这两年内的连续打击，让后蜀境内原来畸形发达的奢侈品制造业遭受沉重打击，只能在全师雄之乱后缓慢的社会恢复期中勉力维持。

　　年轻的银匠龚美，在他长大成人后，虽学成一手精湛的银器制作技术，但面对的却是这样一个艰难的行业局面。我

---

① ［宋］李焘：《续资治通鉴长编》卷六，"乾德三年正月丁酉"条："丁酉……全斌遣右神武大将军王继涛与供奉官王守讷部送孟昶归京师。"中华书局，1995年，第147页。"二月丙午"条："又诏伪蜀文武官并遣赴阙，赐装钱有差，治行清白为众所知者，所在州府以名闻。"中华书局，1995年，第149页。
② 周宝珠：《关于北宋建立和统一的几个问题》，载《河南大学学报（社会科学版）》，1992年第4期。

们年轻的主人公夫妻，在权衡再三之后，做出了一个直接影响了他们夫妻一生命运甚至整个帝国国运的决定——进京当"汴漂"。

在那样一个信息并不发达的时代，做出这个决定是相当有眼光的。仅仅后蜀的皇室和高层官员，加上整个四川的财富，就能托起后蜀奢靡的世风和发达的奢侈品业。而在龚美夫妇决定漂去开封的年代，宋太宗太平兴国八年（983年），曾经的五代十国割据政权已经全都被宋王朝平灭。南唐、后蜀、吴越、南汉、北汉、南平、平海军政权的皇室和统治集团上层官员勋贵已经全部迁居到宋都汴京，随之而来的还有各国集聚多年的公私财富。在此之上，还有统一了全国的胜利者——宋政权的整个皇室和文武官员群体，其规模更加庞大。这是一个比后蜀时期的成都庞大得多的潜在的奢侈品消费市场①。

虽然宋太祖、太宗时代，朝廷倡导相对简朴的社会风尚，但"杯酒释兵权"后，宋太祖和宋太宗对于武将兵权的赎买，采用了引导武将"多积金帛、市田宅，以遗子孙。歌儿舞女，以终天年"的政策②，鼓励他们集聚财富，享受人生。而对于文官，又抱着一丝轻蔑地认为"措大眼孔小，赐与十万贯，则塞破屋子矣"③，对于文官的财富积累也抱持一种不以为意的

---

① ［宋］李焘：《续资治通鉴长编》卷三八，"至道三年九月"条，参知政事张洎曾总结："今带甲数十万，战骑称是，萃于京师，仍以亡国之士民集于辇下，比汉、唐京邑民庶，十倍其人矣。"中华书局，1995年，第820页。
② ［元］脱脱等：《宋史》卷二五〇《石守信传》，中华书局，1977年，第8810页。
③ ［宋］魏泰：《东轩笔录》卷一，中华书局，1988年，第3页。

态度。统治集团文武官员对于财富的追求以及随之而来的享乐、奢侈风气的发展流行也就成了顺理成章的事情。银匠龚美夫妻选择前往京城，正显示出他们的远见——东京汴京城必将成为全国最大的奢侈品消费市场。龚美精湛的银器制作技术，也只有在这里才能得到最充分的发挥，获得最充足的回报。

然而，想去汴京是一回事儿，去不去得成，则是另一回事儿。

这对年轻夫妻要想去汴京，面临的是两个问题：许不许去和能不能去。

幸运的是，在 10 世纪后半叶的宋王朝，"许不许去"这个限制已经无形中消弭了将近 30 年了。看看 907 年灭亡的唐王朝时代，百姓要想离开自己所在的地方，必须去本县官府申请一张通行证，当时叫作"过所"。过所上面写清申请人以及同行者的姓名身份，年龄相貌，携带物品几何，所为何事，所去何地……只有县官衙颁发通行证后，申请人才能踏上旅途。一路上经过关卡、渡口，进城都要查验这张通行证，核对人员和物资；旅途中住店休息，没有这张通行证，店家也不能接待。可以说，没有官府颁发的这张通行证寸步难移。当然，这并不是唐王朝的发明，秦汉至唐，这一控制人口流动的措施始终推行使用。汉唐时代，政府将个人和家庭作为基本纳税单位，征收赋税和征发徭役。因此，将人口固定下来是当时政府的必然选择。限制人口流动配合均田等分配土地的措施，将普通百姓牢牢固定在土地上，成为了方便国家征税派役的重要手段。为了防止税源散失，汉唐时代严格限制普通人的跨地域流动。能够在地方官府顺利申请到通行证

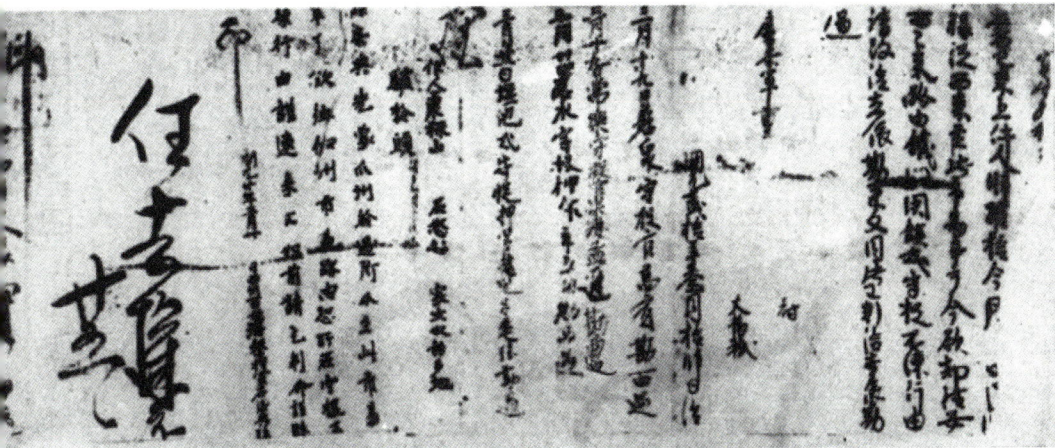

"过所"的，只有官方认为有移动需要的官员、商人、僧道等少部分特殊人群。如果是在这个环境下，龚美夫妻想自主离开蜀中去京城当"汴漂"，是没有可能的。

然而，事情在唐朝中期逐渐起了变化。如之前章节所述，唐代的"两税法"改革使得统治者不再对编户齐民进行严格的人身控制。因此，普通人在地域间移动的限制也逐渐松动。关于"过所"制度这种严格的通行证制度，在五代还偶有记载。到了宋代，除对特定群体如官员、军人、僧道、外国人等还有较为严格的要求外，对普通人来说，这个阻碍人员跨地域流动的桎梏基本消失在时代的洪流中了[①]。一介平民的龚美夫妻可以顺利地迁徙到汴京，正是这种阻止人员流动的制度走向崩坏的结果。而龚美夫妻只是千千万万"汴漂"的一个代表，正是没有了人员流动的阻碍，全国各地各色各样的普通或不普通的人物，才能无所阻碍地漂向汴京。从这个人口角度上说，虽然北宋东京汴京不一定是中国历史上第一座人口过百万的都市（关于中国历史上第一座人口过百万的都

---

① 程民生：《宋代社会自由度评估》，载《史学月刊》，2009 年第 12 期。

大运河与长江交汇的扬州瓜洲古渡，在北宋是东南地区物资经运河汴河运至汴京的咽喉之地。也是刘娥夫妻从四川远赴汴京路途的重要节点

市存在争议，有南朝建康城、北魏洛阳城、隋代洛阳城、唐代长安城、北宋汴京城等多种说法），但却可能是第一座有现代都市人口特点的百万级大都市。

　　没有了"不许移动"的困扰，龚美小夫妻想去汴京，还有一个重要的前提，就是能够支付得起迁徙的成本。毕竟，成都到汴京千里迢迢，出川蜀道又以崎岖难行著称，能否支付得起这一路的盘缠，也是他们能否成行的重要影响因素。当然，他们最后到达了汴京城，这似乎能说明他们支付得起这笔费用，但事实恐怕并不这么简单。

　　从成本上考虑，成都去往汴京，不同行程路线的选择会产生不同的花费。如果仅仅从空间地理上看，最近的走法，是从成都向北，经穿越大巴山、秦岭的蜀道，到达关中的京兆（今陕西西安），再东出潼关，经洛阳到达开封汴京城。这一走法全程陆路，要穿越险峻难行的千里蜀道。如果考虑时间上最快的途径，杜甫当年策划的走法是"即从巴峡穿巫峡，便下襄阳向洛阳"，从成都上船，沿岷江一路入长江，顺流东下，穿过三峡后，在江陵（今湖北荆州）换陆路至襄阳，或继续顺江东下至鄂州（今湖北武汉），换船沿汉江西上襄阳，再从襄阳由陆路穿过南阳盆地，从西南方向到达汴京。这个走法不但最快，而且因为大半路程是乘船，花费比完全陆路的蜀道走法便宜很多。据沈括在《梦溪笔谈》里记载，运输同样物品，水运的运费只有陆运的四分之一[①]；而稍后南宋的官方文件中更是说明，如果顺流，水运的运费只有陆运的十分之一，而逆流是三分之一[②]。这个走法大半经由水路，自然比全程陆路的蜀道—关中路线省钱。

然而，现实是，从现有残存的一点点相关史料中，我们可以得知，龚美夫妻从成都出发的上京之路，既没有选择空间地理上最近的蜀道，也没有选择时间上最节省的襄阳，而是选择了一条空间地理上最为迂远，时间上也并不节省，但在花费上却可能最便宜的路线——沿长江顺流东下，直到扬州，转入运河，由江入淮，由淮入泗，由泗入汴，兜了一个

---

① ［宋］沈括：《梦溪笔谈》卷一一《官政一》："运盐之法，凡行百里，陆运斤四钱，船运斤一钱。"见《全宋笔记》第二编第三册，大象出版社，2006年，第94页。

② 《庆元条法事类》卷三七《给纳·格》《勘给·旁照法》："支地里脚钱，依图经，每一百里一百斤，陆路一百文，水路溯流三十文，顺流一十文。"见《中国珍稀法律典籍续编》第一册，黑龙江人民出版社，2002年，第581、605页。

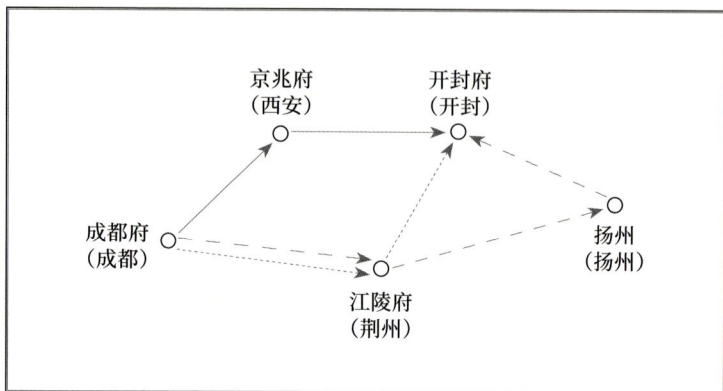

大圈之后由汴河从东南方向到达汴京①。这一线路全程水路，因此路费应当在所有选择中最为便宜。

龚美夫妻为求经济选择的这条入汴路线，不经意间却向我们展示了勾连起几乎整个宋朝南部和京师汴京的水路交通线。整个长江流域和淮河流域，西至四川，南至湖南、广西，东至江浙，全都可以通过长江的大小支流，将本地的货物汇集到长江干流之上，再经由与龚美夫妻进京一样的路线，由运河、淮河、汴河一线，水运输送至汴京城。同样，整个中国南部的人，也可以经由同样的线路方便并相对安全地抵达京师——只要你出得起旅费。

虽然这条路线最为便宜，但经济并不充裕的龚美夫妻在半路还是遇到了囊中羞涩的困境。根据宋人笔记记载，在夫妻俩

---

① ［宋］王明清：《挥麈录余话》卷一："章献明肃初自蜀中泛江而下，舟过真州之长芦。"见《全宋笔记》第六编第二册，大象出版社，2013年，第33页。真州即今天江苏扬州下辖的仪征市，毗邻运河与长江在瓜洲的交汇处。龚美与刘氏进京经过真州则说明他们选取的路线是顺江东下，在扬州经运河过淮泗自汴河入京。

宋代的客船
(传)［北宋］郭熙
《关山行旅图》
(局部)
台北故宫博物院藏

路过真州的时候，当地有一个住在江边的僧人，看到了刘氏，还听到了她的歌声。和尚觉得她此后必然富贵，于是将自己的积蓄拿出来资助小夫妻继续上京。刘氏自然不会无缘无故见陌生人并且唱歌，这应该是他们在积蓄用尽的困境下，刘氏重操旧业，一边播鼗一边卖唱赚取继续上路的旅费，僧人之后赠金助其完成进京的旅行正可说明。大概只是后来刘氏飞黄腾达，记录者为尊者讳，将其年轻时落魄的一幕含混带过①。

今天，当我们展开《清明上河图》，占据了画面重要位置的，正是汴河中的舳舻相接。一艘艘宽敞的客船，将来自各地的各色人物不断运送到王朝的都城。当然，还有类似我们的主人公龚美小夫妻这样，坐不起这种相对昂贵的客船的平民，恐怕只能找画面中岸边停泊着的那种货船，用更加便宜的价格，赁得船上的一席之地。无论坐的是哪种船，在旅行

---

① ［宋］王明清：《挥麈录余话》卷一："章献明肃初自蜀中泛江而下，舟过真州之长芦。有闽僧法灯者，筑茅庵岸旁。灯一见听其歌声，许以必贵，倒囊津置入京。"见《全宋笔记》第六编第二册，大象出版社，2013 年，第 33 页。

第二章　天下人物会京师

结束的时候，都出现了这一节开头的画面，龚美小夫妻最终在汴河的码头下船，站在了王朝京师的城门前。

作为初次进京的外地人，来到汴京并不是圆满的结束，只是艰辛"汴漂"生活的开始。在半路已经遇到资金困难的龚美夫妻，在到达汴京城后，马上遇到了更大的困难——还是没钱。这里面，包括他们在有收入之前维持生活的费用，当然，这笔费用还可以试着像在路上积攒路费时那样，由刘氏卖唱来解决。但另一笔费用，则让小夫妻俩犯了难。龚美是一个银匠，作为手工业者，来到汴京后他并不能自己想开业就开业，而是要按照规定，先到官府登记，然后申请加入相应的手工业行会。不加入相应的行会，是无法在汴京城从事相关行业活动的。而加入行会时，需要交纳一笔不菲的"行例"，即入会费[①]。这恐怕才是龚美最为头疼的一笔支出——如果交不出这笔"入会费"，自己就无法在汴京从事银器制造工作，那么没有收入来源自然无法支撑夫妻俩继续留在汴京城，而想要交这笔钱，囊中羞涩的他，又从哪里找来这一笔不菲的投资呢？

接下来发生的事，就极具戏剧性了。

走投无路的龚美最后决定，将年少貌美的刘氏卖予他人，换来一笔可观的收入。少年夫妻感情不错，走投无路之下卖妻求活，龚美与刘氏恐怕也是万般无奈。随后，龚美将刘氏卖予了一个名叫张旻的小官。

然而，张旻买下刘氏并非为了自己。他是宋太宗之子韩

[①] [宋] 李焘：《续资治通鉴长编》卷二五一，"熙宁七年三月己未"条：王安石曾向宋神宗进言："臣曾雇一洗涤妇人，自言有儿能作饼，缘行例重，无钱赔费，开张不得。"中华书局，1995年，第6128页。

王赵元休的亲信。这位只比刘氏大一岁的少年王爷不知听谁说过四川姑娘聪明有才气，心中十分好奇，于是向自己的亲信说"蜀妇人多材慧，汝为我求一蜀姬"，让他们给自己物色一个来自四川的姬妾。而张旻正巧遇上龚美走投无路出卖妻子刘氏，于是便掏钱买下，献给了小王爷。当然，刘氏的美貌聪慧马上就征服了小王爷，有记载，此后赵元休对刘氏"宠幸专房"。人的命运有时候就是这么不可思议。不久前还夫妻牛衣对泣、走投无路的刘氏，转眼之间，成了大宋朝王爷的爱妾①。

经此一事，卖出妻子的龚美也迎来了人生的转折点。在成功融入汴京的银匠行业后，龚美依靠高超的银器制作手艺，很快就在京城的银匠行业内声名鹊起，后来更是被官府选中，成了专门为开封府官署服务的工匠。龚美高超的技艺得到了京师达官贵人的认可。据记载，他曾被专门指派为皇亲国戚打造银器②。

宋太宗淳化五年（994 年），曾经的韩王赵元休已经改名赵元侃，进封寿王，出任开封府尹。龚美成了他的直接下属。在刘氏的牵线之下，赵元侃让自己爱姬的前夫从自己王府的低级小官做起，引为亲信③。一年后的至道元年（995 年），寿

---

① ［宋］司马光：《涑水记闻》卷五："美以锻银为业，时真宗为皇太子，尹开封，美因锻得见，太子语之曰：'蜀妇人多材慧，汝为我求一蜀姬。'美因纳后于太子，见之，大悦，宠幸专房。"卷六："龚美以锻银为业，纳邻倡妇刘氏为妻，善播鼗。既而家贫，复售之。张耆时为襄王宫指使，言于王，得召入宫，大有宠。"中华书局，1989 年，第 100、109 页。
② ［宋］魏泰：《东轩笔录》卷十五："钱思公嫁女，令银匠龚美打造装奁器皿。既而美拜官，思公即取美为妹婿，向所打造器皿归美家。"中华书局，1988 年，第 168~169 页。
③ ［元］脱脱等：《宋史》卷四六三《外戚上》："初事真宗于藩邸，以谨力被亲信，即位，补三班奉职，再迁右侍禁。"中华书局，1977 年，第 13548 页。

谁也没有想到，当年随着丈夫千里入京的四川小姑娘刘氏，后来成了宋真宗的皇后

[南宋] 佚名《宋真宗后坐像》
台北故宫博物院藏

王赵元侃被封为太子，改名赵恒。他就是后来的宋朝第三位皇帝——宋真宗。

至道三年（997 年），宋太宗驾崩，太子赵恒继位。刘氏被封为四品美人，龚美也获得了"三班奉职"这个低级官职。由于刘氏自幼父母双亡，没有亲族，在她授意、皇帝许可之下，龚美改姓刘为刘美，充当刘氏的兄长，正式成为外戚。大中祥符五年（1012 年），宋真宗赵恒力排众议，将刘氏册立为皇后①。这一年，离本节开头龚美小夫妻离开成都远走京师，已经过了 29 年。当年"漂"向汴京的贫贱夫妻，阴差阳错已经成了帝国的皇后和国舅。

---

① [元] 脱脱等：《宋史》卷二四二《后妃上》："太宗崩，真宗即位，入为美人。以其无宗族，乃更以美为兄弟，改姓刘。大中祥符中，为修仪，进德妃。自章穆崩，真宗欲立为皇后，大臣多以为不可，帝卒立之。"中华书局，1977 年，第 8612 页。

刘氏和龚美只是自帝国各地来汴京当"汴漂"的普通人，因缘际会，漂到汴京当上了皇后和国舅。而其他千千万万史籍上有名和无名的"汴漂"们，也成了这个大都市快速扩张和持续繁荣过程中最有能力、最有活力的部分。在这座大都市的日常生活中，他们究竟扮演了何种角色？他们在这个大都市肌理的有机运转中如何随之运行？接下来，我们将把目光聚焦在汴京城的外来人口身上，探寻他们存在的背后所体现出的这个大都市的特点。

"漂"的时代

银匠龚美小夫妻跋涉千里当"汴漂"的故事，有赖于后来刘氏成为大宋皇后，从而在古人的记载中保存了下来。而和他们类似，千千万万同样选择了漂向汴京的普通人，却没有这样幸运，能在史书的记载中留下自己的名字。然而，正是这些留下名字的和没有留下名字的"汴漂"们，前赴后继，代代集聚，最终缔造出北宋汴京城这个光辉夺目的大都市来。

在这背后，是一个严肃的背景——这种"漂"向京师的盛况，恰恰在北宋时代才开始出现，不但空前，甚至在两宋之后，在我国近代之前都堪称罕见。为什么会如此？我们需要知道，宋代之前传统的秦汉直到唐代，普通"人"在当时的社会中是怎样的存在，而宋代社会发生了怎样的变化使得普通人的境遇与之前截然不同了。

前一节中我们已经提到过，为了将普通百姓牢牢固定在土地上，成为方便国家征税派役的税源，汉唐时代严格限制普通人的跨地域流动①。为了确保这种固定，当时的统治者甚至制定律法，对擅自离开本乡本土的农民进行惩罚，比如唐律中就规定："诸非亡而浮浪他所者，十日笞十，二十日加一等，罪止杖一百；即有官事在他所，事了留住不还者，亦如之。"②平民离开本乡本土，每10天就要被判杖10下，最多可以杖100下。哪怕是平民因为领受了官方事务去往外地（如服徭役运输物资前往外地），在差事完成后如果不马上回乡，而是滞留外地，也要按照这一处罚标准执行。在如此严苛的控制之下，广大小农被束缚在自己耕种的小块田地上，生活在各个村落区域中，不能进行任何合法的迁徙流动。

但是，一旦遇到天灾人祸，以及在统治者残酷的剥削下破产失业，农民往往只能脱离土地流亡，成了国家掌握之外的非法的"流民"。数量巨大的"流民"往往被统治集团中的上层统治者拥有的田庄吸纳，成为田庄的雇农和佃农。他们失地流亡，脱离了国家的掌控，失去了正式平民身份，沦为了人身依附于田庄主的奴仆、私属，人身自由也被田庄主直接控制，更加谈不上迁徙的自由了③。

当然，秦汉至隋唐时期，人们不仅仅是被固定在家乡的一亩三分地上，没有在地域间迁徙的自由，同样被固定的，

---

① 如经学者研究，秦汉农民离开田土大致有四种情况：服兵役和劳役、政府强制性迁徙、战乱、自然灾害。见王子今：《秦汉农人流动对都市生存空间的压抑》，载《学术月刊》，2010年8月。四种情况中前两种均为官方强制，后两种为人力不可控灾难，除此之外，并无农民可以自主迁徙的途径。

② ［唐］长孙无忌等：《唐律疏议》卷二八《捕亡律》，"诸非亡而浮浪他所者"条，中华书局，1983年，第536页。

③ 刘玉峰：《论唐代均田农户经济的分化破产》，载《陕西师范大学学报（哲学社会科学版）》，2010年5月。

宋代以前农民被固定在土地上从事农业生产

[南宋] 李嵩《龙骨车图》
日本东京国立博物馆藏

还有自己的职业。

宋代以前的古代中国，人们的职业被固定划分为四大类别。春秋时期，中国社会的职业群体已经形成了"士""农""工""商"的"四民"格局。各职业世袭，无法变更，如《国语》中记载管仲所说的"士之子恒为士""工之子恒为工""商之子恒为商""农之子恒为农"①。士、农、工、商各有职业壁垒，行业与行业之间互不转换，形成了各职业的恒久固定、累世相承的局面。这就是曾经长期实行的"四民分业"制度。

"四民分业"的结构，从先秦到唐代中期，延续了千年之久。其间各个时代的统治者，都制定了各种制度，以维护这种"分业"的状态。比如汉代就曾严厉命令"禁民二业"，就是禁止百姓同时从事两种职业。法令甚至严格到在一些地

① 徐元诰：《国语集解·齐语第六》，"桓公自莒反于齐"条，中华书局，2002年，第220~221页。

区，农民在农闲时打鱼打猎都遭到官府的禁止^①。直到唐中期的唐玄宗开元年间，法令中还要求"辨天下之四人，使各专其业"^②。

与"四民分业"对应的，作为职业区分的"四民"等级差别明显，高低贵贱不同。"士"为四民之首，最为高贵；"商"居于四民之末，最为低贱；"工"的地位仅仅稍高于最低贱的"商"。直到唐代初期，社会的治理仍然秉持"工商杂类，不得预于士伍"^③的原则。

官府对地位最低贱的商人的身份限制有很多具体的措施。如统治者对商人社会地位进行打压，剥夺商人的政治权利，规定商人及其子弟不得做官。在隋唐科举制诞生后，也同样不允许商人及其子弟参加科举考试（李白就因其商人子弟的身份而无法参加科举考试）。同时，商人与士人的交往也受到限制。早在秦汉时期，官府就专门为商人设立"市籍"。"市籍"成为政府管理商人，向商人征课"市籍租"并禁止其入仕做官的重要凭据。"市籍"像标签一样贴在商人及其子弟的身上，使之有别于其他编户齐民，官府甚至在衣服的颜色上都加以规定，如隋唐时代规定普通平民穿白色，而屠夫与商人则穿黑色，以示区别^④。

---

① ［宋］范晔：《后汉书》卷三九《刘般传》："郡国以官禁二业，至有田者不得渔捕。"中华书局，1965 年，第 1305 页。

② ［唐］李林甫等：《唐六典》卷三《尚书户部》，中华书局，1992 年，第 74 页。

③ ［后晋］刘昫等：《旧唐书》卷四八《食货志上》，中华书局，1975 年，第 2089 页。

④ 林立平：《唐宋时期商人社会地位的演变》，载《历史研究》，1989 年第 1 期。

相对于备受歧视的工商从业者，从事农业生产，被固定在土地上成为政府稳定税源的"农"，无疑是最为统治者重视的身份。因此，"重农抑商"也一直是传统社会结构下政府统治的信条。

总体来说，秦汉至隋唐时期是工商业尚不发达，统治者贱商、抑商政策较为突出的时代，"四民分业"架构下士、农、工、商的职业分野清晰且固定。士、农很少兼营工商业，工商业主要是工商业者的职业[1]。

不过，秦汉至隋唐时期，士、农、工、商"四民"并不是政府治下的全部人群。在四民之外，社会中还有另一个庞大的人群，地位更在"四民"中最低贱的商人之下，受到更加严苛的人身禁锢和剥削。这个群体就是"贱民"。他们与被称为"良民"的"四民"相区别，形成了这个时代标志性的"良贱制度"。

作为先秦奴隶制社会的遗绪，"贱民"在秦汉至隋唐时代主要包括从上古奴隶制下的奴隶继承演化而来的奴婢（包括政府直接拥有并管理的官奴婢和属于私人的私家奴婢）；从汉代军队编制演变而来的部曲和其他一些如杂户、官户、番户等人口。

作为与普通平民相区别的"贱民"，这个人群不被视为"人"，而是被视为"财产"，如唐代的律法中就明确规定"奴婢贱人，律比财产"[2]。他们"贱民"的身份也是世代相袭，

---

① 林立平：《唐宋时期商人社会地位的演变》，载《历史研究》，1989年第1期。
② ［唐］长孙无忌等：《唐律疏议》卷六《名例律》，中华书局，1983年，第132页。

不得任意改变的。奴婢的子女也是奴婢，都属于主人的资财，他们的命运也完全由主人决定，当然就更谈不上人身自由了[①]。

在秦汉至隋唐时期，大量人口沦为"贱民"奴婢往往会带来严重的社会问题，甚至酿成政治危机。因为这将导致汉唐国家直接控制的人口下降，负担赋税劳役的对象减少，而豪族世家却可以通过大量占有奴婢部曲蓄养家族和私人势力，以至于危害政权的稳定。

对此，历代统治者曾经多次予以处理。比如汉光武帝刘秀面对严重的奴婢问题，在统治期间曾 9 次下诏释放奴婢和禁止残害奴婢，直接为农业生产提供了劳动力，解除了东汉初年的社会劳动力危机，同时极大地增加了国家的编户农民，相应增加了东汉政府的赋税收入，使国力大幅增强[②]。这一显著成果恰恰说明了当时社会中"贱民"这一群体的数量之巨大。

总而言之，秦汉至隋唐社会以人身固定、良贱分离和四民分业为标志，形成了一套森严而稳固的社会结构。它确保了社会上绝大部分人都被稳定地固定在特定的地域、身份和职业当中，以方便政府的日常汲取和随时征发调用。这个时代可以说是一个"定"的时代。

然而，由唐至宋，这一切开始被打破了。

最先突出重围的是商人。初唐开始，随着商人势力的逐渐发展壮大，他们开始一步步突破商人与士人的交往的限制。

---

① 李天石：《中国中古良贱身份制度研究》，南京师范大学出版社，2004年，第 53~91 页。
② 戴开柱：《从刘秀解决奴婢问题看东汉初年的法制建设》，载《江西社会科学》，2003 年第 8 期。

以买卖为媒介，商人们与消费能力最强的官僚阶层建立起了密切的交往关系。接着，商人将与士人的买卖关系升级为借贷关系，唐代逐渐出现了较为普遍的官僚向商人贷款的情况，同时也有商人向官吏借贷。随着时间的推移，关系再次升级为政治关系。利用科举制的推行，不少富商大贾开始广泛资助参加科举的士子①，形成了与自己相关联的政治势力。

在经历了安史之乱后，也就是到了中唐之后，商人终于突破了不得做官的限制，开始经由多种渠道大规模入仕，尤其是禁止商人及其子弟参加科举的禁令只存具文，商人及其子弟通过科举入仕成了日常现象。唐王朝为了解决财政困难公然卖官，更是给商人求官开辟了快车道②。

最终，到宋代，政府在法律中正式规定允许商人及其子弟参加科举考试；商人入仕在宋代也成了正常的社会现象，政府甚至专门招募商人从事管理税收、充当出使随员等特殊事业。随着商人地位的提升，一直以来贱视商人的观念也悄然改变。宋代社会一改以往将商业视为"末业"，贱视商人的传统观念③。范仲淹在《四民诗》中为商人鸣不平称："吾商则何罪，君子耻为邻！"直至南宋黄震明确说出"国家四

---

① ［五代］王仁裕：《开元天宝遗事》卷上，"豪友"条："长安富民王元宝、杨崇义、郭万金等，国中巨豪也，各以延纳四方多士，竞于供送。朝之名僚往往出于门下，每科场文士集于数家，时人目之为豪友。"中华书局，2006年，第17页。王元宝是唐玄宗时著名巨商，曾被唐玄宗感叹为"朕天下之主，元宝天下之富"，见［唐］李冗：《独异志》卷中，中华书局，1983年，第46~47页。

② 林立平：《唐宋时期商人社会地位的演变》，载《历史研究》，1989年第1期。

③ 朱瑞熙：《宋代商人的社会地位及其历史作用》，载《历史研究》，1986年第2期。

民，士、农、工、商""士、农、工、商，各有一业，元不相干……同是一等齐民"①，标志着商人在社会层面上去贱视化的完成。

在商人努力提升自己社会地位的同时，农人也开始挑战各种壁垒。随着科举制的展开，通过科举走上仕途成了打通"农"与"士"屏障的捷径。对商人来说，隋唐时期尚有商人及其子弟不得参加科举考试的禁令；而对农人及其子弟来说，可谓一无障碍。越来越多出身寒门的中小地主和普通农人子弟经由科举跻身仕途。到了宋代，科举出身的寒人已经成了官僚群体的主体②。加之工商业者也争取到了参加科举与出仕的权利，由此"农""工""商"一起打破了与"士"的壁垒，"四民分业"的瓦解迈出了第一步。

另一个影响深远的改变就是前文已经提到的唐中期开始的税法改革。宋代政府不再追求秦汉至隋唐以降直接固定人口、限制人员流动以稳定税源的赋税模式，某种意义上打开了将普通人固定在土地上的桎梏。

一方面，这直接使平民可以不再被固定在土地上，获得了跨地域迁徙的可能。农人离开了原本固定的土地，转而从事工商业谋生的情况也日渐增加。

另一方面，官僚群体贪图商业活动带来的丰厚利润，大量插手商业活动，官员甚至亲自或由家人直接从事商业经营。

---

① ［宋］黄震：《黄氏日抄》卷七八《诃诉约束》《又晓谕假手代笔榜》，见《文渊阁四库全书》第 708 册，台湾商务印书馆，2008 年，第 786~787、802 页。
② 孙国栋：《唐宋之际社会门第之消融——唐宋之际社会转变研究之一》，见孙国栋：《唐宋史论丛》，上海古籍出版社，2010 年，第 337 页。

唐代原本有规定"食禄之人不得夺下人之利"①，禁止官员阶层经营商业，并在律法中针对违反者有严厉的处罚措施②。然而，到了晚唐，政府对官员及其家族经商已经听之任之。原本的"四民分业"至此彻底被打破了。

在这个背景下，商业和手工业不再是"低贱职业"，而是和农业一样，获得了平等的身份，这使得普通人在职业的选择上有了更多的可能性。一个迁徙的农民可以选择迁居他处农村继续从事农业耕种，也可以离开土地另谋生计。事实上，丧失了土地的乡村小农，往往流入城镇或从事商业活动，或成为雇佣劳动者；还有可能选择同时从事多种职业的"兼业"。这一现象在中唐以后开始普遍出现，在宋代已成了日常现象。

城镇和乡村之中，非农业的职业种类显著增多③。这导致宋代平民生活与之前的秦汉隋唐时代产生了明显区别。如上一章提到的，普通农村居民在从事农业活动的同时，投身于小商品生产，兼做小手工业者、小雇工、小商贩，具有小农、小工、小商三位一体的复合身份。社会分工从之前的"四民分业""禁民二业"变成了彻底的多元化"兼业"④。

---

① ［唐］李林甫等：《唐六典》卷三《尚书户部》，中华书局，1992 年，第 74 页。
② ［唐］长孙无忌等：《唐律疏议》卷二五《诈伪律》："官人身及同居大功以上亲，自执工商，家专其业者，不得仕。其旧经职任，因此解黜，后能修改，必有事业者，三年以后听仕。其三年外仍不修改者，追毁告身，即依庶人例。"中华书局，1983 年，第 462 页。
③ 曾育荣、柯桂林：《从"四民分业"到"四民不分"——唐宋时期的职业流动与社会结构变迁》，载《思想战线》，2022 年第 1 期。
④ 李晓：《宋代工商经济与政府干预研究》，中国青年出版社，2000 年，第 14 页。

人身固定和"四民分业"制度崩溃的同时,"良贱制度"也面临着猛烈的冲击。随着唐末五代社会的剧烈动荡,门阀士族彻底瓦解,大量"贱民"奴婢成为自由人。而同时日益扩大的雇佣劳动市场,使得大量生活贫困的良人,以缔结契约的方式与雇主结成雇佣关系,逐渐占领了之前由"贱民"奴婢所从事的职业,如仆人、苦力、侍女等。

到了北宋时代,传统汉唐制度的重要组成部分"良贱制度"已经崩溃[①]。面对社会的变化,宋代统治者不得不制定新的法律,以适应良贱关系的改变。经过北宋时代,到两宋之交,官方承认的"贱民"奴婢范围迅速缩小,数量急剧减少,最终消失。奴婢不再成为一个"律比财产"的"非人"群体,而是被统一规定为国家的编户齐民。虽然奴婢在被雇佣期间

① 李天石:《中国中古良贱身份制度研究》,南京师范大学出版社,2004年,第429页。

在法律上相对于雇主还要承受相当的歧视，但法律上定义的"贱民"就此不复存在[1]。原本被牢牢禁锢在官府和主人控制下的"贱民"得到了充分释放。

最后一个得到放松的群体是佃户。如前所述，在朝廷直接向人丁征收赋税劳役的汉唐时代，佃户脱离了朝廷的掌控，失去了平民身份，沦为了人身依附于田庄主的奴仆、私属，自然也失去了人身自由。而相应的田庄主大量占有土地不用付出代价，以人身依附的方式占有大量在国家编户齐民之外的奴仆、私属，不用缴纳赋税，则成了最大的获益群体。随着"两税法"改革，赋税征收对象从以身丁为主变为以土地资产为主，土地和奴仆私属都作为资产成为纳税的税基。占有大量佃农身份的私属不再有利可图。这一变化使得传统庄园经济发生了改变，原来人身依附性很强的大地产旧式庄园经济瓦解，租佃土地的佃户逐渐获得国家编户齐民的身份[2]，同时地主对佃户的人身控制也逐渐减弱。

至宋仁宗天圣五年（1027 年），朝廷以诏书的形式明确了南方佃户可以自由迁徙。之前的法令规定佃户如要移徙，必须取得地主的同意并由地主发给证明。此后法律规定佃户迁徙无需地主证明，可以自由迁徙，并规定佃户迁徙必须在收获完毕后，以免影响地主土地的耕作。同时，地主不得无理阻拦佃户离开，否则佃户可向官府提起诉讼。至此，全国除一些具体的地方之外，广大佃户也获得了一定的迁徙自

---

① 戴建国：《"主仆名分"与宋代奴婢的法律地位——唐宋变革时期阶级结构研究之一》，载《历史研究》，2004 年第 4 期。
② 周奇：《谈中古寺院经济研究的几个问题——兼谈经济史研究中的量化》，载《中国社会经济史研究》，2022 年第 2 期。

　　　　　　　　　　　第二章　天下人物会京师

由^①。随着人身固定、良贱分离和"四民分业"制度的相继崩溃，之前由它们构成的森严而稳固的秦汉唐社会结构也随之解体。这一过程使宋代百姓获得了在空间上、职业上和身份上的选择的可能。改变之后的宋代社会，自然体现出与传统秦汉唐社会截然不同的面貌，并被当时的人敏锐发现了。

宋神宗熙宁三年（1070 年），负责整理编制法律的官员曾布提出了一个严肃的建议——他上奏恢复在汉代已经被废止的肉刑。这个建议自然没有得到采纳，但他提出建议的理由却很有意思，恰好说明曾布已经敏锐地发现了当时的社会所发生的改变，展示出宋代社会与之前时代的社会的巨大不同。

曾布提出恢复肉刑的理由是，汉代废除肉刑，用流放来代替，如今的情况变了，这个做法行不通了。

> 古者乡田同井，人皆安土重迁。流之远方，无所资给，徒隶困辱，以至终身。近世之民，轻去乡土，转徙四方，固不为患，而居作一年，即听附籍，比于古亦轻矣。^②

古时候人民安土重迁，使用流放作为刑罚，受罚之人离开故土则陷入困境，这个手段是有效的。然而，宋代的百姓早已习惯了可以自由迁徙的生活，离开故乡根本就是家常便饭。宋代政府规定的"居作一年，即听附籍"这一相对宽松的户籍管理制度——迁徙到新的居住地后，只要生活一年就

---

① 朱瑞熙：《宋代佃客法律地位再探索》，载《历史研究》，1987 年第 5 期。
② ［元］马端临：《文献通考》卷一六八《刑考七》，中华书局，2011 年，第 5039 页。

可以正当落户获得当地户籍，使得迁徙的百姓可以很便利地落户。因此，流放这一刑罚无法起到威慑犯罪的作用。

曾布的这一看法固然胶柱鼓瑟，但他的这段话却常被引用来说明宋代的社会现状相对于前代发生了怎样的改变。正是因此，宋代百姓可以四处探索，不断寻找更加适宜安身就业的地方迁居生活。这样，除在以往传统的自然灾害、战乱时会产生人口流动外，宋代在正常的生活环境中，同样产生了频繁的人口流动。当时有记载称"天下废田尚多，民罕土著，或弃田流徙为闲民"①，这一描述固然有夸张的成分，但我们也可据此对当时的社会现实有一个大致的了解。

换言之，与之前汉唐时代绝大部分人口都被固定在特定地域、特定职业和难以改变的身份中的"定"相比，宋代社会中的普通人已经获得了移动与迁徙、变更职业和改变身份的权利。这个时代也因此成了与之前截然不同的"漂"的时代。

这个"漂"的时代为城镇大量吸纳人口创造了优越的条件。商品经济的发达，促使城镇数量增加以及工商业兴起，进一步吸引了大批原来从事农业的乡村居民进入城镇。原来"四民"中的农民，原来依附于田庄主而被人身控制的佃户，原来被视为财产、毫无人身自由并被迫在田庄中从事农业劳动的大量官私奴婢，在宋代都成为平等身份的编户齐民，可以离开自己原处的地域和职业，迁徙到城镇中生活劳作。因此，宋代形成了大规模的由乡村到城镇的人口流动。

---

① ［元］脱脱等：《宋史》卷一七三《食货志上一》，中华书局，1977 年，第 4164 页。

　　　　　　　　　　　　　　第二章　天下人物会京师

人口流动的放开，使得旅行成为宋代绘画中一个重要的题材

[北宋] 朱锐《溪山行旅图页》
上海博物馆藏

北宋当时人已经注意到了这一单向人口流动。北宋后期的官员毕仲游就曾记载：

> 农民憧憧来往于州县，舍攻苦食淡之志，而渐起甘美之愿。辞耕田力作之业，而习为游惰之态；亡淳朴寡欲之性，而增长嗜好之事。田野之民弃南亩而就城市者，举皆有焉。[①]

在毕仲游的笔下，农民因为在往来城市的过程中，见识到了城镇相对优越的生活，于是厌弃了艰苦且负担相对沉重的农业生产和乡村生活，纷纷抛弃田地，迁徙到城镇中生活。司马光在记载中也有过类似的描述[②]。

当时人观察到的这种乡村居民向城镇的流动不仅是人口地域间的流动，乡村居民流入城镇的流动背后也是一种职业流动。这种流动的持续存在改变了宋代社会的结构。

越来越多的人口从乡村流入城镇。他们中除一部分富人外，大部分人口的谋生手段集中在受雇于商铺、旅店、作坊，

---

① ［宋］毕仲游：《西台集》卷五《青苗议》，见《文渊阁四库全书》第1122册，台湾商务印书馆，2008年，第52页。
② ［宋］李焘：《续资治通鉴长编》卷三五九，"元丰八年八月己丑"条："光又言……窃谓四民之中，惟农最苦。农夫寒耕热耘，沾体涂足，戴星而作，戴星而息。蚕妇沾蚕、绩麻、纺纬，屡屡而积之。寸寸而成之，其勤极矣。而又水旱霜雹、蝗蟊间为之灾。幸收成，则公私之债交争互夺。谷未离场，帛未下机，已非己有矣。农夫蚕妇所食者，糠而不足；所衣者，绨褐而不完。直以世服田亩，不知舍此之外，有何可生之路耳。故其子弟游市井者，食甘服美，目睹盛丽，则不复昔归南亩矣。至使世俗俳谐，共以农为嗤鄙，诚可哀也。"中华书局，1995年，第8589页。

即从事工商业劳动。这一变化催生了一个新的阶层——市民阶层，标志着城镇化进程的加快。

简言之，商品经济的高度繁荣，促使城市、市镇快速发展，城镇人口大量增加，由此催生了以工商业群体、官僚地主、城市平民为主体的市民阶层逐步兴起，并成长为新的社会力量[1]。宋代城镇化的发展由此在我国历史上形成了一个空前的高峰，城市人口比例达到了中国近代之前的最高峰[2]。

回应本节开头提到的，"汴漂"们之所以能漂向京师，归根到底是因为，这是一个"漂"的时代。在这个"漂"的时代，原本已经固化了上千年的社会结构被打破了。人们不但可以在空间上"漂"起来，也可以在身份上"漂"起来，同样能在职业上"漂"起来。"漂"起来的人们在法律上有人身保障，在物质上有足以满足生存的供应渠道，在职业上有可以转换的谋生方式……这一切，推动了建立在这个"漂"的时代基础上的城镇化大发展。而汴京城，正是这城镇化王冠上最璀璨的明珠。这颗明珠，是如何在这个"漂"的时代绽放出夺目光芒的，我们下面细细来说。

---

[1] 贾灿灿：《经商：宋代社会流动的重要渠道》，载《社会科学论坛》，2017 年第 9 期。

[2] 赵冈、陈钟毅：《中国历史上的城市人口》，载《食货月刊》（台），1983 年第 3~4 期。该文认为宋代城市人口比例，北宋达到 20.1%，南宋上升至 22.4%，但这个估算一直被认为是过于高估了。漆侠认为宋代城市人口"占总户数的百分之十二以上"，见漆侠：《宋代经济史》，上海人民出版社，1988 年，第 933 页。梁庚尧认为"城市户口比率可能在百分之三至百分之十四之间"，见梁庚尧：《宋代社会经济史论集》，允晨文化实业有限公司，1997 年，第 536 页。无论哪个数据，这都是近代以前中国城市人口比例的最高峰。

汴京的虹吸效应① 与人口替换

在民间得到迁徙权利的宋代，汴京城的人口吸引力有多强，"汴漂"的规模有多大，从宋朝政府的一些反应我们可得见一斑。

宋仁宗景祐二年（1035 年）二月，一道诏令紧急下发到京东路、京西路、陕西路、河北路、河东路、淮南路六个路（包括今河南、山东、陕西、河北、山西、江苏和安徽江北部分、湖北北部、甘肃东部）的转运使手中。诏令内容是这样的：

> 诏京东西、陕西、河北、河东、淮南六路转运使检察州县，毋得举户鬻产徙京师以避徭役，其分遣族人徙他处者，仍留旧籍等第，即贫下户听之。②

内容简单明了，大致是要求这六路的地方官，制止民户为了躲避徭役卖掉田产举家迁移到京师。但这里还是要详细说明一下，因为这条诏令所反映的细节实在值得玩味。

首先需要说明的是这里提到的"徭役"。一般来说，"徭役"是古代官方规定的平民成年男子在一定时期内或特殊情况下所承担的一定数量的无偿社会劳动的统称，其种类包括兵役、力役、差役、杂役等。

---

① 虹吸效应也称虹吸现象，它原本是一个物理学术语，指由于液态分子间存在引力与位能差能，液态分子会由压力大的一边流向压力小的一边。在经济学中，人口及生产要素从经济发展水平相对落后区域流向相对发达区域的现象即"虹吸效应"。

② ［宋］李焘：《续资治通鉴长编》卷一一六，"景祐二年正月戊申"条，中华书局，1995 年，第 2719 页。

　　然而，在宋代，"徭役"是专有名词，特指吏役，即从事
州、县、乡的基层胥吏的工作。吏役的人员来源主要有两个，
一是平民自愿投名充当，二是主要由当地乡村上户轮流当差
服役。乡村下户也会服一些吏役中特定的役种①。

　　自愿投名的不在我们的讨论范围中，景祐二年这道诏令
针对的是"以避徭役"的人户，自然是针对本来应当主要由
乡村上户轮流当差的这部分。宋代的乡村居民在户籍上称为
乡村户（如果用今天熟悉的语言的话，类似农村户口），其
中，拥有土地田产的称为乡村主户，没有土地田产，只能租
佃他人田地耕种过活的称为乡村客户。官府向拥有田产的主
户征收赋税、征发徭役。

---

① 王曾瑜：《宋朝的差役和形势户》，见王曾瑜：《涓埃编》，河北大学出
版社，2008年，第421~446页。

　　宋代的乡村主户一般分为五等，划分完全依据各户拥有财产的多少。一般来说第一、二等户是地主，第三等户则是较小地主和富裕农民，第四、五等户大多是普通农民。因此，在宋代，第一、二、三等户又被称为乡村上户，第四、五等户又被称为乡村下户①。这就很明显地显示了宋代吏役的本质：当时被称为"徭役"的吏役，主要由乡村上户轮流当差，即主要由地主和富裕农民构成的第一、二、三等户承担。宋代差役制度是为中央政权在州、县、乡实行统治的权力末梢提供地方胥吏，因此，其本质就是宋代政权普遍使用本地地主充当基层统治的执行者②。这种差役，既有成为地主家庭负担

---

① 王曾瑜：《宋朝划分乡村五等户的财产标准》，见王曾瑜：《涓埃编》，河北大学出版社，2008年，第244~270页。

② 王曾瑜：《宋朝的差役和形势户》，见王曾瑜：《涓埃编》："宋朝差役制度的基本精神，就是州县衙门的公吏、基层政权的头目，应当由地主充当。"河北大学出版社，2008年，第426页。

的一面，也有因掌握胥吏的基层行政权力后获得以权力谋取利益特权的一面①。

正因为宋代"徭役"的本质如此，这道诏令的目的性才显得极具针对性——差役产生的是政府控制广大城乡社会的权力末梢胥吏，那么大量乡村上户卖掉田产移居京师的结果就是移出地的基层控制力被掏空。而如果乡村上户大量流失，巨大的胥吏需求就会顺次下移，落到相对贫弱的四、五等乡村下户身上。而乡村下户无论人力还是财力都负担不起充当胥吏的巨大消耗，则势必加速乡村下户的破产。这种情况在宋代地方官府治理运行中也确实出现了②，这对宋代统治者来说，当然是一个棘手的问题，正因如此才会下令禁止。

紧接这句之后，诏令还给出了两个相关群体的处理准则。一个是"其分遣族人徙他处者，仍留旧籍等第"，这句紧接着前一个分句做出了补充说明。那就是虽然不许乡村上户卖掉田产移居京师，但是，如果不是举家迁徙，而是分派一部分族人迁居的话，是允许的。毕竟乡村人口向城镇流动的大势已经不可阻挡，强行阻止已无可能，在这个前提下，宋廷给出了一个让步的处理方法，可以走但不能全走，只能部分移居。在部分移居的情况下，依旧会出现变卖田产后带走资产的状况，而资产的变动直接影响到户等的划分。比如一个一等乡村上户，如果出售大部分田产后分派部分族人携带出售所得资产迁居，则这个一等户重新按照田产标准衡量，很可

---

① 王曾瑜：《宋朝的差役和形势户》，见王曾瑜：《涓埃编》，河北大学出版社，2008 年，第 421~446 页。
② 王曾瑜：《宋朝的差役和形势户》，见王曾瑜：《涓埃编》，河北大学出版社，2008 年，第 441 页。

能变成三等上户甚至四等下户，这依旧可能导致移出地的基层控制力被掏空。因此，在这条补充说明中，明确给出了允许乡村上户分派部分家族成员迁居的条件是原本按照土地田产等划分的户等不变——乡村上户家族可以转移财产，但应该承担的差役不能改变——本质还是为了维护移出地官府在当地基层的控制力。

这个规定无疑是北宋京师官府与各地方官府利益争夺纠纷后的重新利益分割，看上去最终各得其利，实际上是以极大牺牲迁移人户利益为前提的——当迁移人口带走了部分资财后，移出地的户等不变，负担的差役不变。而移居京师后，这些新移民用带来的资财在京师汴京购置资产，附籍成为城市居民坊郭户之后，又要按照坊郭户的标准负担京师的赋役——则相当于一份资产征收了两次赋役。这自然是给乡村上户向京师的迁徙制造了相当的障碍，而在这个过程中，官府反而能从中牟利。这种做法，实际上增加了对乡村上户的压榨和迁徙的限制。

这道诏令中提到的另一个群体是"贫下户"，就是第四等、第五等主户即乡村下户。诏令中称"贫下户听之"，即贫下户如果出卖田产举家迁徙至京师，则不加限制，听其迁徙。值得一提的是，这个处置并不能说明汴京城对乡村下户的虹吸效应小于上户，毕竟这道诏令要处理的问题实际上是差役的征发对象。差役的主要应役对象是乡村上户，这个群体在宋代乡村民户中的占比不大。按学者已有的研究，宋代乡村上户的占比各地略有不同，大体在10%～33%，其余67%～90%是乡村下户[①]。

---

① 王曾瑜：《宋朝阶级结构》，河北教育出版社，1996 年，第 74 页。

鉴于乡村下户在差役的征发中仅仅有几个特定名目，并且数量相比乡村上户多太多，加之举家迁居京城在路费、京城地产的购入以及在京生计的举措上都花费巨大（这一点，从本章第一节龚美小夫妻的遭遇可见一斑），乡村下户比起上户，这种迁徙难度无疑增大了许多。这道诏令对贫下户举家向京师的迁移做出如此规定，这说明在当时，向京师迁徙对乡村下户也产生了巨大的吸引力。但乡村下户举家迁徙到京师还不至于对地方基层控制力造成严重影响，故而这道诏令中对这一群体采取听之任之的态度。

景祐二年的这道短短的诏令透露了一个极重要的信息——京东、京西、陕西、河北、河东、淮南这六路正好覆盖了北宋辖区内全部的北方地区。这里明确展现了京师汴京对整个北方人口的虹吸效应。尤其值得注意的是，这道诏令明确针对的目标群体是应当轮值差役的上户。准确地说，这道诏令所反映的，是京师汴京城对整个北方地区乡村富裕人户的强烈吸引力。

当然，这道诏令某种意义上也体现出宋朝官府对于京师汴京巨大虹吸效应的一种无力的反抗。正如上一节所述，因为各种限制和禁锢的打开，形成了乡村人口向城镇的单向流动，促使城市、市镇快速发展，城镇人口大量增加。这个趋势在时代发展的大势之下是不可逆转的，除非宋代官府彻底放弃现有的赋税制度，重新进行人身限制、职业分野，否则就不可能实现对这一单向流动的抑制，而这种放弃和重建明显是不可能的。

从唐代开始，随着中央政权的强化，士族纷纷出仕为官，城市经济的发展与生活条件的日趋良好，促使首先在士族中

出现了持续向城市迁居的趋势。发展到宋代，文人士大夫阶层已经普遍居住在城市内[①]。随着四民界限的打破，原先基本居住在乡村的大小地主、富裕农民甚至乡村中下户，也随之纷纷向城市迁居，甚至形成了一个庞大而独特的群体——他们的主要田产尚留在乡间，但田产所有人却生活在城市中，并不从事农业生产。这个群体被称为"遥佃户"[②]。当然，这和没有田产靠租种他人田地为生的"佃户"是完全不同的两个概念。

在宋代快速的城镇化过程中，进入城市的很多新市民就

《清明上河图》中熙熙攘攘的开封，包括大量被开封这个大都市虹吸的各地人口

[①] 包伟民：《陆游的乡村世界》，社会科学文献出版社，2020年，第144~145页。
[②] ［宋］李焘：《续资治通鉴长编》卷三四五，"元丰七年五月辛酉"条下"提举京东保甲马霍翔言"条："民有物力在乡村而居城郭，谓之遥佃户。"中华书局，1995年，第8290页。

是这类"遥佃户"。但由于他们的主要资产以田产的状态留在了原籍的乡村，因此对宋代城市来说，这个群体被虹吸的，仅仅是人口和少量浮财。

然而，景祐二年的这道诏书中所描绘的群体则完全不同，其中明确点出了乡村上户是"举户鬻产徙京师"，也就是变卖了田产后带着现金和可移动资财迁居京师，这说明汴京城虹吸的，已经不仅仅是整个北方地区农村富裕人户的人口，还有原来掌握在这些富裕家庭手中被带到汴京城的北方各地乡村的大量财富。

宋朝官府出于地方统治利益试图阻挡这种流动，但这一举动注定是徒劳无功的。景祐二年的这道诏令并没有遏制乡村上户举家向京城迁徙的步伐。仅仅两年后的景祐四年（1037年）十一月，又有一道诏令出现在记载中：

> 辛丑，诏河北转运司，如闻城邑上户，近岁多徙居河南或京师，以避徭役，恐边郡浸虚，宜令本路禁止之。①

不但乡村民户出现了被京师虹吸的状况，河北的城市居民和城市财产也在被京师虹吸着。毕竟无论是人在城市田产还在乡间的"遥佃户"，还是举户鬻产移居的移民，汴京城来者不拒。

京师汴京对整个宋代北部的巨大虹吸效应，很明显地体

---

① [宋] 李焘：《续资治通鉴长编》卷一二〇，"景祐四年十一月辛丑"条，中华书局，1995年，第2839页。

汴京，汴京

现在了汴京城的人口数量上。第一章中我们提到过，学者们对于北宋汴京城人口的研究，多认同城市人口已经远远超过百万[①]。一直以来，多数人认为从北宋初到北宋末年，汴京城的人口一直在持续增加。

然而，随着近年来研究的深入，研究结果表明北宋汴京城的人口，并非如以往认为的那样，随着时间的推移越来越多，而是呈现一个奇妙的先升后降的曲线。宋太宗太平兴国年间（976—984 年），汴京城总人口达到了 130 多万；至宋仁宗景祐年间（1034—1038 年），汴京城人口上升到 140 余万，然而至宋神宗元丰年间（1078—1085 年），汴京城人口反而下降到约 125 万；最终到北宋末年的宋徽宗宣和年间（1119—1125 年），汴京城总人口进一步下降至 120 万左右[②]。通过这一连串的数据可以看出，汴京城在宋仁宗朝达到了人口总量的顶峰，之后直到北宋末年，则走出了一个长长的下降曲线。

汴京城这个总人口数先升后降的曲线，背后是汴京城人口结构在北宋 160 多年的时间中发生了根本性改变，这一改变使汴京城的城市性质也随之发生了本质变化。换言之，我们今天熟悉的那个《清明上河图》上繁华的汴京城，并非一开始就是那样，而是经历了漫长的时间才逐步变为我们在画面上看到的样子。

宋代汴京城人口数量的发展模式，究其原因，最显著的因素是汴京城中驻扎的军队数量，最关键的因素是汴京城对

---

① 周宝珠：《宋代东京研究》，河南大学出版社，1992 年，第 323~325 页；吴涛：《北宋都城东京》，河南人民出版社，1984 年，第 35~38 页。
② ［日］久保田和男：《宋代开封研究》，上海古籍出版社，2010 年，第 97~98 页。

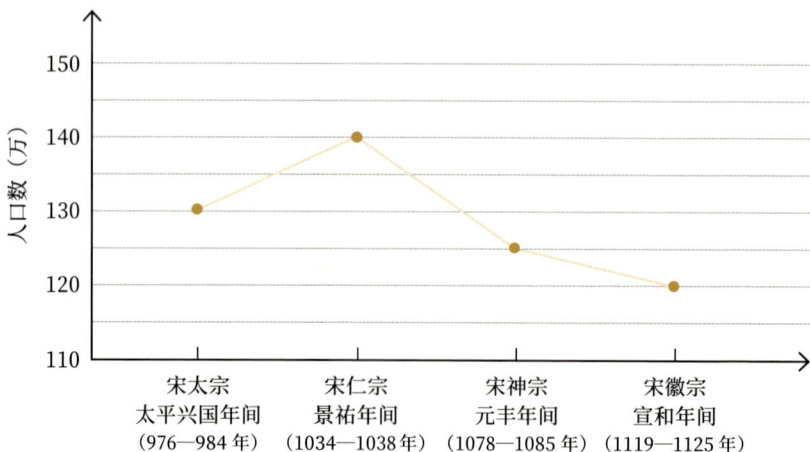

150

140

130

120

110

人口数（万）

宋太宗　　　　宋仁宗　　　　宋神宗　　　　宋徽宗
太平兴国年间　景祐年间　　　元丰年间　　　宣和年间
（976—984 年）（1034—1038 年）（1078—1085 年）（1119—1125 年）

汴京城人口变化折线图

人口的虹吸。两者叠加之下，形成了我们看到的这条汴京城人口曲线。

北宋时期，国家的正规军，同时也是中央军，称为"禁军"[1]。禁军作为"天子之卫兵，以守京师，备征戍"[2]，守京师和备征戍作为禁军的两大任务，对禁军的驻扎分布起到了决定性作用。按照宋代当时人的记载，宋太祖时禁军总数 22 万人，其中一半驻扎在京师，另一半驻扎在外地[3]。北宋初期驻扎在京师的禁军达到 11 万人。宋代采用募兵制，一人当兵，全家受朝廷军俸的供养，军士和家属共同居住在军营中[4]。汴

---

[1] 王曾瑜：《宋朝兵制初探》，中华书局，1983 年，第 7~8 页。
[2] ［元］脱脱等：《宋史》卷一八七《兵志一》，中华书局，1977 年，第 4569 页。
[3] ［宋］李焘：《续资治通鉴长编》卷三二七，"元丰五年六月壬申"条下"广南西路转运使马默言"条："艺祖养兵止二十二万，京师十万余，诸道十万余。使京师之兵足以制诸道，则无外乱；合诸道之兵足以当京师，则无内变。内外相制，无偏重之患。"中华书局，1995 年，第 7883 页。
[4] 王曾瑜：《宋朝兵制初探》，中华书局，1983 年，第 317 页。

汴京，汴京

京城中驻扎有 11 万禁军，则实际上是住有 11 万户军士家庭。有学者按照一户四口计算，驻扎在京师的 11 万军队对应的军人和军人家属总数就达到了 44 万。

随着北宋的统一以及与辽、夏战争的爆发，北宋军队的规模日益扩大，驻扎在京师的军队规模也日益膨胀。按照现有史料中相关人口数据以及学者的研究，在宋太宗时期，京师驻扎军队 17 万，连同家属共计 68 万人。京城普通民户人口约 55 万，加上皇宫、官府机构以及官方直接控制的工匠约 10 万人，汴京总人口达到 130 万[1]。此时汴京城的人口比例，军队及家属占人口总数超过一半，加上皇宫、官府机构等人口，服务于政权的政治人口与普通民户的比例约 3∶2，即普通民户只占总人口的约 40%。这时的汴京城，更像一个大兵营，是一个明显的政治性城市和军事性城市，其城市的经济性元素相对并不突出。

到宋仁宗中期时，北宋军队的规模达到顶峰[2]，其中驻扎在汴京城的约 18 万，连带家属共计约 72 万人。同时，随着经济的发展，汴京城的虹吸效应逐渐显现。普通民间人口也超过了 60 万，全城总人口达到 140 万[3]。此时汴京城的人口比例比宋太宗时期有了一些变化，服务于政权的政治人口与普通民户的比例约为 4∶3，普通民户只占总人口的约 43%，稍有上升。

---

① ［日］久保田和男：《宋代开封研究》，上海古籍出版社，2010 年，第 97 页。
② 王曾瑜：《宋朝兵制初探》，中华书局，1983 年，第 20 页。宋仁宗庆历年间，北宋禁军规模达到 82.6 万人，是北宋禁军数量的顶峰。
③ ［日］久保田和男：《宋代开封研究》，上海古籍出版社，2010 年，第 97 页。

开封城中驻扎着大量军队及其家庭

[北宋]《大驾卤簿图书》（局部），作为仪仗的宋军骑兵
中国国家博物馆藏

随着宋仁宗后期到宋英宗年间的裁军①，以及宋神宗继位后的大规模军事改革，到了宋神宗末年，驻扎在汴京城的禁军约有 11 万，连带家属共计 44 万人。而随着汴京城的虹吸效应日益显著，同时期的城中普通民户人口达到了 70 万，汴京城总人口约 125 万②。汴京的人口比例，在宋仁宗中期庆历年间（1041—1048 年）至宋神宗末期元丰年间（1078—1085 年）这短短 40 年内发生了颠覆性的变化，服务于政权的政治人口与普通民户的比例从 4 : 3 一变而成为 11 : 14，普通民户占总人口的比例一举突破半数，从 43% 上升至 56%。汴京城普通民户的数量超过总人口的半数，使得城市的经济性元素大为增加，逐渐洗去"大兵营"的色彩。虽然城市总人口下降了，但下降主要来自军队及军队家属的快速减少。与此同时，普通民户数量还在不断增加，但仍然弥补不了军队人口的减少，这才导致了总人口的下降。

发展到北宋末年宋徽宗崇宁年间（1102—1106 年），在京禁军的数量进一步下降到 7 万左右，连带家属共计 28 万左右。此时，汴京城的虹吸效应也达到了顶峰，记录在户籍上的普通民户人口达到 80 万，汴京城总人口约 120 万③。沿着庆历至元丰的发展轨迹继续推进，到崇宁年间，服务于政权的政治人口与普通民户的比例进一步下降至 1 : 2，普通民户占总人

① 王曾瑜：《宋朝兵制初探》，中华书局，1983 年，第 21 页。经过宋仁宗后期和宋英宗短暂统治时期的一再裁撤，禁军数量从宋仁宗庆历年间的 82.6 万下降至 66.3 万，共减少 16.3 万。
② ［日］久保田和男：《宋代开封研究》，上海古籍出版社，2010 年，第 98 页。
③ ［日］久保田和男：《宋代开封研究》，上海古籍出版社，2010 年，第 98 页。

口比例提高至 67%。可以说发展到北宋末年，相比于宋初的宋太宗时代，作为首都，汴京城作为政治城市的身份没有分毫动摇，但已经从一座传统的政治城市 + 军事城市演变成一座政治城市 + 商业城市。从宋初的"大兵营"一变成了"大市场"，这才是北宋汴京城脱胎换骨，成为一座前所未有的具有近现代都市气息的超级大都市的本质所在。

与此同时，我们注意到，一直以来为大家津津乐道的宋代汴京城的种种进步，如坊市制崩溃带来的商业繁荣，夜禁制度的改善等变化，大致都可以与这一进程暗中吻合。

一个是对于"侵街"行为即居民侵占道路路面行为的管理。在唐代坊市制下，居民居住在封闭的里坊中，官府严厉禁止街边居民侵占道路的行为。因为街边就是封闭的坊墙，侵占道路的前提就是已经破坏了坊墙，打破了坊的封闭性，是不被允许的。

但北宋汴京城的前身唐代汴州城，本就以商业发达著称，因此在后周政权新修筑汴京外城时，就放弃了封闭的里坊结构，允许街道两侧居民向街开门，并在沿街一定范围内"侵街"种树掘井、搭盖凉棚等 ①。

然而，随着汴京城人口的增加，商业逐渐繁盛，沿街居民不断扩大店面，突破原有限制，加剧"侵街"的行为不可避免。而北宋前期汴京城作为政治城市 + 军事城市的性质，导致官方对于街道在政治礼仪上的观瞻重视超过对经济因素

①《五代会要》卷二六《街巷》。

的考虑①。因此，随着经济发展，居民自发的"侵街"行为和官府对街坊管理制度的维护与对"侵街"行为的制止之间，就展开了反复拉锯的斗争。

北宋前期，史书中留下了诸多宋代官方对汴京城内民间的"侵街"行为发起整顿的记载。从宋太祖开宝九年（976年）②开始，经宋太宗太平兴国五年（980年）③，宋真宗咸平五年（1002年）④、大中祥符五年（1012年）⑤，宋仁宗前期天圣

① ［清］徐松：《宋会要辑稿》舆服一之一四、一五《常行仪卫》："仁宗康定元年九月七日，参知政事宋庠上言：'车驾行幸，非郊庙大礼，具陈卤簿外，其常日导从，惟前有驾头，后拥伞扇而已，殊无典礼，所载公卿奉引之盛。其侍从及百司官属，下至厮役，皆杂行道中，步辇之后，但以亲事官百许人执檛以殿，谓之禁卫。诸班劲骑，颇与乘舆相远，而士庶观者，率随扈从之人夹道驰走，喧呼不禁。所过有旗亭市楼，垂帘外蔽，士民凭高下瞰，了无忌惮，逻司街使，恬不呵止，威令弛阙，玩习以为常，非所谓旄头先驱，清道后行之慎也。'"上海古籍出版社，2014年，第2174~2175页。皇帝出巡的仪仗在商业繁华、侵街严重的街市上遭遇堵塞、阻碍和围观，成为朝廷官员忧心忡忡商议的重要议题，可以作为这一对比的参考。
② ［宋］李焘：《续资治通鉴长编》卷一七，"开宝九年四月乙巳"条："经通利坊，以道狭，撤侵街民宅益之。"中华书局，1995年，第370页。
③ ［宋］李焘：《续资治通鉴长编》卷二一，"太平兴国五年秋七月己巳"条下"八作使段仁海"条："筑垣墙，侵景阳门街，上怒，令毁之。"中华书局，1995年，第477页。
④ ［宋］李焘：《续资治通鉴长编》卷五一，"咸平五年二月戊辰"条下"京城衢巷狭隘"条："京城衢巷狭隘，诏右侍禁门只侯谢德权广之。德权既受诏，则先撤贵要邸舍，群议纷然。有诏止之，德权面请曰：'今沮事者，皆权豪辈，各屋室僦资耳，非有它也，臣死不敢。'上不得已，从之。德权因条上衢巷广袤及禁鼓昏晓，皆复长安旧制，乃诏开封府街司，约远近，置籍立表，令民自今无复侵占。"中华书局，1995年，第1114页。这次整治，官方暂时治理了"侵街"现象，并且订下了新制度。所谓"立表"，就是在道路两旁一定的距离竖立木制的标记立"表木"，作为道路"红线"。表木的连线以里是合法占道区，连线以外严禁建筑越位占道，不许人户越界侵街。
⑤ ［宋］李焘：《续资治通鉴长编》卷七九，"大中祥符五年十二月甲戌"条："前诏开封府，毁撤京城民舍之侵街者，方属严冬，宜俟春月。"中华书局，1995年，第1808页。可见侵街现象已经卷土重来了。

二年（1024年）①、景祐元年（1034年）②，直至宋仁宗中期景祐二年（1035年）③，官方一轮轮对民间的"侵街"行为发动整治。不同皇帝在位时多次的整治恰好说明面对"侵街"，官方的整治只起到了暂时压制的效果。出现这一结果的原因是，民众"侵街"行为背后是宋代汴京城经济发展、商业繁荣的必然结果，自然如野火烧不尽，春风吹又生。

然而，在景祐二年（1035年）这次记载之后，史书中就很难见到北宋官方发起针对民间"侵街"的整治行动的记载了。相反，在宋神宗元丰五年（1082年），发生了内官太监谋划再次针对"侵街"行为进行整治的行动，这次针对"侵街"的整治虽然已经以诏书的形式下发，却遭到京师行政长官知开封府王存的反对和阻止。王存说服宋神宗收回成命之后，都中百姓"欢呼相庆"④。这一事例正说明"侵街"在宋仁宗中期之后，已经日渐被视为正常而合理的现象。官方也更多地顺应了经济和社会发展的需要放松了管制。

---

① ［宋］李焘：《续资治通鉴长编》卷一〇二，"天圣二年六月己未"条下"京师民舍侵占街衢者"条："京师民舍侵占街衢者，令开封府榜示，限一岁，依元立表木毁拆。"中华书局，1995年，第2358页。

② ［宋］李焘：《续资治通鉴长编》卷一一五，"景祐元年十一月甲辰"条下"诏京旧城内侵街民舍在表柱外者"条："诏京旧城内侵街民舍在表柱外者，皆毁撤之。遣入内押班岑守素，与开封府一员专其事，权知开封府王博文请之也。"中华书局，1995年，第2706页。

③ ［宋］李焘：《续资治通鉴长编》卷一一六，"景祐二年三月丁酉"条下"又诏开封府"条："民舍复有侵官街者，令左右军巡街司觉察，仍许人告之。"中华书局，1995年，第2725页。

④ ［宋］杜大珪《名臣碑传琬琰集》卷三〇《王学士存墓志铭》："五年，迁龙图阁直学士知开封府……民庐冒官道者，请悉撤之，至华表柱止，已有诏施行。二役谋出中人，众莫敢议。公独曰：'此吾职也。'入为上言，即日诏罢，都下欢呼相庆。"见《文渊阁四库全书》第450册，台湾商务印书馆，2008年，第435页。

直到北宋末年的宋徽宗崇宁年间（1102—1106年），随着一种新赋税"侵街房廊钱"的征收①，"侵街"行为以税收化的形式获得了正式合法身份。

另一个相关的重要变化是"街鼓"的消失过程。街鼓是街道上的警夜鼓，其设置的背后，是唐代与坊市制相配合的夜禁制。

唐代夜禁制度是一种宵禁制度，它规定每天的清晨敲响街鼓作为信号，结束宵禁，允许普通人出门上街活动。到傍晚日落时再次敲响街鼓，作为宵禁开始的信号，禁止人们出门上街②。夜禁施行的时段是从日落暮鼓敲后至每天五更三鼓时晨鼓敲响之间。在这个制度下，街鼓作为夜禁开始与结束的标志，是夜禁制度不可或缺的重要元素。

然而，北宋汴京城早已不存在继续设置街鼓的必要了。宋太祖乾德三年（965年），宋太祖下令，将夜禁的开始时间向后推延至半夜的三更时分③。随即，宋朝官方又将夜禁的结束时间提前至五更④，夜禁时间大大缩减至只有两个更次。因此，宋太祖时代，京师并未设置街鼓。

然而，到了宋太宗时，又按照唐代制度重新设置了街鼓。街鼓制度重新在汴京城运行，一直稳定运作，直到宋仁宗庆

---

① ［元］马端临：《文献通考》卷一九《征榷考六》，中华书局，2011年，第545页。
② ［唐］长孙无忌等：《唐律疏议》卷二六《杂律》，"犯夜"条引《宫卫令》："五更三筹，顺天门击鼓，听人行。昼漏尽，顺天门击鼓四百槌，闭门。后更击六百槌，坊门皆闭，禁人行。"中华书局，1983年，第489~490页。
③ ［宋］李焘：《续资治通鉴长编》卷六，"乾德三年四月壬子"条："令京城夜漏未及三鼓，不得禁止行人。"中华书局，1995年，第153页。
④ ［日］久保田和男：《宋代开封研究》，上海古籍出版社，2010年，第115~116页。

河南开封修建的"清明上河园",承载着今天大众对北宋汴京繁华街市的
想象与向往

汴京,汴京

历、皇祐年间，才逐渐废止①。自此之后，汴京城中再不闻街鼓之声。街鼓消失的转折时间点，再次落在了宋仁宗朝的中期。

我们可以发现，后周修建汴京外城时，唐长安那种封闭的坊市制就已经被开放的街市所取代。到了宋太祖时代又将夜禁的开始时间从日落时大大推后至半夜三更时分。可以说北宋汴京城在一开始就与唐代坊市制、夜禁制大相径庭。然而，在唐代坊市制与夜禁制下产生的对"侵街"行为的严厉禁止与街鼓制度，虽然已经皮之不存，但却在北宋初年的京师城市生活中实际存在着。它们的存在，并非依托于其产生的唐代坊市制与夜禁制，更多的是一种"表象"的存在，以满足官方追求权威所需要展现的威仪与规整。这恰好与北宋前期汴京城作为王朝首都的政治城市 + 军事城市定位相吻合。

对"侵街"的整治与街鼓制度均在宋仁宗朝中期逐渐消失。这恰恰说明了汴京城城市性质的改变。汴京城从政治城市 + 军事城市转变为政治城市 + 商业城市，聚集在汴京的居民自然也从以直接服务于政权的政治人口和军事人口为主转变为以从事普通经济活动的市民为主。这一人口变化与上一章中展示的汴京城向商业中心的演化同步，对汴京城产业的发展和布局，产生了决定性的影响。关于这一点，我们将在下一节中详细叙述。

---

① ［宋］宋敏求：《春明退朝录》卷上："京师街衢置鼓于小楼之上，以警昏晓。太宗时，命张公泊制坊名，列牌于楼上。按唐马周始建议置冬冬鼓，惟两京有之。后北都亦有冬冬鼓，是则京都之制也。二纪以来，不闻街鼓之声，金吾之职废矣。"中华书局，1980年，第11页。按日本学者加藤繁考证，宋敏求此文写于熙宁三年至七年间（1070—1074年），古代一纪为12年，二纪为24年，则"二纪以来，不闻街鼓之声"的开始，即街鼓废止的时间为倒退24年，1046—1050年间，即宋仁宗庆历（1041—1048年）、皇祐（1049—1054年）年间。见［日］久保田和男：《宋代开封研究》，上海古籍出版社，2010年，第123页。

第二章　天下人物会京师

大城兴百业：虹吸效应下的汴京产业发展

宋真宗景德元年（1004 年），随着宋辽澶渊之盟的签订，北宋建立 44 年后，终于迎来了天下太平的光景。京师的皇城正门宣德门外御街两边，照例排满了摆摊做买卖的各色摊贩[1]。其中一个卖药的摊子，看上去有些特别。不似别的药摊，簇拥的主顾是男女老少、各色人等，来这个药摊买药的，却大多是文质彬彬的读书人，甚至不乏看上去学富五车的老先生。主顾们在摊前似乎也并不急着买药，而是簇拥着摊主，围观他挥毫泼墨，信笔作画。

摊主是一个精干的年轻人，操着一口浓重的陕西乡音，只要有人买他一服药，他便现场画一幅山林泉石的水墨小品附送。遇到顾客稀少无人上门时，便当众作一大幅的寒林平远图，吸引路人围观。一来二去，汴京的风雅之士无人不知宣德门外有一个会画山水画的药贩。每天络绎不绝来到摊前徘徊的顾客，大多不为购药，只为一睹摊主运笔作画的风采。

摊主名叫许道宁，长安（今陕西西安）人[2]。作为在中国绘画史上留下名字的著名画家、北宋前中期山水画的代表人

---

[1] ［宋］孟元老：《东京梦华录》卷二《御街》："坊巷御街，自宣德楼一直南去，约阔二百余步，两边乃御廊，旧许市人买卖于其间。"中华书局，1956 年，第 12 页。

[2] ［宋］内院奉敕撰：《宣和画谱》卷十一《山水二》："许道宁，长安人，善画山林泉石，甚工。初市药都门，时时戏拈笔而作寒林平远之图以聚观者，方时声誉已著。而笔法尽得于李成。"见《中国书画全书》第二册，上海书画出版社，1993 年，第 92 页；［宋］刘道醇：《圣朝名画评》卷二《山水林木门第二》："许道宁，河间人，学李成画山水林木。初市药于端门前，人有赎者，必画树石兼与之，无不称其精妙。"见《中国书画全书》第一册，上海书画出版社，1993 年，第 453 页。

物，他的传世作品被海内外各著名博物馆、美术馆和私人藏家妥为珍藏。

然而，今天名留青史的大画家，在当年却和龚美小夫妻一样，是一个离开家乡赴京讨生活的"汴漂"。与龚美这种从事手工业的工匠有所不同，绘画业的受众更少，圈子更小更高级。尤其是丹青大家，一般来说，也只有皇室和高级知识分子、富豪群体才是主要目标受众。然而，许道宁当"汴漂"的经历，却与常见的画家颇有不同，背后有着一些值得玩味的地方。

其实，许道宁并不是第一个当"汴漂"的画家。他的"前辈"著名画家燕文贵早在宋太宗时代就流寓京师，同样在御街之上卖画为生。但燕文贵很快就被皇家画院的工作人员发现，推荐给了宋太宗。燕文贵也因此被招入画院供职，从街头卖画的落魄画家摇身一变为皇家画院最得皇帝喜爱的待诏画师[①]。与许道宁大约同时进京的另一位著名画家高克明，同样在进京几年内，便凭借出色的画技被选入皇家画院供职[②]。有相似经历的画家为数不少，他们的经历轨迹颇有共同之处：进京时都已经是技艺成熟的高水平画家，他们进京的目标是被皇家画院吸纳成为体制内的财政供养人员，并且都顺利地

---

① ［宋］刘道醇：《圣朝名画评》卷一《人物门第一》："燕文贵，吴兴人，隶军中，善画山水及人物。初师河东郝惠。太宗朝，驾舟来京师，多画山水人物，货于天门之道，待诏高益见而惊之，遂售数番，辄闻于上。且曰，臣奉诏写相国寺壁，其间树石非文贵不能成也。上亦赏其精笔，遂招入图画院。"见《中国书画全书》第一册，上海书画出版社，1993 年，第 452 页。

② ［宋］刘道醇：《圣朝名画评》卷二《山水林木门第二》："高克明，绛州人……景德中游京师，大中祥符中入图画院，其艺益进。与太原王端、上谷燕文贵、颍川陈用志相狎，称为画友，其声望籍甚。今上尝诏入便殿，命画图壁等，为上所赏，迁至待诏，守少府监主簿、赐紫。"见《中国书画全书》第一册，上海书画出版社，1993 年，第 453 页。

很快达成了这一目标。他们赴京的目的和结果，正体现出汴京城作为帝国首都的政治城市身份。

然而，许道宁则完全不同。许道宁进京时，他的画技并未成型，开始只是作为卖药时吸引顾客的促销手段而存在。画史在指明许道宁的画技学习五代末宋初的大画家李成的同时，也点明他"早年所画俗恶"①"始尚矜谨"（初期画风矜持拘谨）②，并不怎么高明。后来的成就，完全是许道宁在京师时不断磨砺画技，并且与会聚在汴京城的同行画家、绘画鉴赏者交流后得以不断精进的结果。终于"至中年，脱去旧学，稍自检束，行笔简易，风度益著"③"唯以笔画简快为己任"，④

---

① ［元］夏文彦：《图绘宝鉴》卷三，"许道宁"条，见《中国书画全书》第二册，上海书画出版社，1993年，第862页。
② ［宋］郭若虚：《图画见闻志》卷四《技艺下·山水门》，"许道宁"条，见《中国书画全书》第一册，上海书画出版社，1993年，第482页。
③ ［元］夏文彦：《图绘宝鉴》卷三，"许道宁"条，见《中国书画全书》第二册，上海书画出版社，1993年，第862页。
④ ［宋］郭若虚：《图画见闻志》卷四《技艺下·山水门》，"许道宁"条，见《中国书画全书》第一册，上海书画出版社，1993年，第482页。

换句话说，其实是汴京城的艺术环境成就了大画家许道宁。

更重要的是，终其一生，许道宁都没有与皇家画院产生关系，他的名声，完全是依靠自己高妙的画技征服观众与顾客产生的。他在画技大成、声名鹊起之后，也不再依靠卖药为生，而是依靠绘画，甚至可以"游公卿之门，多见礼遇"。宋仁宗时期的宰相张士逊在邀请许道宁为其居室绘制大幅壁画和屏风后，亲自作诗"李成谢世范宽死，唯有长安许道宁"① 相赠②，不啻为许道宁打了活广告。

许道宁作为一个典型例子，他的经历揭示了一个新的画家群体在汴京城逐渐形成——他们并不依赖皇家画院或官方公职的财政供养，也不是如后来的文人画家一样另有生计，只是将绘画作为副业余兴，而是以绘画作为谋生职业，出售

---

① 李成与范宽皆是北宋初年著名画家，属于在中国画史上绕不过去的宗师级人物。

② ［宋］刘道醇：《圣朝名画评》卷二《山水林木门第二》，"许道宁"条，见《中国书画全书》第一册，上海书画出版社，1993年，第453页。［宋］内院奉敕撰：《宣和画谱》卷一〇《山水二》，"许道宁"条，见《中国书画全书》第二册，上海书画出版社，1993年，第92页。

画作，依靠市场的力量以职业画家的身份为生。如许道宁的同乡画家龙章，就在辞去皇家画院的供职后，凭画技"常游食于京师"①。

这个群体的形成，起于宋真宗后期，因为修建玉清昭应宫等皇家宫观需要大量高手画师绘制壁画、屏风等，北宋官府从全国各地征调著名画师前往京师。在绘制完毕后，一部分画师获得了到皇家画院供职的机会，其余的则予以放还。由于宋代民众的来去相对自由，相当一部分画师在官方营造公事完成后留在了京师汴京城。虽然皇家营造工程逐渐减少趋于消失，皇室与政府不再给予画家优厚的官方待遇，但得益于宋朝统治的长期稳定和文化的逐渐繁荣，汴京城的艺术市场对于绘画的消费需求日渐兴旺，不断吸引着外来画家来到京师。在宋仁宗中后期至宋英宗时期，一个庞大的外来画师群体在汴京城最终形成②。

绘画本身并不在一个人维持基本生活所必需的衣食住行之列，所以绘画业的受众更少，圈子更小。天然具有这样的门槛的一个行业，能够形成一定规模并拉开层次的从业群体，从侧面说明了汴京城的消费市场的发达。在这座巨大的都市，画家们既为街头平民提供生活服务的速写③，也为名公巨卿豪

---

① ［宋］刘道醇：《圣朝名画评》卷二《山水林木门第二》，"龙章"条，见《中国书画全书》第一册，上海书画出版社，1993年，第455页。
② 赵振宇：《北宋开封画史述论》，天津人民美术出版社，2022年，第72页。
③ ［宋］刘道醇：《圣朝名画评》卷二《山水林木门第二》，"龙章"条："常游食于京师，时乐游坊市。药人杨氏锁活虎于肆，章熟视之，命笔成于一挥，识者惊赏之。"见《中国书画全书》第一册，上海书画出版社，1993年，第455页。

玉清昭应宫等皇家宫观的修建需要大量高手画师绘制壁画

[北宋] 武宗元《朝元仙仗图》(局部),大型道教宫观壁画的粉本(底本)

宅绘制装饰性的壁画①。可以说,汴京城各个阶层在绘画方面的需求,都由他们进行供应。

就绘画行业而言,仅壁画一项,汴京城中上至皇家宫殿、宗教寺观、官府衙门,下至官僚富户私宅,乃至民间商店,都大规模延请丹青妙手绘制壁画,汴京城也因此成了当时国内壁画的中心。加上同时风靡的屏风绘画等其他绘画品类,汴京城俨然成了一个绘画世界②。这自然形成了强大的绘画消费能力,打造了巨大的绘画市场,职业画家群体在这样的大环境下得以形成并稳固发展。

于是,一方面,汴京画坛的画家群体间相互交游,磨砺画技,让汴京画坛形成了浓厚的艺术氛围,使得像许道宁这

① [宋] 刘道醇《圣朝名画评》卷二《山水林木门第二》,"许道宁"条:"相国寺张文懿公令道宁画其居壁及屏风等,文懿深加赏爱,作歌赠之。"见《中国书画全书》第一册,上海书画出版社,1993年,第 453 页;"陈用志"条:"画祥源观东位壁,磊落峻拔,布景千里……文潞公宅有用志出云山水壁,高丈余宛有不崇朝雨天下之意。"见《中国书画全书》第一册,上海书画出版社,1993年,第 455 页,等等。
② 周宝珠:《宋代东京研究》,河南大学出版社,1992年,第 377~382 页。

样的后进画师得以技艺大进。另一方面，画家们与京师上下各阶层之间的频繁互动，促进了绘画在技术与题材方面更加多元与精进，同时也为绘画走进京师市场，形成独立的画坛氛围创造了有利条件。这也使像许道宁这样的民间画家可以不依赖皇家或官府认证的身份，只凭借自身高超的画技就可以在京师画坛崭露头角、安身立命①。

我们之所以花了如此多的篇幅详述绘画业在宋太宗至宋仁宗时期的演化，正是因为这个时期，也是汴京由政治城市＋军事城市向政治城市＋商业城市转变的关键时期。作为京师社会日常生活中的百业之一，这期间汴京绘画行业的变化与发展，折射出这一根本性改变的实质——随着大都市虹吸效应带来的人口集聚，具有消费能力与消费意愿的市民群体不断扩大，促进了为之服务的商业市场的繁荣。庞大而需求分化明显的消费市场又反过来促进了各行业本身的分层和专业化的提升。

现代经济学家早已发现，"只有大城市，才可能提供更多元的文化和更多样的消费服务"，因为"在一个有大量消费品和服务供给者的市场上，每一个生产者都可以仅仅针对某一细分市场提供消费品和服务，而无须担心没有生意做，因为在大城市里，某一特殊偏好的消费群体数量都足够多。这样专业化的结果，既能使城市生活丰富多彩，也使人们在专业化的生产中不断积累经验，加强专业化程度。而专业化程度又反过来提升了生产者的竞争力，以及城市的生活品质"②。

---

① 赵振宇：《北宋开封画史述论》，天津人民美术出版社，2022年，第87页。
② 陆铭：《大国大城：当代中国的统一、发展与平衡》，上海人民出版社，2016年，第155~156页。

北宋汴京绘画业的发展，可以说正体现了这种大城市带来的专业化进化与城市生活品质提升的双向促进效应。尤其是画家作为高技能劳动者，都市规模的扩大能为其带来知识溢出效应的急剧凸显。"城市规模的扩张尤其是高技能劳动者的聚集，将为劳动者带来更多的学习和创新机会，从而提高劳动生产率。"[1] 这不正是许道宁的故事展现出来的内容吗？

　　当然，在大都市中获益的并不只有高技能劳动者，研究者早已意识到，"较高技能组别与较低技能组别的劳动力均从城市规模的扩大中得到了好处，其中低技能组别劳动力的受益程度最高"。这是因为"高技能劳动力收入水平的提高，创造了更多的低技能服务业需求，如高技能劳动力对餐饮、保姆等服务具有更高的消费需求，由此为低技能劳动力创造了更多就业机会，从而在整体上提高了城市的就业概率"[2]。如前所述，汴京对整个北方的富裕人户产生了虹吸效应，同时京师也大量聚集了如画家、娱乐工作者等高技能劳动者，从而创造了更加巨大的低技能劳动者就业的机会。而相对自由的迁徙条件，使得这巨大的就业机会，随即将汴京周边北方地区的贫民劳动者也吸引了过来。

　　研究者还发现，汴京城民间挑着货物走街串巷提供终端零售服务的货郎，大多由山东、河北进京行商的村人承当。我们今天能看到，连《水浒传》中混入汴京的浪子燕青，也是打扮成"一手拈串鼓，一手打板，唱出货郎太平歌"的山

---

① 陆铭、高虹、佐藤宏：《城市规模与包容性就业》，载《中国社会科学》，2012 年第 10 期。
② 陆铭、高虹、佐藤宏：《城市规模与包容性就业》，载《中国社会科学》，2012 年第 10 期。

东货郎模样。以至于汴京的本地居民以外乡入城者为笑，特意模仿他们的打扮、口音表演以资取笑。这一传统一直影响到南宋都城临安，体现在流传至今的宋代戏剧绘画中。至今存世的宋代绘画中所画的货郎正是戴软巾，着长衫，敞怀露腹，腰系带，下着裤，裹腿穿袜，持长柄拨浪鼓吆喝的山东、河北村人形象 ①。

　　南宋李嵩的《货郎图》描绘的正是山东、河北村人打扮的北宋行商货郎形象，而这一形象的固定正来源于北宋京师汴京的山东、河北货郎。甚至，连"在大城市里，某一特殊偏好的消费群体数量都足够多"这一效应我们都能在 1000 年前的北宋汴京城中观察到实例。北宋著名文学家秦观曾经记录过一个妓女在汴京城的奇异经历。这个苏州地区的妓女因为瞎了一只眼，在苏州的生意冷清，生计艰难。为了改变命运，这个妓女决定去京师碰碰运气。有人好意相劝，京师汴京是天下佳丽云集之地，要什么样的美女找不到？你这样的去了汴京，只能是自寻死路。然而，这个女子的见解却大不相同，她认为"以京师之大，是岂知无我俪者？"。她相信京师之大，必然有以她为美、欣赏她的小众人群存在。事实证明，她的判断相当准确。到汴京后不久，这个瞎了一只眼的妓女就遇到了一个将她视为拱璧的少年公子。这个公子奇特的嗜好甚至到了认为你们大家都说她少了一只眼，而在我看来，世上女子都多长了一只眼的地步 ②。

---

① 吴宛妮：《李嵩〈货郎图〉与货郎扮演考据》，载《南京艺术学院学报（美术与设计）》，2021 年第 6 期。
② ［宋］秦观著，徐培均笺注：《淮海集笺注》卷二五《眇倡传》，上海古籍出版社，1994 年，第 822~823 页。

秦观的这篇《眇倡传》作为小品文，也有论者认为是刻意编出来类似寓言的故事。但就算是编的故事，也能说明当时人观念中认识的汴京就是这么一座拥有大量小众特殊偏好消费群体的大都市。

汴京作为拥有最多元的消费文化、最多样的消费需求、最专业的消费分类的全国最大的消费市场，加上身为全国物流枢纽，促进了对消费市场和物流成本敏感的手工业在生产竞争力上的提升。一个很典型的例子就是北宋的制矾业。

矾是一种特殊的矿产资源，古代在医药、饮食、造纸、染色、金属冶炼等行业中都有广泛用途。矾属于矿产资源，需求量大但产量有限，因此在北宋被列为禁榷即官方专卖商品。从宋太宗时开始，商人们在如山西晋州这样的矾产地的官方专卖机构交纳矾税后向官方购买生矾，运到汴京加工成熟矾后再面向市场销售。于是，晋州逐渐变成了主要提供生矾的原材料产地，而汴京成了加工炼制熟矾的生产基地和面向全国销售的熟矾集散中心。

然而，北宋山西官府发现炼制熟矾有利可图，于是在宋仁宗庆历元年（1041年）设置官方的炼矾务，利用原材料产地的成本优势，在晋州官营炼制熟矾出售。这一行为自然对原来从事自晋州买入生矾运至汴京炼制熟矾工作的客商的利益造成了侵害，也因此产生了纠纷。

然而，后来官方的调查显示，晋州官营炼矾务虽然坐拥原材料产地的成本优势，但却完全竞争不过汴京的民营制矾商人。根据官方的统计数据，晋州官营炼矾务每年的销售收入在庆历元年（1041 年）刚开张时，尚不足汴京商人在晋州专卖部门购买生矾支出的一半。随后双方的差距逐年增大，到了庆历三年（1043 年），晋州官营炼矾务每年的销售收入只有汴京商人购买生矾支出的将近四分之一①，晋州的官营制矾业在汴京的民营制矾业面前简直是一败涂地。

晋州官营制矾业竞争不过汴京的民营制矾业，实则揭示了背靠汴京这个全国最大消费市场和全国物流枢纽，在技术水平相似、原料能够保障的条件下，贴近销售市场的民营手工业生产比远离销售市场但拥有原材料优势的当地生产更有优势。决定汴京和晋州两地制矾业竞争胜败的是市场因素。随着商品经济的发展，市场的地缘因素作用只会日渐凸显②。而消费市场和物流的双顶级配置，是汴京工商业发达的最大王牌。

随着人口的集聚、城市的扩张、消费市场的发展、各行各业的兴旺，我们熟悉的那个《清明上河图》中的汴京城在北宋仁宗至神宗时期逐渐成形。然而，正如我们在上一节中指出的那样，汴京的人口经历了一个替换的过程，这个人口

---

① ［宋］欧阳修：《欧阳修全集》卷一百十五《论矾务利害状》，上海古籍出版社，2001 年，第 1745~1748 页。
② 李晓：《宋代工商经济与政府干预研究》，中国青年出版社，2000 年，第 69~71 页。

替换的过程结合汴京各行业的发展，造就了汴京最终的行业格局与分布，同时也导致了汴京城格局上的遗憾——从某种意义上说，我们所熟悉的那个繁荣的东京汴京，只是"半个汴京"。

我们如果回到1000年前的那个汴京，去仔细分辨汴京城的人口与街市分布，很快就会发现这个问题。

目前我们能看到的汴京城各区域的户口数据，只有北宋前期宋真宗天禧五年（1021年）的数据。

表1　北宋天禧五年（1021年）开封城内十厢户数

厢	行政归属	坊数（坊）	户数（户）
内城左军第一厢	开封县	20	约8950
内城左军第二厢	开封县	16	约15 900
内城右军第一厢	浚仪县（后改祥符县）	8	约7000
内城右军第二厢	浚仪县（后改祥符县）	2	约700
外城城东左军厢	开封县	9	约26 800
外城城南左军厢	开封县	7	约8200
外城城南右军厢	开封县	13	约9800
外城城西右军厢	浚仪县（后改祥符县）	26	约8500
外城城北左军厢	浚仪县（后改祥符县）	9	约4000
外城城北右军厢	浚仪县（后改祥符县）	11	约7900
共计		121	约97 750

资料来源：［清］徐松辑：《宋会要辑稿》兵三之厢巡，上海古籍出版社，2014年，第8658页。

本表转引自梁建国：《北宋东京的人口分布与空间利用》，载《中国经济史研究》，2016年第6期

汴京内外城共分为十个区划"厢",按照东西分,东部为左军厢,西部为右军厢。这十厢对应的分别为:内城左军第一厢为内城东南部,内城左军第二厢为内城东北部,内城右军第一厢为内城西南部,内城右军第二厢为内城西北部;外城城东左军厢为外城正东部分,外城城南左军厢为外城东南部,外城城南右军厢为外城西南部,外城城西右军厢为外城正西部分,外城城北左军厢为外城东北部,外城城北右军厢为外城西北部。

留下的史料显示,整个汴京城东半部的民户人口比西半部高不少。东城的左军五厢共有民户 63 850 户,西城的右军五厢共有民户 33 900 户,后者户数仅稍稍超过前者的一半。尤其内城,内城西半部的右军两厢 7700 户,只有东半部左军两厢 24 850 户的三分之一弱。尤其内城西北的右军第二厢,只有 700 户,连对应的东北部左军第二厢 15 900 户的零头都不到。究其原因,并非内城西北人烟稀少,而是"内城右军第二厢虽然户籍人口只有约 700 户,但这里是军营所在地,有着大量的驻兵"①,即内城右军第二厢的大部分空间实际上由军营占据,住着大量军队及军人家属。

整个汴京城,不仅内城右军第二厢分布着大规模的军营。驻扎在汴京城内的军队,其主要营区也大多配置于西城(当然,东城也有少量分布,但规模远不及西城)。使汴京城形成"西部配置的军营较多,而一般百姓则多居住于东部"②的城市人口格局。

---

① 梁建国:《北宋东京的人口分布与空间利用》,载《中国经济史研究》,2016 年第 6 期。
② [日]久保田和男:《宋代开封研究》,上海古籍出版社,2010 年,第 156~161 页。

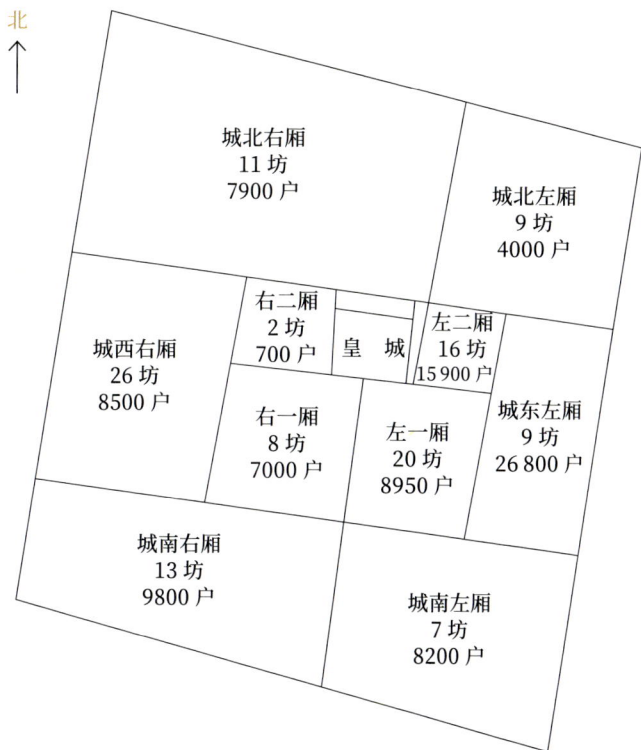

北
↑

```
┌─────────────────────────────────────┐
│            城北右厢                   │
│            11 坊          城北左厢     │
│            7900 户         9 坊        │
│                          4000 户      │
├──────┬──────┬───┬────────┬───────────┤
│      │右二厢 │   │左二厢   │           │
│城西右厢│2 坊  │皇城│16 坊   │           │
│26 坊  │700 户│   │15900户 │           │
│8500 户├──────┤───┴────────┤城东左厢    │
│      │右一厢 │   左一厢    │9 坊       │
│      │8 坊  │   20 坊     │26800 户   │
│      │7000户│   8950 户   │           │
├──────┴──────┴────────────┴───────────┤
│  城南右厢                             │
│  13 坊          城南左厢               │
│  9800 户         7 坊                  │
│                 8200 户               │
└─────────────────────────────────────┘
```

　　这一格局终北宋一代并未得到改变。如上节所述，汴京
的驻军人数，在宋仁宗朝前期达到顶峰，从宋仁宗朝后期开
始直到北宋末，汴京驻军持续减少，汴京驻军及其家属人数
从宋仁宗前期的顶峰 72 万人减少至宋徽宗时期的 28 万人。
这种断崖式的下降造成了汴京西城大量军营空置。这些空置
的军营在汴京城正在大规模吸引外来民户进行人口替代的时
代，看上去正可以用来大量修建民宅和街市，用以容纳源源
不断的"汴漂"人口，从而改变一般百姓聚居于东城的不平
衡格局。然而，这些废弃的军营空地，虽然确实也有一部分
出售给了民间百姓用以修建住宅、店铺等，但主要的空间，

却被北宋朝廷用来大量修建佛寺道观、官衙府署以及赏赐或出售予官僚用以修建官僚私邸^①。因此，原本百姓聚居于东城的汴京城格局并未发生根本性改变。

那么，我们可以仅仅将这一问题归咎于北宋统治阶层的短视吗？问题并没有这么简单，繁荣的"半个汴京"之所以是半个，有其在城市结构上无法改变的根本原因。

宋神宗熙宁五年（1072年），日本僧人成寻搭乘商船渡过东海来到北宋，上浙江天台山进香。随即，奉宋神宗旨意，成寻进京。当年十月十二日，搭载成寻一行的船只到达东京汴京。成寻在他的日记中详细记录了他到达帝国京师这一天的见闻。

当天，从江淮沿汴河抵达汴京的成寻所乘船只先到达外城东南的东水门。船只在东水门外的漕运仓库卸下漕运的米粮物资后，由东水门进城，沿汴河西上，过下土桥、丽景门，至大相国寺前的延安桥码头停船。次日，成寻下船，结束了进京的旅程^②。

成寻日记中所描述的这看似并无疑义的旅程，背后隐藏着一个关键信息——为何其终点是大相国寺前的延安桥码头。这个问题，可以在孟元老《东京梦华录》的记载中找到答案。延安桥是这座桥的正式名称，在民间，它因为坐落在大相国寺前，因此也被称为"相国寺桥"^③。在孟元老的记载中，汴河航

---

① ［日］久保田和男：《宋代开封研究》，上海古籍出版社，2010年，第77～82页。
② ［日］成寻著，王丽萍点校：《新校参天台五台山记》卷四，上海古籍出版社，2009年，第275～278页。
③ ［宋］李焘：《续资治通鉴长编》卷七八，"大中祥符五年七月戊辰"条："新作保康门于朱雀门之东，徙汴河广济桥于大相国寺前，榜曰'延安'。"中华书局，1995年，第1773页。

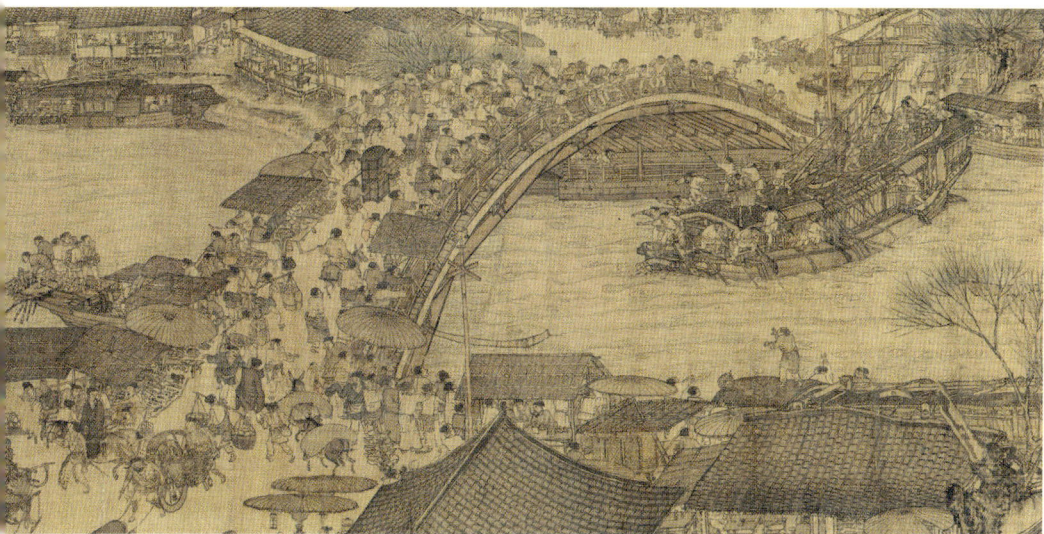

《清明上河图》中
的虹桥道从东水门外七里的虹桥开始，经顺承仓桥、便桥、上下土桥、相国寺桥直至汴京城中轴线宣德门前御街上重要的节点州桥。这一路上的桥梁，从虹桥开始，为便于航运，都采用了没有桥墩的拱桥——"飞桥"的形式，今天我们在《清明上河图》上所见的那座著名的虹桥，正是东水门外这座虹桥。

但是，州桥和相国寺桥不同，孟元老记载"其桥（州桥）与相国寺桥皆低平不通舟船，唯西河平船可过，其柱皆青石为之，石梁石笋楯栏，近桥两岸，皆石壁，雕镌海马水兽飞云之状，桥下密排石柱，盖车驾御路也"[1]。在孟元老笔下，相国寺桥和州桥都是低平的石桥，桥下有密集的石柱桥墩，为典型的棚梁式石桥，因此"不通舟船"。换言之，沿着汴河一路进京的客货商船，最远只能开到相国寺桥前的码头，便再也无法向更西的河道开进了。成寻的旅程，正好与孟元老的记载相印证。

---

① [宋]孟元老:《东京梦华录》卷一《河道》，中华书局，1956年，第8页。

　　　　　　　　　　　　　　　第二章　天下人物会京师

汴河航道的这一现状，使东南方依靠汴河向汴京输送人员物资的漕船、货船、客船，都只能选择自虹桥至相国寺桥这一段汴河上的诸多码头下客、卸货。虹桥在汴京城外东南方，东水门外七里，而相国寺则处于汴京内城东南部。换言之，承担汴京外地物资运输最大份额的江淮—汴河航线，其物理终点位于汴京城的东南角。为了配合这一物流终点，汴京外城东南部（即外城城南左军厢）沿汴河的汴河大街安排了大量的码头、仓库、堆垛场、作坊及旅店、行市，方便商船卸货、客商堆货、客商寓居、交易以及就近进行手工业制造；内城东南部（即内城左军第一厢）则大量分布有客店、小商业区、大规模庙市①，以承接从汴河水路而来的进京客流。

另一条汴京对外水路交通的主要河道——五丈河，也从汴京外城的北部穿城而过。在从东北水门进入外城后，在汴京外城的东北部（即外城城北左军厢），也设置了大量码头、仓库、邸店、手工业作坊等配套设施。而汴京外城东北与东南设置的大量码头和相应的仓库等设施，占用了相当空间，使得两者所在的外城城北左军厢与外城城南左军厢的平民户口少于外城西北、西南部，即外城城北右军厢与外城城南右军厢②。

这两条主要的水路交通终点都位于汴京城的东部——东南的汴河码头和东北的五丈河码头。汴京城全国物流枢纽的主要功能实际由汴京东城半个城承担了起来。在汴河码头和

---

① 孟凡人：《北宋东京开封府城的形制布局》，载《故宫学刊》，2008 年 01 期。
② 孟凡人：《北宋东京开封府城的形制布局》，载《故宫学刊》，2008 年 01 期。

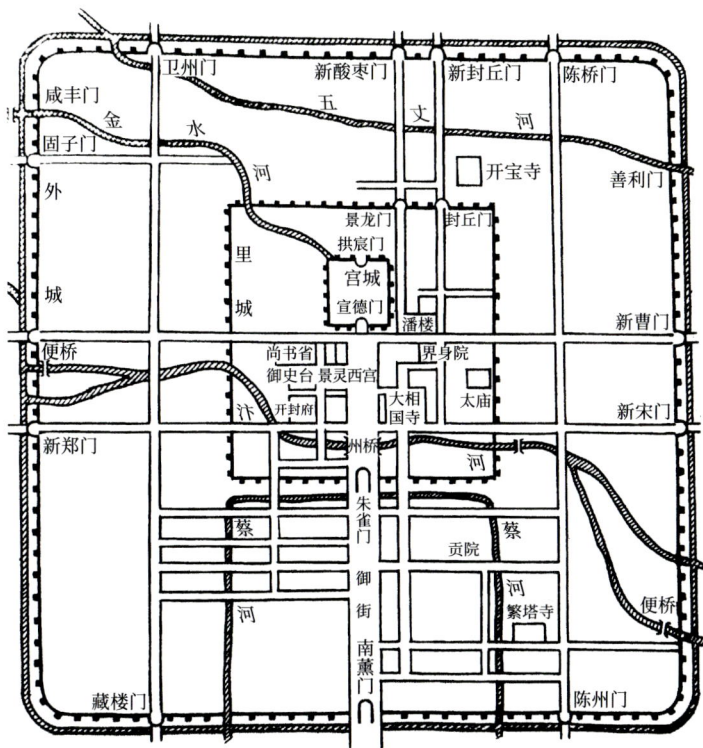

北宋东京城示意图

摘自周宝珠：《宋代东京研究》，河南大学出版社，1992 年

五丈河码头之间的整个汴京东城，发展出了一系列繁华的商业区、手工业区街市。

汴京东半部最重要的街市当数南北向连通东南汴河码头和东北五丈河码头的马行街及其延伸；以及与马行街垂直交叉，东西向的潘楼街—曹门大街。两者在土市子十字相交，形成了汴京城最繁华也最为重要的十字路口。

按孟元老的记载[1]，马行街沿途是重要的手工业作坊和手工业交易区，也是最重要的医药行业、香料铺分布区，同时

---

[1]［宋］孟元老：《东京梦华录》卷一《河道》《大内》；卷二《潘楼东街巷》《酒楼》《东角楼街巷》；卷三《马行街北诸医铺》《马行街铺席》《大内前州桥东街巷》诸条，中华书局，1956 年，第 8~10、14~16、18~21 页。

第二章　天下人物会京师

还分布着马市和丰富的妓馆、酒楼、大型商业交易市场，还是夜市的主要场所①。从马行街的行业分布我们能清楚地看到它作为贯穿两河码头的主要街道均受到物流枢纽的影响——无论香料还是药材都主要依靠两河水运输入汴京，而发达的手工业，其原料的供应和产品的出售运输自然也离不开两河的水运。

与马行街垂直的潘楼街—旧曹门街沿线，分布有汴京城最大的金融交易中心、最大的分批集合百货集市、最大的娱乐中心、大量酒楼客店、珍珠丝绸铺、药铺等。加上与其相连的东华门外宫市区分布的众多市集与酒楼以及东南汴河岸边大相国寺设立的东京城内最大的唯一定期开放的百货集市大相国寺庙市②，构成了整个东城最基本的行业与街市。这体现出整个汴京东城围绕着物流枢纽展开了手工业、商业、金融业、娱乐业的分布。它们依靠两河水运提供原料、客流，进行商品交换，发售手工业产品等。"来自铁生产基地京东路的物资，与来自江淮沿汴河的物资形成了马路市场，其重要性日益突出。"③

而主管全国商业的经济部门——榷货务和商税院，以及熙宁变法后设立的负责流通商品集散与主管商业政策的部门市易务，据学者的研究，很可能就位于马行街与潘楼街交叉路口的土市子南面。因此，"经济管理部门官衙的内城东部，

①　孟凡人：《北宋东京开封府城的形制布局》，载《故宫学刊》，2008年01期。
②　孟凡人：《北宋东京开封府城的形制布局》，载《故宫学刊》，2008年01期。
③　［日］久保田和男：《宋代开封研究》，上海古籍出版社，2010年，第148页。

不仅是开封的商品流通中心，也是全国物资交流中心"①。这就是繁荣的东京汴京只是"半个汴京"的实质——作为全国物资交流中心的汴京东城，其全国物流枢纽的身份及依托这一地位展开分布的诸多手工业、商业、娱乐业、交通业等官私部门，才是集聚和吸纳广大外来"汴漂"的根本所在，这也导致整个汴京东城对外来人口的吸引力大大超过了汴京西城。这才是汴京东城平民人口远远多于西城的根本原因。而伴随着西城原本人数众多的军人及家属离开汴京，外来平民人口涌入汴京的人口替代的展开，这种人口的不平衡在北宋中后期不但没有消弭，反而愈演愈烈。

伴随着各阶层获得相对自由的迁徙权力的"漂的时代"的到来，以及全国物流枢纽、最大消费市场等多重优势叠加下的汴京城强大的人口虹吸效应，一个与以往传统中国都市截然不同的超级大都市东京汴京城，在不断吸纳来自全国各地平民人口的过程中诞生了。从这个角度，我们甚至能看到近代甚至直到今天的中国大都市身上，多少都投射着 1000 年前汴京城的影子。

小　结

在第一章中，从"物流"的角度探讨了北宋汴京城繁荣的物理基础，于是顺理成章地，这一章探讨的内容就自然从"物流"延展到了"人员流动"上。

---

① ［日］久保田和男：《宋代开封研究》，上海古籍出版社，2010 年，第 148 页。

　　　　　　　　　第二章　天下人物会京师

从"物流"角度来看，汴京城因其地理位置，在唐宋时代有着得天独厚的客观优势。毕竟，沟通全国的水路交通网中心位置，就是在今天都很难复现。那么从"人员流动"的角度来看，汴京城的出现完全依赖于时代的变迁。

　　平民在秦汉唐时代的传统社会面临着人身固定、身份固定、职业固定的桎梏，幸运者只能作为朝廷的编户齐民固定在土地上耕作并承担朝廷的赋税与劳役，不幸者就只能沦为依附于权势之家的部曲甚至贱民。

　　这种凝固的结构在中晚唐至宋的变革中被彻底打破，各地各阶层不同身份职业的平民获得了迁离居住地、改变自己职业和身份的权利，从而塑造了一个"漂的时代"。在这个时代，随着人口迁徙、商业发展、产业的专业化，城市化水平快速提高，出现了大量生活在大大小小城市中脱离农业生产的市民。

　　作为王朝首都的汴京城，也因此得以洗去以往都城作为政治城市、其居民大多是服务于政权的政治人口的特点。凭借物流枢纽、商业中心的地位，日益繁华的多元化、专业化消费市场，以及京师拥有的优越政策，不断虹吸着整个中国北部乡村及中小城市的人口——尤其是其中的富裕阶层。这最终促成了与以往传统中国都市截然不同的超级大都市东京汴京城的诞生。

　　换言之，汴京城是那个"漂的时代"的产物。它的出现折射出这个时代相对于之前时代的一个显著变化——大大进步了的人的解放。

此是青铜海

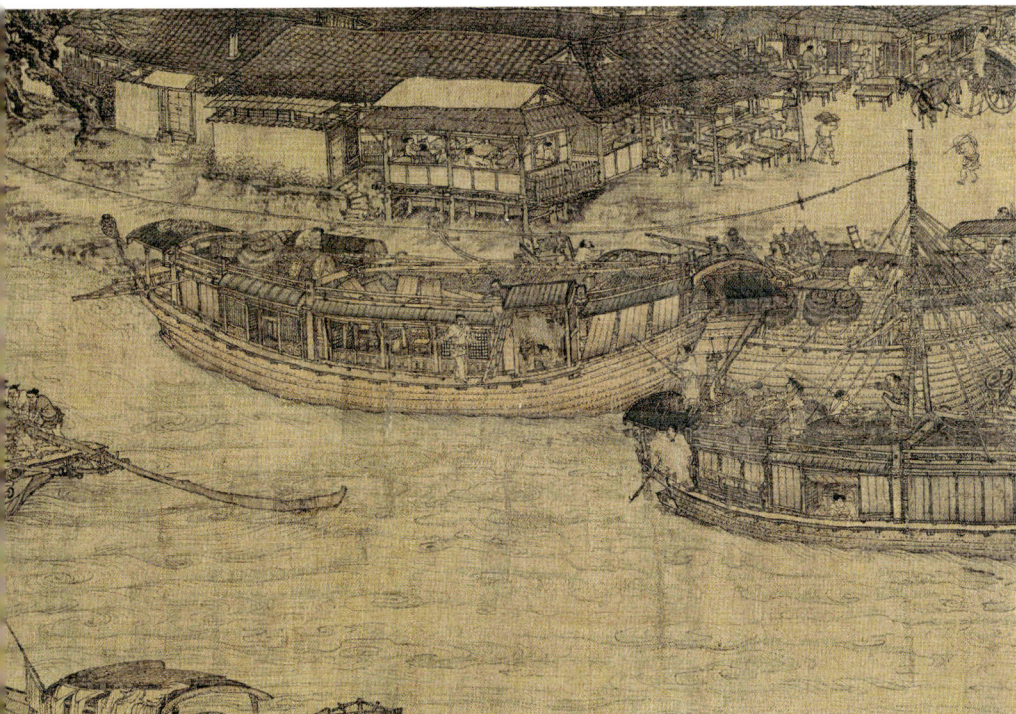

皇帝定的拆迁也得给钱

宋神宗元丰六年（1083 年）闰六月，开封府的一道奏章送到了宋神宗皇帝赵顼的面前。权开封府推官祖无颇在上奏中申请了一笔款项[1]，这应该是我们今天能看到的最早的一次货币化拆迁安置的历史案例。

事情要从宋神宗主持的重修汴京城墙工程说起。8 年前的熙宁八年（1075 年），距离五代末期周世宗柴荣修筑汴京外城已近 120 年，离宋仁宗天圣元年（1023 年）最近一次对汴京城墙的大修也过去了半个世纪。汴京城的城墙防御体系随着时间的流逝日益颓圮破败，终于让锐意进取的宋神宗忍无可忍。八月，宋神宗亲下诏书，发起了对汴京城墙的一次高规格大规模的重修工程。这次工程耗资巨大，动用军兵过万，整整持续了 3 年时间，至元丰元年（1078 年）十月才大功告成[2]。

---

[1]［宋］李焘：《续资治通鉴长编》卷三三六，"元丰六年闰六月己卯"条："权开封府推官祖无颇言：'准诏，提举京城所奏，度量京城里壁四面离城脚三十步内妨碍官私地步舍屋，令臣专管勾案图标拨内系百姓税地及舍屋，参验元契，并估计时价以闻。今度量除系官舍屋更不估计，其百姓税地并舍屋共一百三十户，计直二万二千六百余缗，已牒将作监讫。'诏：'集禧等观当拆修舍屋，令京城所管认；其余系官屋，并令将作监拆修，其百姓屋价钱，令户部以拨券马钱给之。'"中华书局，1995 年，第 8093~8094 页。

[2] 刘迎春：《北宋东京城研究》，科学出版社，2004 年，第 103~105 页。

如此浩大的政府工程，其间免不了遇到拆迁的问题。北宋官方的惯例，在汴京城遇到有关民房的拆迁工程时，一直以来都秉持着能避就避的方针，甚至出现过因为无法避免拆除民舍而导致整个工程叫停的情况。早在宋太宗时，因皇宫过于狭小，计划扩建皇宫。然而，当设计完成的扩建工程方案图送至御前时，宋太宗发现这一工程将会大规模拆迁民居，于是他叫停了整个皇宫扩建工程①。在熙宁八年至元丰元年（1075—1078年）的这次大规模重修城墙的工程中，原本规定沿城墙内壁修建一条5步宽的环城路，但在实际执行过程中，也遭遇到需要拆迁民居的情况，宋神宗还特别下诏免于拆除②，导致环城路工程在很多地方未能按设计方案执行。

然而，这一方针在元丰六年（1083年）发生了明确的改变。原本在元丰元年（1078年）已经完成的重修汴京城墙工程，在元丰六年（1083年）追加了一个扫尾部分，那就是沿外城城墙向内清空30步。这30步内的官私房屋需全部拆除。官方拥有的房屋自不必说，皇帝一道诏旨自然可以拆除。而平民拥有的私宅，这一次却没有如以往一样由皇帝下诏予以免拆，而是采用了赔付房价的方式，"估计时价以闻"，按照

---

① ［清］徐松：《宋会要辑稿》方域一之一一、一二："雍熙二年九月十七日，以楚王宫火，欲广宫城，诏殿前都指挥使刘延翰等经度之。画图来上，恐动民居，帝曰：'内城褊隘，诚合开展，拆动居人，朕又不忍。'令罢之，但迁出在内三数司而已。"上海古籍出版社，2014年，第9271页。
② ［宋］李焘：《续资治通鉴长编》卷二九五，"元丰元年十二月戊午"条："开封府请修完京城，四壁留十步，以墙为卫，外容车马往来。诏止于七步外筑墙，以所减三步外添两步，共留五步为路，其官私舍屋有碍者，即止据见今地于五步外筑墙为路，仍免毁拆。"中华书局，1995年，第7186页。

宋神宗赵顼

[宋] 佚名《宋神宗坐像》
台北故宫博物院藏

当时的市价估算房价。这次工程一共拆除 130 户的民房，计值 22 600 余贯铜钱。这个补偿计划由权开封府推官祖无颇上奏，经宋神宗批准，由户部拨钱支付[1]。

这次货币化拆迁安置，130 户人家共得赔付 22 600 余贯铜钱，平均每户得铜钱 173 余贯。鉴于此次工程牵涉的房屋位于城墙脚下，是边缘偏僻之地，价格无疑低于汴京中心地区和临街地段[2]，173 余贯固然远远不够在汴京城购买中心地区的高档住宅，但在原址附近购置相似的平民住宅应该是足够的。因此，这个价格大抵还是公道的。

---

① [宋] 李焘：《续资治通鉴长编》卷三三六，"元丰六年闰六月己卯"条下"权开封府推官祖无颇言"条，中华书局，1995 年，第 8093～8094 页。
② 程民生：《宋代物价研究》，人民出版社，2008 年，第 44 页。

一直以来，无论是北宋官方对于开封城内拆除民居的审慎态度，还是元丰六年（1083 年）这次货币化安置的相对公道，评论大多是从褒扬其对于百姓的体恤和良好的工作作风甚至尊重物权等角度出发的①。但本章并不打算着眼于此。本章更关注的是，北宋改变了原来的避免拆迁原则后，采取的"货币化"拆迁安置方法中的"货币化"。

"货币化"安置，用钱解决问题，难道是一件很不容易的事情吗？没错，"用钱"恰好是北宋汴京城之所以成为大都市的又一条暗线，更是中国历史在唐宋之际诸多变化中最为显著的一个。

今天的我们，早已习惯了用中国的法定货币——人民币在市场上自由购买想要的商品。在很多读者的印象中的古代社会，起到同样作用的，无疑就是历朝历代官方铸造的法定货币——铜钱了。在大家的想象中，古人用铜钱在市场上购买商品一如今天我们"买买买"一样方便。

然而，事实并非如此。假如今天的人能到秦汉直至唐代的市场上看一看，就会发现，虽然市面上也有铜钱在使用和流通，然而大多数情况下，无论官府还是百姓，用来购买与交换商品的，却往往不是铜钱，而是布匹，甚至还有粮食等实物。

在第一章中，我们引用过白居易描写唐代宫市的著名长诗《卖炭翁》，诗中有"一车炭，千余斤，宫使驱将惜不得，

① 刘十九：《宋代拆迁修城墙也得赔拆迁户钱》，载《读书文摘》，2013年第 12 期；吴钩：《宋朝拆迁，每户能补多少钱》，载《发展》，2015 年第 2 期；贺雪娇：《宋代的拆迁研究》，载《郑州航空工业管理学院学报（社会科学版）》，2016 年第 4 期。

唐代铸造的铜钱开元通宝，但在钱帛兼行的唐代，铜钱并不是唯一的法定货币

半匹红绡一丈绫，系向牛头充炭直"，这里系向牛头的"半匹红绡一丈绫"，可不是用宫里不用的杂物换老翁的炭，而是正规支付给老翁的货币。只是因为宫市强行征购，伴随强买强卖的，大抵是值不抵货，这支付的"半匹红绡一丈绫"恐怕远远达不到老翁被强卖的一车炭的市场价格。

　　究其原因，乃是唐代实行的"钱帛兼行"的货币制度——钱就是铜钱，帛则是丝织物的总称，包括布、锦、绣、绫、罗、绢、绝、绮、缣、绸等——实际上是一种以实物货币和金属货币兼而行之的多元货币制度。为了使钱帛兼行的货币制度得以持续，唐王朝以法律、财政、行政等综合手段来极力维护钱帛并行共为法定货币[1] 的局面。

　　比如唐玄宗开元二十九年（741 年）颁布的《令钱货兼用制》就明确规定："绫罗绢布杂货等，交易皆合通用。如闻市肆必须见钱，深非道理，自今以后与钱货兼用，违法者准法罪之。"[2] 就是说用法律禁止商业交易中商家拒绝接受布帛作为

---

① 刘玉峰：《唐代工商业形态论稿》，齐鲁书社，2002 年，第 245~248 页。
② ［清］董诰等：《全唐文》卷二五《令钱货兼用制》，中华书局，1983 年，第 293 页。

货币、只收铜钱的行为。拒收布帛便是有罪。唐廷甚至规定在很多交易环境下必须使用布帛，否则违法。如唐玄宗就规定，"所有庄宅口马交易，并先用绢布绫罗丝绵等，其余市买至一千以上，亦令钱物兼用，违者科罪"①，硬性规定必须使用布帛的交易种类及环境。唐宪宗也下令"公私交易，十贯钱以上，即须兼用疋段"②，规定了价格达到十贯钱以上的交易强制使用布帛作为货币。

那么，是不是只有唐代才出现了"钱帛兼行"的现象呢？事实并非如此。虽然后世一以贯之的方孔铜钱在秦朝就已经出现，是为"秦半两"铜钱，秦朝也将"秦半两"定为法定货币，可是根据《史记·平准书》以及出土的《睡虎地秦简·金布律》可以得知，秦朝将黄金、布和铜钱都定为法定货币。而在市场上，传统以谷物作为交换媒介的行为仍然具有相当大的影响，因此秦朝市场实际上实行的是黄金、布、铜钱、谷物并行的多元货币制度③。

从秦汉至唐，布帛在市场上一直是重要的流通货币。区别在于，随着西汉商品经济的发达，布帛不再被西汉官方定为法定货币，而主要是由铜钱承当国家的财政支出与收纳赋税的功能；但在民间的商品交换中，布帛依旧在使用范围和数量上充当着最重要的交易媒介。甚至到了东汉，随着庄园经济的兴起，商品经济逐渐萎缩，东汉推行以布帛为主要征

---

① ［清］董诰等：《全唐文》卷三五《命钱物兼用敕》，中华书局，1983年，第 386 页。
② ［后晋］刘昫等：《旧唐书》卷四八《食货志上》，中华书局，1975年，第 2102 页。
③ 徐承泰：《秦汉货币若干问题研究》，武汉大学 2013 年博士学位论文。

收对象的"户调制"，使铜钱的使用范围大为缩减，布帛取代铜钱成了主币。

及至魏晋南北朝时期，商品经济进一步衰弱，金属货币的使用制度遭到严重破坏，政府发行的金属货币信誉最终全部丧失，使得布帛、谷物等实物货币大为兴盛。已有的研究甚至认为魏晋南北朝时期实物货币占据了流通领域中的统治地位，是"中古自然经济"形成的重要标志[①]。

由此可见，自秦汉至唐，历代运行的都是铜钱、布帛等实物并行的多元货币制度，只是各个时期的侧重与比例结构有差异。

然而，多元货币形态也引起了一系列结构性问题，比如必然会导致内部复杂多变的比价问题。帛包含多种丝织品，布、锦、绣、绫、罗、绢等每种丝织品与铜钱的比价都不相同。甚至同一种丝织品，在不同地域和时令生产出来的质量也不相同。因此，丝织品与铜钱的比价很难取得一个稳定值。这种情况下实行的"钱帛兼行"，只会引起货币流通的混乱。那么，为什么这个有如此明显缺陷的货币制度能在中华大地上维持运行如此之长的时间呢？

正如我们在第一章中提到的，在秦汉至唐前期的社会结构中，商业长期停留在民间地区内部的小规模市集交易与主要为统治者服务的少数跨地区贩运奢侈品的商业模式。在这个社会经济以自然经济为主，商品经济总体水平很低的环境中，既有布帛、谷物等多种实物货币，又有单位价值较小的

---

① 全汉昇：《中古自然经济》，见全汉昇：《中国经济史研究（一）》，中华书局，2011年，第1~114页。

铜钱，可以较好地适应小额商品交易的需求①。甚至在基本都是小额商品交易的民间地区内部的小规模市集交易中，因为当时的民众生活基本是自给自足的，所以民众的货币需求极小，而且不一定需要铜钱，实物货币就足以满足其需求。在地区内部的小规模市集交易中，基本不涉及不同种类的丝织品、实物的比价折算，本地布帛的普遍使用已有较好的市场基础。至于铜钱，有固然好用，没有也并不影响交易的正常进行，这也是秦汉至唐实物货币一直普遍使用，在魏晋南北朝时期实物货币甚至可以成为主流货币的原因。

　　而与之相反，此一时期铜钱的大量推行使用是出自官方的政府行为。已有研究指出铜钱的本质属于国家权力性质的财政货币，而非市场货币，是国家整合社会的重要手段之一②。秦汉国家逐步运用权力推行田租、徭役货币化，是因为这种模式简单而高效③。而对普通百姓来说，在日常生活中并无对铜钱的必然需求，平民对铜钱的刚性需求首先是为了向国家缴纳货币赋税。而对少数跨地区贩运奢侈品的贩运商来说，确实对于铜钱这种法定不需折算的金属货币有着强烈的需求，但这一领域在市场经济并不足够发达的情况下规模实在有限，无法构成当时货币需求的主流。

　　也正是因为这一格局，唐玄宗时期的法令中甚至出现了"货币兼通，将以利用，而布帛为本，钱刀是末，贱本贵末，

---

① 刘玉峰：《唐代工商业形态论稿》，齐鲁书社，2002年，第247页。
② 吴承翰：《重绘中古史的可能性：货币经济的面向》，载《文史哲》，2020年第1期。这一理论最先是日本学者足立启二与宫泽知之提出的。
③ 臧知非：《战国秦汉土地国有制形成与演变的几点思考》，载《中国社会科学》，2020年第1期。

为弊则深"①的叙述，即同样是货币，钱帛兼行，但布帛才是货币的根本，是最重要的货币，铜钱不过是"末"，是可有可无的补充。虽然这里布帛作为货币是因为有官方的强力背书，但所谓"布帛为本，钱刀是末"恰恰说明了官方已能意识到如果只是在传统自给自足的经济形态下，铜钱不一定是必需的，但百姓能够自产的布帛作为货币却是必需的。

从这个角度来看，本节开头宋神宗元丰六年（1083 年）的纯货币化的拆迁安置——用铜钱解决，就显得不那么平平无奇了。是否有纯粹的"用钱"解决问题的途径，是唐至宋时代社会经济、组织结构的巨大变化对货币金融领域产生的重要影响的折射。

就如前两章中叙述过的，与之前秦汉唐时代绝大部分人都被固定在特定地域、特定职业和难以改变的身份中相比，宋代社会的普通人已经获得了跨地区迁徙、变更职业和改变身份的权利。贸易性质由原来的奢侈品贩运性商业变为以居民日用品为主的规模型商业。随着商业的发展，越来越多的农民转向生产不以自身使用而以出售为目的的农产品，包括粮食和经济类作物。市场明显扩大，城市化进程启动，大量人口从农业中被释放出来，进入城市从事手工业和服务业，由此促进了以工商业群体、官僚地主、城市平民为主体的市民阶层逐步兴起，并不断成长为新的社会力量。

在这个变化的过程中，中古自然经济解体。商业性质的巨变以及商业活动向基层蔓延，使得整个社会中的商品交换，

---

① ［清］董诰等：《全唐文》卷三五《命钱物兼用敕》，中华书局，1983年，第 386 页。

第三章　此是青铜海

无论是民间细碎的小额交易还是跨地区的大宗物资交易的交易量，相较于之前中古自然经济时代有了指数级的增长。在此基础上，宋代社会对于货币的需求对比前代也呈指数级增长。而在这种新的环境下，传统上作为主要货币的布帛的弊端就显现出来了。

首先，作为货币，布帛体积大，铜钱重量重，在进行大宗交易时，布帛与铜钱相比在携带与搬运上并无优势。在北宋的跨区域大宗贸易之中，主要用高级丝织品担当高价值货币，然而，其体积大、运输困难的缺点，为大宗贸易的开展，制造了新的问题。其次，布帛难以分割，在面临频繁的小额交易时劣势突出。铜钱可以以单个的枚为单位参与小额交易，也可以以1000枚一贯为单位参与大宗交易，两者之间可以自由变换。而布帛如果进行多次小额交易，只能单向被分割裁剪为一次比一次更小块的布片，以致最后毫无价值。再次，布帛作为丝织品，对于运输和储藏有较高的要求，如果保存不当，容易污损败坏。而铜钱作为金属铸币，一般对于储存条件要求并不高。

因为有如此多的缺点，在唐代商品经济逐渐发达起来的过程中，布帛作为货币日益不受市场欢迎，布帛作为货币的职能趋于衰退，交易者也越发喜欢使用铜钱作为交易媒介。从前引的唐玄宗时期的法令中我们可以看到，当时市场上已经普遍出现了抵制布帛、只收铜钱的现象①，这才引发了唐政府用法律和行政规定强制维护布帛的法定货币地位的行为。

---

① [清] 董诰等：《全唐文》卷二五《令钱货兼用制》："如闻市肆必须见钱，深非道理，自今以后与钱货兼用，违法者准法罪之。"中华书局，1983年，第293页。该叙述已经充分展现了这一社会现实。

然而，这并没有什么用，"钱帛兼行"的货币制度暴露出的缺陷在新的环境下是无法修补的。虽然唐朝官方希冀用法律和行政手段压服市场，但逆历史大势的挣扎最终只会被历史的浪潮所吞没。唐代的"钱帛兼行"货币制度也越来越难以为继，直至发展到无论官方如何出面维护，也维持不下去的地步。

　　市场排斥布帛，对流通中铜钱的投放量的合理需求也就自然而然地增加了。然而，唐朝政府的官营铸币却无法满足市场的这一需求。这就使得整个市场流通中铜钱的短缺日益加剧，进而引发了大规模的民间铜钱私铸和滥铸。私铸的铜钱质量低劣，造成了物价的剧烈波动、货币流通的不稳定，导致经济秩序的混乱。虽然唐代官方试图通过严厉打击私铸来解决这一问题，但市场交易对于铜钱的巨大需求客观存在，使得唐代官方对私铸的打击始终只是治标不治本。

　　由于观念的落后，唐代货币政策始终在强行维护"钱帛兼行"制度和徒劳地打击私铸铜钱的活动中打转，始终转不出来，以至于商品经济对于良好的货币流通的需求与"钱帛兼行"的货币制度之间产生了不可调和的矛盾，而这一矛盾也成了中唐以后社会矛盾的主要方面。这一矛盾的不断激化，大大阻碍了唐代商品经济的发展[①]。

　　中晚唐时期藩镇混乱，唐中央政府的控制力大大减弱，用强制手段维持"钱帛兼行"的能力也迅速下降。哪怕统治者有强烈的愿望，也已经无力完成。如号称"中兴"的唐宪宗时期，固然可以在军事上平定淮西、淄青等地方藩镇，但

---

① 刘玉峰：《唐代工商业形态论稿》，齐鲁书社，2002年，第247~255页。

　　　　　　　　　　　　　第三章　此是青铜海

他心心念念多次下敕要求的诸如禁止私家蓄钱，禁止交易排斥布帛单用铜钱，禁止飞钱变换，禁止使用省陌等与市场对着干的金融命令，却一件也没有获得成功。终于，在中晚唐变乱的时局中，铜钱成功地将布帛挤出了市场，唐前期布帛占优势的"钱帛兼行"制度画上了句号 ①。

经过短暂而纷乱的五代，接续唐朝统治中原大地的宋朝，也将面对相同的难题——商品经济对于良好的货币流通的需求得不到满足。自唐至宋，社会经济、组织结构的巨大变化逐步深入，市场交易量进一步增加，对于有足够信誉的优质铜钱的需求也更加庞大。唐朝因为无法提供足够的官方铸币而陷入了经济困局，那么宋朝政府又会怎样面对这一挑战呢？

宋朝建立后，很快就积极整理当时市面上的货币。五代时期，各地的割据政权除沿用唐代铸造的货币外，还分别铸造了流通于各自区域的货币，同时还有大规模的民间私铸。这一现状使得北宋开国初期，市场上的铸币良莠混杂、质量低劣。宋太祖建国初期，就开炉铸造官方标准铜钱，同时下令各地回收劣质铸币。宋太宗刚继位就下令规定铜钱必须每贯"四斤半以上方得行用"，制定了官方的铸币标准，并明令不合标准的铜钱限期上缴官府，官方予以相应补偿，严禁私铸 ②。

---

① 李埏：《从钱帛兼行到钱楮并用》，见《李埏文集》第一卷，云南大学出版社，2018年，第240~270页。
② ［宋］章如愚：《群书考索》后集卷六〇："太宗（太平）兴国二年，诏访闻民间多用新小钱，自今铜钱须及四斤半以上方得行用。其间有新小钱不及新定斤两者，限一月陈首纳官，据斤两给铜价钱。限外犯者，罪之有差，私铸之人作法处死。"见《文渊阁四库全书》第937册，台湾商务印书馆，2008年，第832页。

繁荣的商业需要充足的货币供应
支撑
[南宋] 李嵩《市担婴戏图》
台北故宫博物院藏

整理现有货币，规定官方货币标准只是统一全国货币的第一步。要实现货币的全国统一，唯一有效的办法，是发展铸钱业，使官铸铜钱的供应量能够满足市场对良好的货币流通的需求。宋太宗时期，宋朝官方的铸钱业逐步发展壮大。在宋太宗至宋真宗初年，先后建立了后来成为北宋铸钱主力的四个铸币工厂（钱监），即饶州永平监（今江西上饶鄱阳）、池州永丰监（今安徽贵池东北）、建州丰国监（今福建建瓯东北）、江州广宁监（今江西九江）。这一举措施行之后北宋铸钱业便初具规模[①]，同时拉开了北宋150年空前绝后的大规模铸币活动的帷幕。

根据相关研究，北宋自宋太祖开宝五年（972年）至宋徽宗宣和七年（1125年），在150余年间，总共铸造铜钱2.6亿

———————————

① 高聪明：《宋代货币与货币流通研究》，河北大学出版社，2000年，第84~85页。

第三章　此是青铜海

多万贯①，甚至有学者估算北宋的铸钱总量达到了3亿贯②，年均铸币量达到了 173 万~200 万贯。这一数值远远超过了唐代年均 17.5 万贯的铸币量③，也远远超过之前与之后的任何朝代。

如此巨大的铸币量，是否能够满足宋代商业市场对货币的需求呢？这一货币政策背后的宋代货币金融的运转，又对汴京城的兴盛与衰落产生了什么样的影响呢？我们在后文将继续解答。

汴京城：北宋货币财政体系的枢纽

上一节我们提到元丰六年（1083 年）汴京城这次因修建城墙引发的货币化拆迁安置，背后体现了一个与汴京城的兴衰息息相关的矛盾——商品经济对于良好的货币流通的需求得不到满足。面对这一矛盾，宋朝官方开启了长达 150 年的大规模铸钱活动。北宋一朝铸钱量达到了 2.6 亿~3 亿贯的惊人数量。这个铸币量以数量级的优势将之前和之后的朝代远远甩在后面。学者研究推算，北宋建立时市面上继承自唐、五代的货币存量约有 3000 万贯④，则北宋一代能够提供的货币

① 高聪明：《宋代货币与货币流通研究》，河北大学出版社，2000 年，第 99~103 页。
② 汪圣铎：《中国钱币史话》，中华书局，1998 年，第 128~129 页。
③ 钟兴龙：《唐代铸币量考》，见《中国铸币论文集》第六辑，中国金融出版社，2016 年，第 243~249 页。
④ ［日］宫泽知之：《北宋的财政与货币经济》，张北译，见刘俊文主编：《日本中青年学者论中国史·宋元明清卷》，上海古籍出版社，1995 年，第 119~120 页。

总量达到了 2.9 亿~3.3 亿贯。如此巨大的铸币量是否满足了市场对良好的货币流通的需求呢？

我们必须承认，这么大的铸币量肯定不会如泥牛入海一样溅不起一点儿水花。事实也是如此，在这一基础之上，宋代的货币经济向下渗透到了社会的各个角落。如前文所述，商品经济发展到宋代，贸易性质由原来的奢侈品贩运性商业变为以居民日用品为主的规模型商业。投入市场的商品在品种上较之前代大为丰富。这些商品大致可以分为三类：第一类仍是金银细工、乳香犀玉之类的高档奢侈品，消费对象以皇亲国戚、达官贵人为主；第二类是农具、手工业工具，以及船只、耕牛之类的生产资料；第三类是日用瓷器、布帛和镇市城郭居民的粮食、茶盐等生活必需品。第二、三类城乡人民的生产与生活的日常必需品进入商业流通领域，使得宋代的商业规模得到了前所未有的扩展[1]。

正是以此为基础，大量人口从农业中脱离，进入城市从事手工业和服务业。一方面，他们生存所需的物资供应完全依赖于商业物流，他们的产品也通过交易全部投入了商业物流流转的过程中去。在这个过程中，他们的日常生活完全以铜钱为媒介。另一方面，宋代大量农民都已经卷入商业交换过程中，他们以"兼业"的方式，在从事农业生产的同时，从事着以商业交换和赢利为目的的手工业小商品生产，他们出售剩余产品换取自己不生产的生活必需品，依靠的也是大量小额细碎交易，这个过程同样是以铜钱为媒介的。

研究者根据宋代商税记录，大致推算出北宋熙宁年间的商品交易总额，大约每年有1.33亿贯[2]或1.4亿～1.7亿贯[3]。同时期北宋官方累计铸币量约9900万贯[4]，这一数据远远低于这一商品交易总额，如果再考虑到还存在大量被储存退出流通、损毁、流到境外的货币，市面上流通的货币总量可能还要小得多。由此我们甚至可以对北宋市场上的货币流通速度有个大概推测。

到了宋代，货币经济已经下渗到社会基层的方方面面。

---

① 柳平生、葛金芳：《基于货币需求的南宋钱荒成因新探》，载《国际社会科学杂志（中文版）》，2014年第2期。
② 吴慧：《中国商业通史》第二卷，中国财政经济出版社，2006年，第465页。
③ 漆侠：《宋代经济史》，上海人民出版社，1988年，第1013页。
④ 高聪明：《宋代货币与货币流通研究》，河北大学出版社，2000年，第99～103页。

人们的生活与铸币活动也产生了密切的联系。虽然可能在一些还处于自然经济为主的地域确实存在所谓农民终年不见一钱的情况，但就宋代大部分地区和绝大多数人口而言，都或多或少受到了货币经济的影响。币制、物价等的变化会显著影响到他们的生活[1]。本章开头提到的货币化拆迁安置，只有在货币经济已经深入渗透到社会基层的环境下才会出现发生的可能。

那么，既然随着巨大的铸币量，货币经济已经深入渗透到社会基层，这不正说明了宋代解决商业对良好的货币流通的需求是成功的吗？然而，事情并没有那么简单。

宋代的货币经济看上去遇到了中晚唐同样遇到过的无解困局，那就是"钱荒"。所谓"钱荒"即货币流通量太少，市场上缺钱，导致出现了"钱重物轻"现象，从而引发了一系列的社会问题。

但是，看似中晚唐和北宋都遇到了"钱荒"的问题，实际上的表现却是不同的。唐代的"钱荒"表现是社会整体面上的货币流通量不足，而北宋的"钱荒"则表现出明确的地域性。北宋一代的"钱荒"集中表现在东南诸路，尤其以江淮、两浙诸路缺少货币的情况为甚[2]。而东南诸路正好是宋代经济最为发达的地区，是汴河漕运向汴京输送物资的主要来源地。东南诸路一直受困于严重的"钱荒"，对宋代经济和商业的发展产生了严重的阻碍作用。

---

① 高聪明：《宋代货币与货币流通研究》，河北大学出版社，2000年，第20~30页。
② 乔幼梅：《从中唐到北宋钱荒问题的考察》，载《历史研究》，1990年第2期。

北宋东南地区的"钱荒"问题，一直是研究者关注的中心。为何在如此大的铸币量的前提下，经济最为发达的东南地区却会出现货币流通量不足的问题？而要解开这个谜题，我们就要拆解一下北宋独特的货币体系，在这个体系中，东京汴京城恰好起到了不可替代的核心作用。

前文提到，早在西汉时期，官方就已经逐步运用权力推行田租、徭役货币化。这样的做法是简单而高效的。这一做法在唐、宋时代也同样发生了，即推进财政货币化，税收以铜钱来征收。这使得货币首先是政府的财政工具，其次才是交换媒介。宋代政府大规模铸造铜钱，其目的也是在税收结构中增加货币减少实物，为财政货币化提供物质保障。适应商品经济发展对货币供应量的需求并非宋朝官方铸币的目的，而只是在满足财政货币化目标时的附带效果[1]。

这也就意味着，北宋的货币政策与运行完全是围绕着财政货币化的需求操作的。由于没有完善的近现代金融机构，货币的投放不是通过银行贷款的形式流入市场，而是通过政府的财政支出向市场进行供给[2]，货币的回收也只能通过财政方式以税收的形式进行回收。无论是以财政手段向市场进行货币供给，还是以税收形式回收货币，汴京城都是最为关键的核心。

汴京城成为货币流动枢纽的进程，要从宋初开始。彼时，宋朝政府大规模铸钱才刚刚开始，市面上铜钱的流通量并不大，政府的财政收支大部分都是实物。从实物财政向货币财

---

① 李跃：《从宋朝的货币政策看纸币的流通》，载《东方博物》，2005 年第 4 期。
② 熊燕军：《结构性供需失衡：北宋钱荒的实质》，载《社会科学辑刊》，2007 年第 3 期。

政演化还有很长的路要走，离宋神宗熙宁、元丰之后较为成熟的货币财政还有漫长的演化过程。然而，这个时代的官方财政活动，无形中启动了财政货币化进程，同时也拉开了整个社会经济活动货币化的序幕。

北宋初期，以负责财政的机构——三司调度各地州县钱物为手段，以满足京师用度为主要目标，同时兼顾各路开支的财赋物资征调体系得以建立。此时朝廷的财政收支、核算多以实物而非货币统计。因一时一地所产，未必是当时当地所需，因此，三司须根据京师及各路所需用度，拟定具体的钱物调度计划①。据研究，这些物资供应中，占实物岁入85%左右的物资被用来供给军队。宋代采用募兵制后，军人职业化，军人的资装、自己乃至家属的生计都要依靠朝廷实施"有计划地补给分配制度"②。北宋政府的财政开支大半花在了供给军队上。北宋前期，驻扎了最多禁军的地方正是京师汴京城。其时汴京城的人口，主要由几大部分组成——屯驻在京师的禁军及其家属、汴京城原有居民及其后代、皇室、官僚群体及其家属，以及随着北宋统一战争的胜利，不断被押送迁居至汴京的各割据政权的上层统治者（包括王室和高级官僚）及他们的家属③。以上提到的几类人形成了宋太宗时代

---

① 张亦冰：《北宋前期三司国计体系的演进》，载《历史研究》，2021年第5期。
②［日］宫泽知之：《北宋的财政与货币经济》，见刘俊文主编：《日本中青年学者论中国史·宋元明清卷》，上海古籍出版社，1995年，第84~86页。
③［宋］李焘：《续资治通鉴长编》卷三八，"至道三年九月丁未"条，参知政事张洎曾总结："今带甲数十万，战骑称是，萃于京师，仍以亡国之士民集于辇下，比汉、唐京邑民庶，十倍其人矣。"中华书局，1995年，第820页。

京师的人口格局——军队及军人家属的人数占总人口一半以上,普通民户只占总人口的 40% 弱。

这些人口中,除了过半的军人及其家属,还有另一个仰赖于政府供给的群体,那就是宋朝京师的官僚群体。两个公职人群分别以军饷和俸禄的形式从宋朝官方得到供给。其中,所得供给主要以各类实物为主,包括口粮、布帛、柴薪等生活必需品,自然也包括金属货币——铜钱。这两个群体所需要的稳定供应的铜钱,成了无论是宋朝财政货币化还是社会货币化的第一推动力,也给汴京市场繁荣、商业发达创造了第一次机会。

北宋时代的军人在口粮、布匹等实物供给之外,按月领取薪俸,其中普通的禁军士兵月俸自 300~1000 文分五等,而各级将校军官则从低到高可以每月领取数千至百千不等的月俸。除此之外，宋代每3年举行一次郊祀大礼，对百官和军队进行例行赏赐。一次郊祀大礼的赏赐，每名军人大概可以拿到一二十个月月俸的赏钱[①]。如果综合考虑各等级军人的收入，暂定平均每名军人月俸800文，每年能获得17个月月俸的货币收入（按一年12个月月俸加上3年一次的郊祀赏赐，然后再计算每年所得）。宋太宗时期汴京驻扎有17万军队，平均一年拿到的军俸约达231万贯。宋仁宗时汴京驻扎有18万军队，平均一年拿到的军俸约245万贯。

针对官僚群体，宋初官员曾经总结过"以朝官、诸色使臣及县令、簿、尉等所费，高卑相半，折而计之，一人月费，不翅十千"[②]，即平均一个官员月俸十千。而官员的人数，根据记载，宋真宗景德年间宋廷官员总数10 000余员，宋仁宗皇祐年间官员总数20 000余员[③]，当然这个数字包括很多不在京师的官员。即使按照一半人数算，10 000人的官僚群体，在宋仁宗时平均一年拿到的货币官俸也达120万贯。

军人加官僚这两个在京公职人员群体，每年可以稳定地从官方财政得到货币350万~360万余贯。这些货币除一部分被作为财富储存起来之外，大多都直接被投入汴京的商业市场上购买各类商品和服务。这相当于宋朝官方财政每年以俸禄和军饷的形式稳定向汴京市场投放300余万贯铜钱。

当然，宋朝官方财政投向汴京市场的货币并不止此数，

---

① 王曾瑜：《宋朝兵制初探》，中华书局，1983年，第216~229页。
② ［宋］李焘：《续资治通鉴长编》卷三二，"淳化二年九月庚子"条，中华书局，1995年，第722页。
③ ［宋］曾巩：《曾巩集》卷三〇《议经费札子》："景德官一万余员，皇祐二万余员，治平并幕职州县官三千三百余员，总二万四千员。"中华书局，1984年，第451页。

研究者早已发现宋代官方财政使用货币的特点是"内赡京师，外实边鄙"，大量货币被投向京师和沿边地区①。于是，汴京市场成了全国货币供应最充足的市场，由此直接开启了汴京冠绝全国的商品市场。这些货币在汴京的市场上经过交易后进入民间，再以商业活动或其他形式，分散供给到全国各地的市场。汴京市场成为宋朝财政支出向社会供给货币的一个稳定出水的水龙头。

不过，汴京城在整个体系中所扮演的，远不止一个供给货币的水龙头这么简单，它还发挥着更加重要的作用。之前我们一再提到北宋巨大的铸币量，但有一个问题，新铸好的货币并不是出炉后直接就被投放到市场上使用。在宋代，新铸钱是被视为财政收入的。每铸一文钱，就是增加了一文钱的财政收入，钱铸得越多，政府的财政收入就越多②。

因此，虽然位于东南地区的四大钱监铸出了天量铜钱，但东南地区却屡屡陷入市面上铸币缺乏的"钱荒"之中。只是因为这些作为财政收入的新铸币，并不能直接供给产地周边，而是在铸好之后，就被运送到京师，成为财政的货币储备。

据宋代的史料记载，新铸铜钱需要先进入京城的内藏库，然后岁出其余给之三司，方流布于天下③。这里的内藏库，不

---

① 高聪明：《宋代货币流通的特点》，见《宋史研究论丛》第二辑，河北大学出版社，2001年，第223~224页。

② 李跃：《从宋朝的货币政策看纸币的流通》，载《东方博物》，2005年第4期。

③ ［宋］张方平：《乐全先生文集》卷二六《论钱禁铜法事》："国朝故事，诸监所铸钱，悉入于王府，岁出其奇羡，给之三司，方流布于天下。然自太祖平江南江、池、饶、建，置炉鼓铸，岁至百万缗。"见《宋集珍本丛刊》第5册，线装书局，2004年，第539页。

属于宋朝政府财政机构三司，而是直属于皇帝本人的皇家内库。新铸币送交内藏库收纳之后，每当遇到政府财政困难，三司财用不支，则政府的财政部门会以"借款"为名，向皇帝申请动用内藏库存储的货币，鉴于内藏库是皇帝私库的性质，三司长期向内藏库借钱应付财政支出，使皇帝获得了"直接掌握左右财政的权力"①。既然是"借款"，按道理就应该是有借有还。历史上也确实有三司在财政有盈余的时候归还向内藏库所借款额的记录②。但更多的情况下，是三司连年财用不支，旧贷未偿，又向内藏库借贷新的款项，常年累积成为巨额欠款，出现了"其名为贷，实罕能偿"的状况③。遇到这种情况，皇帝也只能大笔一挥，免除三司的负债，将"借款"变成"补助"了事④。

然而，就是在这个过程中，内藏库收纳的新铸币，得以以"借贷"的方式进入三司主持的政府财政，作为财政支出的重要组成部分，这个过程最终成为新铸币通过财政支出的手段不断向市场投放的途径。这些"借贷"最终变成了"补助"，使得这些新铸币免于被强行回收退出流通。

---

① 李伟国：《论宋代内库的地位和作用》，见李伟国：《宋代财政和文献考论》，上海古籍出版社，2007年，第26页。
② ［宋］李焘：《续资治通鉴长编》卷六七，"景德四年十月乙巳"条："自乾德、开宝以来，用兵及水旱赈给、庆赐赏赍，有司计度之，所阙者，必籍其数以贷于内藏，俟课赋有余即偿之。"中华书局，1995年，第1497页。
③ ［元］脱脱等：《宋史》卷一七九《食货志下一》："异时三司用度不足，必请贷于内藏，辄得之，其名为贷，实罕能偿。"中华书局，1977年，第4370~4371页。
④ ［宋］李焘：《续资治通鉴长编》卷六七，"景德四年十月乙巳"条："淳化后二十年间，岁贷百万，有至三百万者，累岁不能偿，则除其籍。"中华书局，1995年，第1497页。

这种三司常年向皇帝内库借贷货币，积累成巨额欠债后再由皇帝予以放免的操作持续了一段时间后，终于形成了内藏库每年向三司提供定额补助的做法①。此外，一些定向开支也由内藏库承担，向三司提供专项经费，如之前提到的 3 年一次的大郊祀的赏赐，即由内藏库承担，定时向三司提供②。

于是，内藏库中的新铸币得到了由政府财政支出供给市场的稳定渠道。按照学者研究，内藏库的支出，大体有五个方面：皇室消费、赏赐、军费、恤灾、补助三司经费③，在遇到如战争、灾荒、工程等财政支出巨大，三司财政困难的时候，皇帝依旧会让内藏库以"补助"或"借贷"（虽然很多时候依旧是"其名为贷，实罕能偿"，但此后三司向内藏库归还借款的记载也是有的）的方式帮助三司。这使得内藏库中的铸币在之前稳定的供给市场渠道之外，还保有一条随机触发的不稳定的供给市场渠道。在这两条渠道的共同作用下，北宋官方铸造的巨额新铸币才得以源源不断地被投向市场，使得市场上的流动货币量能够持续增加。

简言之，作为京师的汴京城，因为坐拥储存新铸币的皇帝内库内藏库，通过内藏库与三司间的一系列操作，成为新铸币经由财政支出供给市场前的"蓄水池"。也正因为有了这

---

① ［清］徐松：《宋会要辑稿》食货五一之三：（宋真宗天禧三年十二月）"是月，内藏库言：'奉诏与三司商量，旧例，逐年内藏库退钱三十万贯与三司，今来三司每年更要三十万贯……'"上海古籍出版社，2014 年，第 7142 页。既云"旧例"则形成此惯例的时间当远在天禧三年（1019年）之前。

② ［清］徐松：《宋会要辑稿》食货五一之三：（宋真宗天禧三年十二月）"每三年却管认南郊大礼钱二百万贯。"上海古籍出版社，2014 年，第 7142 页。说明此时内藏库承担提供郊祀大礼赏赐已成定制。

③ 汪圣铎：《两宋财政史》，中华书局，1995 年，第 599 页。

个"蓄水池"，才使得之前提到的汴京市场作为宋朝财政支出向社会投放货币的一个稳定出水的水龙头获得稳定而充实的水源。

除了"蓄水池"和"水龙头"，汴京城中还有一个与北宋官方货币财政体系息息相关的机构，那就是三司直辖的国库——左藏库。左藏库的进项主要来源于各地赋税，以丝织品和金属钱币的形式入库[1]。作为赋税在民间征收的铸币，有相当一部分被运送至汴京城的国库左藏库中，成为未来财政支出的来源。换言之，这是用财政手段从民间回收货币后暂时存储的"收纳库"。

由此可见，从财政支出货币到赋税回收货币，宋朝整个

---

[1] 杨帆：《浅谈宋代左藏库的收支》，载《商业文化》，2009 年第 10 期。

货币财政运转的关键节点全都离不开汴京城。新铸币的"蓄水池"向财政支出货币，提供稳定水源，"收纳库"在民间回收货币短暂存储后再次以财政支出的方式进行货币供给，两者支撑之下的"水龙头"成为向市场和民间供给货币的稳定水源。从这个角度来看，汴京城本身就是北宋货币财政运转的中心。

有研究者简明扼要地概括了这个体系运作的效果：

> 社会商品流通中的货币存量主要取决于中央财政的货币赋税征纳（回笼）量。社会商品流通中的货币增量主要取决于中央财政的货币性开支（投放）数量。在金属货币的历年积铸总额相对社会贸易总额并不显少的情况下，财政的结余有可能造成民间钱少；但财政赤字反而会使民间货币增多，有助于缓解钱荒，因为财政赤字意味着要动用往年积储。[1]

这就意味着，一直被视为宋代"积贫积弱"中"积贫"的重要依据——北宋财政长期处于入不敷出的赤字状态[2]，实际上成了北宋政府持续向社会投放货币的主要渠道。而正是依靠长期赤字财政持续的货币供给，才勉强满足了日益发达的商品经济对货币越来越大的需求，造就了宋代前所未有的商业繁荣。

---

[1] 袁一堂：《北宋钱荒：从财政到物价的考察》，载《社会科学战线》，1993 年第 2 期。
[2] 李裕民：《宋代"积贫积弱"说商榷》，载《陕西师范大学学报（哲学社会科学版）》，2004 年第 3 期。

至此，我们可以回答本节之前提出的问题了，为什么北宋经济发达的东南地区会饱受"钱荒"之苦？

这是因为，北宋虽然铸钱量巨大，但面向市场的货币投放与回收完全依赖于政府财政手段。即财政支出进行货币供给，征收赋税进行货币回收。在这个条件下，越靠近政府财政权力中心的地方，越是"水源充足"。北宋货币财政的"蓄水池"与"收纳库"都坐落于京师汴京城，汴京自然获得了最稳定与充沛的货币供给。在充足的货币供给滋养下直接开启了汴京冠绝全国的商品市场。

相比之下，东南地区虽然是全国的重要物资生产地，也是经济发达的地区，但却远离财政权力中心；又难以因一些特殊事件获得三司的定向货币投放（如战争，宋朝政府会向发生战争的地域投放大量货币就近采购军用物资以支持战争。沈括就曾提到，为了支持拓展熙河的战争，宋朝财政从京师大规模向战区定向提供货币，甚至引发了输入性通货膨胀[1]），其货币供给除了每年定向投放的如和预买绢本钱等一些货币外，主要只能依靠民间市场交易的慢慢传导。

然而，因为财政运作以赋税征收货币，按"两税法"的征收特点，每年夏税秋粮两次在农产品成熟时集中征收，相当于定向从东南地区回收本已供给困难的货币。随着宋代财政货币化的发展，赋税征收实物的比例越来越小，征收货币

---

[1]［宋］李焘：《续资治通鉴长编》卷二八三，"熙宁十年六月壬寅"条下引沈括《自志》："河湟之向，孤绝一隅，岁运中都之币以实塞下者，无虑岁数十万缗，而洮岷间冶铁为币者，又四十万缗，岁积于三州之境，物出三州者有穷，异时斗粟百钱，今则四五倍矣，此钱多之为祸也。"中华书局，1995年，第6928页。

比例越来越大，数量越来越多，其结果自然是变本加厉地从东南地区抽出货币。在货币供给困难、赋税抽走货币越来越多的同时，偏偏东南地区商业发达，商品交易量大，市场对货币的需求自然更加急迫，两方共同作用之下，造成东南市场上的货币流通量缺口越来越大，使东南地区的"钱荒"愈发严重。有研究者一语点破——财政货币化，也就是税收以铜钱来征收，是钱荒的第一位原因[①]。

正是依靠在货币财政体系中不可取代的地位，汴京城成了北宋货币财政的枢纽，依靠货币财政提供的充沛货币供给，才得以成为商业最为发达的城市。但还不仅于此，在下一节，我们能看到在货币流通枢纽的基础之上，汴京是如何成为全国金融中心的。

汴京的金融世界

上一节我们分析了在建国初期还以实物财政为主的北宋，如何通过以汴京城为中枢的财政体系的运作，配合大规模的铸币，通过财政投放和回收货币的循环，实现向市场投放金属货币。这一运作在 100 多年的时间里，改变了整个市场上的货币流通总量，北宋社会逐步走向货币化。

这一过程，体现在宋代税收中的货币总量和在赋税总额中的占比的变化。宋太祖开宝八年（975 年），宋廷一年赋税收入中货币只有 200 余万贯，而相应的谷物高达 2500 万石，布匹高达 2300 余万匹。实物税收与货币税收的差距如此悬殊，

① 何平：《唐宋的"钱荒论"及其实质》，载《中国钱币》，2019 年第 6 期。

充分证明了宋初开国时期实物财政的实质。然而，当我们上一节所描述的体系开始运转之后，不到半个世纪后的宋真宗天禧五年（1021年），宋廷一年的赋税收入中货币已经达到了2650余万贯，是开宝八年（975年）的13倍有余，同时还有谷物2980余万石，布匹1450余万匹。与开宝八年（975年）相比，谷物的收入还在增加，但布匹大幅减少了。再过了约40年，到宋仁宗嘉祐年间（1056—1063年），宋廷一年的赋税收入中货币达到3680余万贯，是开宝八年（975年）的18倍多，谷物收入回落到2690余万石，布匹收入更是进一步萎缩到870余万匹，只有开宝年间的三分之一强。时间又过了20余年，到宋神宗与宋哲宗交替的元丰八年（1085年），在王安石变法彻底加速了北宋的财政货币化之后，宋廷一年的赋税收入中货币达到了4840余万贯，是开宝年间的24倍多，相应谷物继续减少到2440余万石，而布匹更是缩减到151余万匹，只有开宝年间的约6%[①]。

另一类研究则是将税收内容全部折算成货币，然后观察货币收入在其中的占比。在这个视角下，宋太宗至道末年，财政总收入在实物折钱后总额为3559余万贯，其中货币收入1539万贯，货币收入在财政总收入中占比约为43%；到宋真宗天禧末，财政总收入在实物折钱后总额为5725余万贯，其中货币收入约3548万贯，货币收入在财政总收入中占比约为62%；而到了宋神宗熙宁年间，财政总收入在实物折钱后总额约7074万贯，其中货币收入5072余万贯，货币收入在财政

---

① 高聪明：《宋代货币与货币流通研究》，河北大学出版社，2000年，第17页。

总收入中占比约为 72%①。赋税由向民间征收而得，赋税中货币总量和占比的提高，从侧面反映了民间货币拥有量的实质性提高。

这也充分展现了，经过 100 多年的努力，北宋财政从实物财政向货币财政转变的过程。货币化程度的明显提高，自然会带来宋廷在财政收支手段上的显著变化，成为宋代各种金融手段出现的前提。在宋初的实物财政条件下，财政收支的实质是将以税收征集的各类物资，调度运往有不同需求的各州县②。这种实物对实物的调拨，与之前的汉唐时代以及后来的明朝，在基本的逻辑上并无不同。

不过，我们必须看到的是，这种实物调拨的模式，面临的一个巨大问题就是运输成本。在古代的交通条件下，大宗物资的运输成本巨大，就算是成本最低的水运，也花费不菲③。如果换成陆运，运输成本更是可能数倍于所运输的实物的价值本身④。如果说汴京城可以依靠着运河网络的串联，在

① 高聪明：《宋代货币与货币流通研究》，河北大学出版社，2000 年，第18 页。
② 张亦冰：《北宋前期三司国计体系的演进》，载《历史研究》，2021 年第 5 期。
③ 如宋神宗时全程使用河运向位于河北的澶州、大名府运送百万石粮食，运费竟高达 37 万贯，见［宋］李焘：《续资治通鉴长编》卷二六五，"神宗熙宁八年六月戊申"条："中书言：'近诏运米百万石往澶州、北京，计道路糜费不少……'先是，上令中书勘会运米费钱若干，中书进呈约三十七万贯。"中华书局，1995 年，第 6489 页。
④ 如同样是宋神宗时期，开拓熙河，运输军粮，从渭州至熙州的短短距离，运费达到了"运米斗钱四百三十，草围钱六百五十"，与当时米每斗100 文、草每束 30 文左右的价格相比，也是几倍甚至几十倍的成本了。见［宋］李焘：《续资治通鉴长编》卷二五一，"神宗熙宁七年三月辛丑"条："泾原路经略使王广渊言：'自渭州至熙州运米斗钱四百三十，草围钱六百五十。'"中华书局，1995 年，第 6109 页。

尚可以接受的成本之内实现大宗物资的运输，那么在缺少运河条件的广大北方地域，必须使用陆路运输的条件下，巨大的成本使得实物调拨的方式效率极低。

尤其是在社会经济层面发生变化的情况下，也就是中晚唐以来中国经济重心的南移愈发明显，这使得北宋面临着汉唐时代均没有遭遇过的困境——政治和军事重心与经济重心的严重背离。

秦汉至唐前期，中国的经济重心在黄河中下游流域，广大南方还处于欠开发或者初步开发的阶段。当时的政治重心和对抗北方少数民族政权的军事重心也集中在黄河流域。政治、经济、军事三大重心处于同一区域，这种背离趋势相对并不明显。

中晚唐后，经济重心已经逐渐转移到南方，宋代更加加强和巩固了这一趋势。北宋一朝，江淮、荆湖、两浙、四川

　　　　　　　　　　　　　　第三章　此是青铜海

实物财政下，物资调运的成本极高。图为《清明上河图》中描绘的陆路运输方式：畜力车、人力车、人力挑担

等南方地区，尤其东南六路是财政收入的重地，当时称"国家财用所出，尽在东南"①。但是到了北宋，政治重心在黄河边的汴京，军事重心则侧重于应对北方的辽和西北的西夏，全部位于黄河流域，至此经济重心和政治、军事重心彻底分离。北宋政府的财政支出主要用来满足分布于北部沿边的一条线和京师汴京一个点。这种背离的态势对北宋财政的发展产生了巨大的影响②。

在这样的南北形势下，实物对实物的调拨效率低到了让人无法接受的地步。如何更高效地满足政治重心京师和军事重心北部沿边的各种物资需求成了北宋财政面对的最大挑战。

面对这种困难，汉唐时代的人们已经找到应对之法，那就是尽量发动本地资源，利用政府购买进行异地支付。根据记载，这种方法最早出现在汉武帝时。汉武帝通西南夷道，运输军粮困难，至"千里负担馈粮，率十余钟致一石"③，汉廷采取"乃募豪民田南夷，入粟县官，而内受钱于都内"的手段，即征募豪民至西南夷地区开荒种地，就地卖粮给官府，再回长安领取报酬。这是一种典型的延期异地付款的交易结算方式④。

到了唐代，已经发展出完整的合籴制度，为前线和长安

---

① ［宋］包拯著，杨国宜校注：《包拯集校注》卷一《请免江淮两浙折变》之三，黄山书社，1999年，第24页。
② 李晓：《宋朝政府购买制度研究》，上海人民出版社，2007年，第60页。
③ ［汉］司马迁：《史记》卷三十《平准书》："当是时，汉通西南夷道，作者数万人，千里负担馈粮，率十余钟致一石，散币于邛僰以集。数岁道不通，蛮夷因以数攻，吏发兵诛之。悉巴蜀租赋不足以更之，乃募豪民田南夷，入粟县官，而内受钱于都内。"中华书局，1959年，第1421页。
④ 李晓：《宋朝政府购买制度研究》，上海人民出版社，2007年，第37页。

等大城市提供粮食供应。到了唐后期，合籴与转运江淮粮米的比例达到了4：1至5：1，唐后期关中和西北的官禄和兵粮供给主要靠合籴解决，使得唐政府从依赖赋税转输转变为依赖官府与百姓交易①。汉唐以来处理相同难题的成功方法，给北宋政府沿用这一手段提供了参照。在此基础上，宋代财政机构运用各种金融手段，把政府购买玩出了花。其中本来就处于宋代货币财政枢纽的汴京城，自然也因此成了这些措施实施的核心地域。

这些措施的根本，是宋代继承唐代发展出的入中制度。北宋初期，西北军兴，民间向西北边地的官府入纳粮草，然后凭官府发放的凭证"交引"到指定地点从官府领取现钱或盐茶等实物，这就是宋代的入中制度。后来，实施范围扩大到不拘于西北沿边，商人向任何地方的官府入纳钱物而官府偿以钱物的贸易，都被宋人称为入中。

入中的本质，就是在市面上流通的现钱总量有限、地域分布不均的背景下，政府用官方掌握的专卖物资代替现钱对粮草价值进行代偿，这样就可以将专卖物资引入粮草供应体系以弥补现钱不足的缺陷，将政府手中掌握的资源充分运用。由于政府不是立即支付民间入纳粮草的价钱，而是以各种交引为凭证，用现钱或实物延期异地支付，这体现出了国家与商人之间的商业信用关系②。

对此，宋人有过总结，"市籴之名有三：和籴以见钱给之，

---

① 李锦绣：《唐代财政史稿》下卷，北京大学出版社，1995年，第1315~1316页。
② 姜锡东：《宋代商业信用研究》，河北教育出版社，1993年，第164~165页。

　　　　　　　　　　　　　第三章　此是青铜海

粮食的异地调拨困难催生了"入中"制度

[五代十国] 卫贤《闸口盘车图》
上海博物馆藏

第三章　此是青铜海

博籴以他物给之，便籴则商贾以钞引给之"①。实际上，从官府给予的交引分类上也确实可以分为三类。第一类是政府向入纳金银现钱或粮草者发行的用以领取茶盐香矾等物资的提货凭证类交引；第二类是政府向入纳粮草者发行的用以领取金银现钱的期票类交引；第三类是政府向入纳粮草者发行的按比例领取金银现钱和盐茶等物资的混合类交引②。

从交引的种类我们就可以看出，第一类交引作为提货凭证，对应的盐茶香矾等物资，全都是宋代实行政府垄断的专卖物资。为了应付入中的支付，宋代财政机构将垄断牟取暴利的专卖物资也拿出来招诱民间商人，让它们为"入中"服务。这些物资的专卖虽然确实获利丰厚，但对北宋朝廷来说，与采用入中制度后，节省下的异地物资运输费用相比，差距还是不可以道里计的。孰轻孰重，官方也还分得清楚。

既然专卖物资已经被用来支付"入中"的报酬，那么与之相关的一个财政机构就不可避免地成了入中制度的中心，那就是京师榷货务。宋代将专卖称为"禁榷"，那么顾名思义，"榷货务"就是负责专卖物资的机构。不过，榷货务并非如顾名思义的那么简单，除了负责专卖物资的收纳和专卖，它还是一个拥有着多个金融职能的机构。

京师榷货务负责京师对地方的现金汇兑业务。异地的现金汇兑在宋代称为"便钱"，有官营便钱与私营便钱之分。京师榷货务负责的就是京师与地方的官营便钱业务，主要是将私人钱款从汴京汇至地方州县，同时也负责兑换从地方州县

---

① ［清］徐松：《宋会要辑稿》食货四一之一，上海古籍出版社，2014年，第6909页。
② 姜锡东：《宋代商业信用研究》，河北教育出版社，1993年，第145页。

汴京，汴京

汇到京师的私人钱款①。

当然，最重要的，是京师榷货务负责入中时按交引付款或兑付交引批给的专卖物资。商人持入中所得的交引到京师榷货务以求兑付，如果交引是现钱或香药、象牙、绢帛等，则京师榷货务直接予以兑付。如果商人想在非京师的其他州县领取现钱，则京师榷货务对交引进行一道"翻换"的手续，商人凭翻换后的交引即可前往相应州县取钱。这相当于将兑付交引与之前所说的便钱业务结合了起来。如果是茶、盐，则由京师榷货务走一道"移文""翻换"的流程，商人持翻换后的交引去往茶、盐产地，如去产茶的东南十三个山场或东南的六个榷货务领取茶叶，去河东路解州的盐池或东南的海盐场领取盐②。正是因为拥有这个职能，京师榷货务成了入中这一北宋财政支出重中之重业务的核心机构。

然而，入中的支付制度看起来天衣无缝，但却有一个重要缺陷，也正是这个缺陷，使得汴京城的一批民间商人，围绕着京师榷货务的职能，创造出了一个新的金融机构，形成了新的金融市场。

入中的本意是尽量发动本地资源，满足前线需求。与早期一些日本学者所估计的入中是从江南到西北地区的长距离的商品流通③的想法不同，越来越多的研究证明，为免去长

---

① 姜锡东：《宋代商业信用研究》，河北教育出版社，1993年，第222页。
② 姜锡东：《宋代商业信用研究》，河北教育出版社，1993年，第224~226页。
③ 如日野开三郎在《关于唐宋时代的商人组织"行"的再检讨》中提出，北宋沿边军队的粮草补给是依靠京师的米行商人组织大规模商队从京师甚至更遥远的江南远距离运输过去的。见［日］日野开三郎：《日野开三郎东洋史学论集》第七卷，三一书房，1983年。

途异地运输高昂的成本，入中的粮草大多是来自本区域的①。换言之，入中的实质即将核心地区即西北缘边的河北、河东、陕西以及相近的京西、京东等地的生产潜能尽量榨取出来。北宋沿边驻扎的几十万大军的日常供给和战时支持，在物质上基本依靠缘边地区的物质生产。而入中的主体，也是当地人即边地的原住居民和北方的粮食商人②。主体的不同，意味着"入中"制度需要适应的情况不同。一个西北边境的原住居民，基本不太可能千里迢迢跑去汴京兑付那些报酬，更不要说如果入中报酬是盐茶等专卖品，还得远赴东南地区的禁榷商品产地领取，领取后还要自行贩售才能回本。这样不但需要花费大量时间，还需要面对多重烦琐的官方手续以及贪官污吏的敲诈勒索。就算是北方地区的粮食商人，这样一连串的操作下来也是吃不消的。因此，对入中的主体人群来说，在收纳粮草的边地官府处就能得到现钱的报酬才是最佳选择。这使得为"入中"设计的报酬支付体系与"入中"的主体人群的需求之间存在着巨大的偏差。

然而，存在需求就意味着商机。入中制度在交引兑付的环节上，并未规定只有缴纳粮草的入中者本人才能兑付交引，而是采取"认引不认人"的原则，这就给了有心人操作的空间。

自中晚唐以来，随着商品经济的发展，民间金融业也逐渐发展起来。至五代宋初，汴京城中已经有不少从事民间金融业的商人。当时民间金融业如专门经营抵押信用业务的质铺；经营生金银、金银器饰的买卖与兑换业务、金银器饰与

---

① 程民生：《宋代地域经济》，河南大学出版社，1992年，第239~249页。
② 姜锡东：《宋代商业信用研究》，河北教育出版社，1993年，第222页。

汴京，汴京

生金银的铸造和鉴定的金银铺；收取保管费而供储存钱货、金银与其他财宝，并接受储存者委托变卖财宝重品换取现金的柜坊与寄附铺①；经营布帛生意的彩帛铺②；经营有偿寄存商旅货物仓库的塌坊③等，经营着这些民间金融行业的商人们有着灵敏的嗅觉，很快就发现了"入中"制度中可供牟利的商机所在。

为了吸引商人积极参与"入中"，北宋官府为"入中"开出了高额的报酬——视军需轻重缓急，当地官府会以边地粮草市价为基础高估入中物资的价值，这一做法被称为"虚估"。根据宋真宗时期的记载，商人入中河北，给予的报酬粮食每斗可增加 65 钱，马料每斗可增加 45 钱；商人入中西部边邑，如灵州每斗粟可估价一千钱以上，其他诸州亦不低于每斗数百钱；而用盐茶偿付时，则原价十五六千至二十千的粮草可加抬至价值百千④。

然而，如前所述，这丰厚的报酬，很大一部分需要商人去领取盐茶等专卖商品转卖之后才能变现。入中主体的边地

---

① 杜正琦、曹军新：《宋代金融体系与治理》，载《中国金融》，2020 年第 24 期。
② 姜锡东：《宋代商业信用研究》，河北教育出版社，1993 年，第 167~168 页。
③ 真大成：《"塌坊"名义考》，载《汉语史学报》第七辑，上海教育出版社，2007 年，第 221~237 页。
④ [宋] 李焘：《续资治通鉴长编》卷六〇，"真宗景德二年五月辛亥"条："自有事二边，戍兵浸广，师行馈运，仰于博易，有司务优物估以来，输入河北有水运，而地里差近亦有京师辇送者。其入中，大约入粮斗增六十五钱，马料增四十五钱。西鄙回远及涉碛阴，运载甚难，其入中之价，灵州斗粟有至千钱以上者，自余州率不下数百……初，商人以盐为急，皆竞趋焉，及禁江、淮盐，又增用茶，当得十五六千至二十千，辄加给百千。"中华书局，1995 年，第 1335 页。

第三章　此是青铜海

《清明上河图》中的民间金融业。解库，从事典当行业。图为一个"解"字招牌挂在门外的店铺

居民和北方中小粮商更倾向于在本地就拿到现钱报酬，于是"既得交引，特诣冲要州府鬻之"[1]，在入中拿到交引后，直接就在本地州府出售换取现钱，或是将交引携带至京师出售换取现钱。这就给京师民间金融业商人们创造了新的商机，于是，一个新的金融机构——交引铺诞生了[2]。

开设交引铺的商人，压低价格从入中商人手中收购交引。根据研究，在交引铺出现初期的宋真宗年间，交引铺按照交引票面价值的84%~94%的价格收购交引；到宋仁宗时期，

---

① ［宋］李焘：《续资治通鉴长编》卷六〇，"真宗景德二年五月辛亥"条："其输边粟者，非尽行商，率其土人，既得交引，特诣冲要州府鬻之，市得者寡至京师。"中华书局，1995年，第1336页。

② ［宋］李焘：《续资治通鉴长编》卷一〇〇，"仁宗天圣元年正月壬午"条："而入中者非尽行商，多其土人，既不知茶利厚薄，且急于售钱，得券则转鬻于茶商或京师坐贾号交引铺者，获利无几。茶商及交引铺，或以券取茶，或收蓄贸易，以射厚利。"中华书局，1995年，第2313页。

这个比价已经降到了 65%；而到了宋神宗时期及之后，价格更是压到了票面价值的 30%～50%。而在一些特殊时期，收购价格甚至能压低到票面价值的 2%～5%①。

从入中商人手中压低价格收购交引后，交引铺再转手将交引转卖给经营盐茶等专卖商品的商人，从中赚取差价②。交引铺自行向政府兑取现钱、物资，或是在政府出资回笼交引时转卖给政府，都能获取暴利③。

实际上，交引铺的出现将原来复杂的"入中"流程分解开来，因为交引的兑现和翻转手续必须在京师的榷货务完成，因此交引铺的运营将入中过程变成了以京师汴京为核心的边地—汴京和盐茶产地—汴京两个单独的循环体系。边地入中商人在边地入中粮草后，将交引出售给交引铺，即可获得现钱完成交易。经营盐茶等专卖商品的商人，也不用远赴边地组织粮草采购，而是只需要在京师汴京的交引铺购买交引，经榷货务兑换后即可去禁榷商品产地领取盐茶贩卖。当然，其间巨大的差价利润，就被经营交引铺的商人攫取了。

交引铺介入北宋的入中活动，对交引进行买卖。交引本身，如前所述，有提货凭证、期票以及两者混合等三类，但这三类无论是哪种，都代表着一定的财富，凭之可以到宋政

---

① 张玲：《论宋代交引铺户与入中、榷卖的关系》，载《山西大同大学学报（社会科学版）》，2014 年第 6 期。
②［宋］李焘：《续资治通鉴长编》卷六〇，"真宗景德二年五月辛亥"条下"自有事二边"条："京师有坐贾置铺，隶名榷货务，怀交引者凑之。若行商则铺贾为保任，诣京师榷务给钱，又移文南州给茶。若非行商，则铺贾自售之，转鬻与茶贾。"中华书局，1995 年，第 1336 页。
③ 姜锡东：《宋代商业信用研究》，河北教育出版社，1993 年，第 185～188 页。

府相关机构兑取钱物，因此都是有价证券。而从事交引买卖的交引铺，其本质也就是宋代从事有价证券交易的"证券交易所"①。除此之外，因为经营交引铺的商人往往来自之前经营金银铺等金融机构的商人，因此在汴京，交引铺多与金银铺合二为一，在南宋的时候往往被称为"金银交引铺"。因此，交引铺也会从事一些金银买卖和货币兑换的交易②。

北宋中期以后，随着在西北对西夏用兵规模的日益扩大，北宋入中粮草的规模也逐渐增大。相应地，交引铺从事的交引买卖活动也日益繁盛。规模巨大的有价证券交易，使得交易的核心汴京城中的交引铺，成了规模最大的民间金融活动机构，而汴京城也由此成了全国金融活动的中心。

在孟元老的《东京梦华录》中，我们也可以找到交引铺坐落何处的线索。在汴京内城东部潘楼街南的一处巷子里，分布有众多"金银彩帛交易之所"③，按前所述，交引铺往往与金银铺合二为一。负责交引兑现与翻换的官方机构榷货务也很可能就在紧邻的潘楼街与马行街交叉路口土市子的南面④。因此，研究者认为，潘楼街南这些"每一交易，动即千万"的交易之所应该就是京师的众多交引铺⑤。榷货务和众多交引

---

① 姜锡东：《宋代商业信用研究》，河北教育出版社，1993年，第204页。
② 姜锡东：《宋代商业信用研究》，河北教育出版社，1993年，第188~189、204页。
③ ［宋］孟元老：《东京梦华录》卷二《东角楼街巷》："南通一巷，谓之'界身'，并是金银彩帛交易之所，屋宇雄壮，门面广阔，望之森然，每一交易，动即千万，骇人闻见。"中华书局，1956年，第14页。
④ ［日］久保田和男：《宋代开封研究》，上海古籍出版社，2010年，第148页。
⑤ 戴裔煊：《宋代钞盐制度研究》，中华书局，1981年，第148~149页。

铺的分布也使得潘楼街一带成了汴京城甚至北宋的金融中心所在地。

无论从北宋的货币投放与回收还是以"入中"为核心的金融活动角度出发，汴京城都当之无愧地成了全国货币与金融活动的中心。这也是汴京经济发达、商业繁盛的基础。然而，在这背后，却存在一个关键的结构性缺陷，使得汴京城的货币与金融中心蒙上了巨大的阴影，也直接决定了汴京甚至整个北宋衰落的命运。这个巨大缺陷是什么呢？我们将在本章的最后一节细细道来。

官中岂可打交道邪

本节的开头，我们要从一个离汴京城千里之遥的城市发生的故事说起，这就是北宋时的成都。宋真宗天禧四年（1020 年）的一天，成群的市民围堵在成都几家民间金融机构——交子铺的门口，挥舞着手中的纸质票据，高呼口号，要求交子铺的老板还钱。对当时的成都府居民来说，这一幕可谓司空见惯，因为交子铺无法及时偿付导致用户围攻交子铺的事件在当时并不少见。只是这一次闹得格外声势浩大，最终惊动了官府——成都府只能派出兵丁疏散了人群，查封了交子铺。众所周知，北宋年间，四川诞生了世界上最早的纸币交子。然而交子的诞生，却有一段曲折的经历。

这一切，要从交子的本质说起。西方 17 世纪出现的纸币是在贵金属货币已经被广泛使用，货币职能分化突出的前提下产生的。反观交子的产生，宋初，沿袭五代时期四川地区使用铁钱的环境，以及北宋建国初期铜钱短缺的现实困难，在四川形成了专用铁钱的货币特区①。在这样的背景下，为了应对五代至北宋时期四川特殊的经济环境——使用铁钱造成的不便②，出现了交子。

与当时常用的铜钱相比，铁钱的材料铁产量远大于铜，其价值相比铜也要低廉很多。铸造具有相同价值的铁钱将使用比同样价值铜钱重量多得多的铁材。前文提到，宋太宗时规定铜钱一贯重四斤半以上，而四川使用的大铁钱一贯则重达25斤③。如此沉重的货币，使用起来实属不便，以至于"街市买卖至三五贯文，即难以携持"④，这极大地阻碍了四川商品经济的发展，也给当地百姓的日常生活和商业活动带来了极大的困难。为了应对这样的困境，交子在四川民间应运而生了。

"交子之法，出于民之所自为。"⑤最初，由四川当地16户富户联合主导发行了民间的信用货币交子⑥。这些富户以

---

① 何平：《传统中国的货币与财政》，人民出版社，2019年，第83页。
② 贾大泉：《官交子在我国纸币史上的地位》，载《四川金融》，1995年第2期。
③〔宋〕吕祖谦：《历代制度详说》卷七《钱币》："蜀用铁钱，其大者以二十五斤为一千，其中者以十二斤为一千。"见《文渊阁四库全书》第923册，台湾商务印书馆，2008年，第957页。
④〔宋〕李攸：《宋朝事实》卷一五《财用》："川界用铁钱，小钱每十贯，重六十五斤，折大钱一贯，重十二斤。街市买卖至三五贯文，即难以携持。"见《文渊阁四库全书》第608册，台湾商务印书馆，2008年，第173页。
⑤〔宋〕吕祖谦：《历代制度详说》卷七《钱币》，见《文渊阁四库全书》第923册，台湾商务印书馆，2008年，第957页。
⑥〔宋〕李焘：《续资治通鉴长编》卷一〇一，"天圣元年十一月癸卯"条："初，蜀民以铁钱重，私为券，谓之交子，以便贸易，富民十六户主之。"中华书局，1995年，第2342页。

宋代四川使用的
铁钱价值低质量
沉重，导致使用
不便，也就有了
交子的出现

宋代宣和通宝铁钱
中国钱币博物馆藏

对官府承担人力和物力义务为代价，取得了发行交子的特许权力[1]。

民间发行的最早的交子，是可兑换的货币兑换券[2]。交子需求者向交子户缴纳现钱，交子户发行相应面值的交子给予需求者。交子在市面上使用，使用者可以随时向交子户兑取现钱，只是每一贯（1000 文）要缴纳 30 文作为交子户的利润[3]。

纸币形态的交子，使用便利，加之其随时可兑现的信用担保，迅速在四川铁钱区得到广泛使用，同时也促进了四川地区的经济发展。然而，民间交子很快就遇到了信用危机。收取了大量铁钱的交子户，利用手中的现金投资，广置田产。而当时

---

① ［宋］李攸：《宋朝事实》卷一五《财用》："始，益州豪民十余户连保作交子，每年与官中出夏秋仓盘量人夫及出修糜枣堰、丁夫物料。"见《文渊阁四库全书》第 608 册，台湾商务印书馆，2008 年，第 172~173 页。
② 何平：《传统中国的货币与财政》，人民出版社，2019 年，第 89 页。
③ ［宋］李攸：《宋朝事实》卷一五《财用》："书填贯不限多少。收入人户见钱，便给交子，无远近行用，动及万百贯。街市交易，如将交子要取见钱，每贯割落三十文为利。"见《文渊阁四库全书》第 608 册，台湾商务印书馆，2008 年，第 173 页。

的交子户并没有准备金的概念，当大量现金被换成了土地田产等不动产之后，交子户手中可以用来随时应付交子使用者兑现的现金数量就捉襟见肘了。当遇到兑换量大，手中现金不足以兑付的状况时，交子户干脆关门闭户，引发兑付者聚众争闹，便产生了交子偿付危机。屡次出现的交子偿付危机最终只能由官府出面协调解决，兑付者每一贯钱只能兑付七八百文，直接损失 20%～30%，交子户信用也因此破产①。

在民间交子流通的这段时间内，其信用价值始终未能完全建立，最终，宋真宗天禧四年（1020 年），发生了本节开头那一幕，地方官下令关闭交子铺，禁止交子的发行和流通②。民间交子的历程至此告一段落。北宋前期四川这次民间金融业自主创新失败的意义和背后折射出的问题我们后文还会谈到，这里我们先关注交子之后的命运。

交子被禁绝后，原先已经被缓解的铁钱使用不便的问题再次浮上水面。"自来交子之法久为民便，今街市并无交子行用"，已经习惯了交子便利的四川民众和官员自然不能容忍回到过去的尴尬处境。于是，4 年后当地官员向朝廷申请"合是交子之法，归于官中"③。官方设置交子务发行交子，保持了民间交子的基本模式：在发行方式上，交子依旧由人户缴纳现

---

① ［宋］李攸：《宋朝事实》卷一五《财用》："收买蓄积，广置邸店屋宇园田宝货；亦有诈伪者，兴行词讼不少。或人户众来要钱，聚头取索印，关闭门户不出，以至聚众争闹，官为差官拦约，每一贯多只得七八百，侵欺贫民。"见《文渊阁四库全书》第 608 册，台湾商务印书馆，2008 年，第 173 页。
② 贾大泉：《官交子在我国纸币史上的地位》，载《四川金融》，1995 年第 2 期。
③ ［宋］李攸：《宋朝事实》卷一五《财用》，见《文渊阁四库全书》第 608 册，台湾商务印书馆，2008 年，第 173 页。

钱，取便行使，沿袭了民间交子的可兑换货币性质；在发行费用上沿袭民间交子一贯收取 30 文工本费的惯例[1]。

这一举措最为重要的是，在民间交子传统的基础上，官交子完善了交子的发行机制，并以政府财政作为支持和担保。官交子制定了交子的流通期限为二年一界，分界发行[2]；规定每界最高发行一百二十五万六千三百四十贯的限额[3]；并规定了每界发行准备金三十六万贯的管理原则[4]。这三项原则的确立，是保证交子成为纸币的最根本的经济措施。因为保证兑现是交子成为纸币的前提，也是交子安身立命的根基[5]。为此，官方还为交子注入了国家信用。在学术研究中，基本上将国家信用等同于政府信用或者财政信用，认为国家信用主要的交易形式是政府债务，影响政府信用的因素是政府的偿还意愿（具体指政府所受的政治、行政等方面的约束）和偿还能力（具体指政府的财政状况）[6]。同时，官方允许在缴纳二税、专卖税收、商税等国家赋税时使用交子[7]，使得交子成了在政

① 何平：《传统中国的货币与财政》，人民出版社，2019 年，第 96 页。
② ［宋］李心传：《建炎以来朝野杂记》甲集卷一六，"钱引兑监界"条："自天圣立川交子法，每再岁一易，人户输纸墨费三十钱。"中华书局，2000 年，第 365 页。
③ ［元］马端临：《文献通考》卷九《钱币二·交子》："天圣以来，界以百二十五万六千三百四十缗为额。"中华书局，2011 年，第 241 页。
④ ［元］马端临：《文献通考》卷九《钱币二·交子》："大凡旧岁造一界，备本钱三十六万缗，新旧相因。"中华书局，2011 年，第 242 页。
⑤ 贾大泉：《官交子在我国纸币史上的地位》，载《四川金融》，1995 年第 2 期。
⑥ 李黎明：《债务、国家信用与霸权兴衰》，吉林大学 2021 年博士学位论文。
⑦ ［宋］杨冠卿：《客亭类稿》卷九《重楮币说》："蜀之立法则曰：租税之输、茶盐酒酤之输、关市泽梁之输，皆许折纳，以惟民之便。"见《文渊阁四库全书》第 1165 册，台湾商务印书馆，2008 年，第 500 页。

第三章　此是青铜海

宋代交子

府财政担保下，有了国家信用背书的可兑换纸币。只不过交子流通区域限定在四川铁钱区，因而它也就成了典型的区域性国家信用货币[1]。

换言之，交子从民间发行转换为官方发行的时候，就与政府财政、国家信用紧紧联系在一起了。

官交子开始运行的20多年里，因为信用可靠、兑现无虞，加之携带方便、使用灵活，一时间在四川地区广受欢迎。然而，好景不长，西北边境的战事，使得西北粮草"入中"需求急速膨胀，北宋财政部门多方筹措用以支付"入中"报酬的财政资源，终于盯上了交子。庆历七年（1047年），朝廷终

---

[1] 何平：《传统中国的货币与财政》，人民出版社，2019年，第96页。

于打破所有约束，在陕西无准备金发行了 60 万贯交子，用以支付粮草"入中"费用。当时就有官员如文彦博等指出，这样做"将来一二年间，界分欲满，客人将交子赴官，却无钱给还，有误请领，便至坏却交子之法"，危害甚大①。因为是无准备金发行，当一界交子界满之时，商人手持交子向官府要求兑取相应的铜钱，官方没有准备金予以兑换，当然会造成交子及官方信用的丧失。然而，军事需求和财政危机在前，财政部门也只能杀鸡取卵，先将眼前危机应付过去再说。

这次打破规则发行交子的危害很快就在几年后暴露无遗。皇祐三年（1051 年）二月，当时的三司使田况上奏称：

> "……兼自秦州两次借却交子六十万贯，并无见钱桩管，只是虚行刷印，发往秦州入中粮草。今来散在民间，转用艰阻，已是坏却元法，为弊至深。转运司虽收积余钱拨还，更五七年未得了当，却勒第十三界书造交子兑换行用，凭虚无信，一至于此。乞今后更不许秦州借支。"奉圣旨：依奏。②

田况的上奏表明，这次无准备金的跨地域发行，打破了可兑换货币交子的刚性兑付，使得交子的信用受到极大打击，

---

① ［宋］文彦博：《文潞公文集》卷一四《乞诸州供钱拨充交子务》："近因秦州入中粮草，两次支却六十万贯文交子。元有未封桩现钱，准备向去给还客人，深虑将来一二年间，界分欲满，客人将交子赴官，却无钱给还，有误请领，便至坏却交子之法。公私受弊，深为不便。"见《宋集珍本丛刊》第 5 册，线装书局，2004 年，第 346 页。
② ［宋］李攸：《宋朝事实》卷一五《财用》，见《文渊阁四库全书》第 608 册，台湾商务印书馆，2008 年，第 174 页。

导致"转用艰阻""坏却元法"。虽然官方想尽办法，各方筹措资金兑付，但还是"五七年未得了当"。当然我们也可以看到，宋仁宗庆历年间的这次打破规则的发行是在紧急状况下的一次救急，田况的上奏和宋仁宗御批的内容都是只此一次、下不为例的意思。如果仅有这一次，那么经过积极地善后和时间的迁延，这次损失的信用还有被补上的可能。

可惜，破例这种事只有零次和无数次，下不为例后面从来都跟着接二连三。在宋仁宗朝救急式打破之后，时间来到宋神宗朝，西北战事再起。熙宁四年（1071 年）初，宋神宗以"行交子诚非得已……是以急难不能无有不得已之事[①]"为理由，再次在陕西无准备金发行交子以筹措军费。虽然因为有经历过宋仁宗庆历年间教训的文彦博等大臣的反对，此次发行在几个月后就停止了，但宋神宗君臣始终没有放弃在陕西发行交子以补军用的念头。

熙宁七年（1074 年），经过朝堂上的激烈辩论之后，宋神宗君臣再次决定在陕西发行交子。不过这次安排了准备金。但随着准备金的挪用和交子发行过多，陕西很快便出现了"交子出多，而钱不足给，致价贱亏官"的局面[②]。

另外，在一直使用交子的四川地区，官方的交子发行

---

① ［宋］李焘：《续资治通鉴长编》卷二二一，"熙宁四年三月戊子"条："彦博又言行交子不便。上曰：'行交子诚非得已，若素有法制，财用既足，则自不须此。今未能然，是以急难不能无有不得已之事。'"中华书局，1995 年，第 5370 页。
② ［宋］李焘：《续资治通鉴长编》卷二七〇，"熙宁八年十一月甲戌"条："永兴军等路转运司言：'诸州军籴买粮草总五百余万，本司见缺乏，乞借钱三十万缗。'诏以交子本钱十万缗给之。上批：'永兴、秦凤等路缘边出交子籴买粮草，有折钱多处交子毋得出多。'时以交子出多，而钱不足给，致价贱亏官故也。"中华书局，1995 年，第 6623 页。

文彦博劝阻宋神宗君臣打交子主意，
但这也只是暂时的

[明] 王圻辑《三才图会》中所载文彦
博像

也在打破原有的规则。原本交子发行两年为一界，一界发行一百二十五万六千三百四十贯，每两年一次以旧换新，保持市面上一百二十五万六千三百四十贯的总量不变。然而，在宋神宗熙宁五年（1072 年），为了应付四川地方财政的需要，交子凭空添造一界，使得四川交子两界并行，流通总量立刻翻倍，从一百二十五万六千三百四十贯变成二百五十一万二千六百八十贯。这直接导致了"时交子给多而钱不足，致价太贱，既而竟无实钱，法不可行"①的结果。

好在宋神宗时期的地方官员还能明白交子因何具有价值，经过之后几年的努力，如利用铸钱等手段支持交子的购买力

---

① [元] 脱脱等：《宋史》卷一八一《食货志下三》："五年，交子二十二界将易，而后界给用已多，诏更造二十五界者百二十五万，以偿二十三界之数，交子有两界自此始。时交子给多而钱不足，致价太贱，既而竟无实钱，法不可行。"中华书局，1977 年，第 4404 页。

和信用，到 5 年后的熙宁十年（1077 年），四川市面上的交子，虽然已经有所贬值，但至少回升到了尚能兑换出接近面值钱数的水平[①]。

那么，彻底的崩坏是从何时开始的呢？从宋徽宗初期的崇宁元年（1102 年）开始，朝廷就视财政的需要随意增加交子发行数额，到大观元年（1107 年）的短短 6 年间，据南宋时代的记载，累计增发就达到 2430 万贯[②]。根据今天的学者研究，这段时间累计增发交子 2467 万贯，连同"祖额"1 886 340 贯，共 26 556 340 贯。由于两界并行，实际上相当于发行了 53 112 680 贯，是宋神宗朝以前规模的 42 倍[③]。而当时全国每年铁钱铸造量不过只有六七十万贯。如此无准备金发行交子，必然会引发交子信用的崩溃，史载"大观中，不蓄本钱而增造无艺，至引一缗当钱十数"[④]，彻底贬值为面值的 1%~2%。

在此期间，蔡京主持之下，干脆将四川交子改名为"钱

---

① ［宋］吕陶：《净德集》卷一《奏为官场买茶亏损园户致有词诉喧闹事状》："在州（彭州）见在实直，第二十七界交子卖九百六十，茶场司指挥作一贯文支用；第二十六界交子卖九百四十，茶场司指挥作九百六十支用。"见《文渊阁四库全书》第 1098 册，台湾商务印书馆，2008 年，第 14 页。
② ［宋］李心传：《建炎以来朝野杂记》甲集卷一六"四川钱引"条："崇、观间，陕西用兵，增印至二千四百三十万缗。（崇宁元年增二百万，二年又增一千一百四十三万，四年又增五百七十万，大观元年，又增五百五十四万。）由是引法大坏，每兑界，以四引而易其一，蔡京患之。"中华书局，2000 年，第 364~365 页。
③ 王曾瑜：《关于北宋交子的几个问题》，见王曾瑜：《锱铢编》，河北大学出版社，2006 年，第 119 页。
④ ［元］脱脱等：《宋史》卷一八一《食货志下三·会子》："大凡旧岁造一界，备本钱三十六万缗，新旧相因。大观中，不蓄本钱而增造无艺，至引一缗当钱十数。"中华书局，1977 年，第 4405~4406 页。

引"。交子和后来钱引的使用范围也在宋徽宗君臣的指挥下不断扩大，逐渐行用于全国各地，包括京师汴京。至此，史上第一种纸币交子（钱引）最终与我们的汴京城产生了关联，虽然这个时候，交子（钱引）已经贬值成类似废纸一张。

完整描绘出世界上第一种纸币交子在北宋一朝的命运，实际上是对上一节末尾我们提出的那个问题最好的说明，汴京城作为北宋的货币与金融中心背后的结构性的巨大缺陷究竟是什么。上文提到过，以民间信用形式出现的交子，在其信用不足，不得已转为官办之后，就与政府财政、国家信用紧紧联系在了一起。这恰好是最危险的地方，也就是结构性巨大缺陷的本身。

当我们细想汴京城作为货币流通的中心，官方法定铸币铜钱的货币投放完全依赖于政府财政支出，货币回笼完全依赖于赋税征收——也就是说汴京城的货币流通中心完全依附于北宋朝廷的财政运作。同样，以入中为核心进行交引买卖形成的证券交易，其运作也完全依赖于入中这一朝廷财政支出行为。可以说，没有入中制度就没有汴京城的金融中心地位。而完全依赖于朝廷的财政运行则意味着，财政背后，北宋朝廷提供给金融领域的国家信用才是整个体系运转最为核心的要素。

其实不难想到，正是因为信任朝廷钱法稳定，币制足额，民间才会信任官方法定的铜钱，使得北宋150多年大规模的铸币得以在社会与市场上流布，从而促进了商品经济的发展。交子的情况也是相同的，正是民众相信官方用国家信用背书的纸币交子能够刚性兑付足额铸币，才使得交子广泛流行于民间。买卖有价证券的商人们，也同样是相信官府收到粮草后开出的交引真的能足额兑付到相应的货币和专卖商品，这才有了金融市场的繁荣……

然而，北宋官方对金融领域的国家信用担保，真的是稳定可信的吗？

上文曾提到过，熙宁七年（1074年），宋神宗君臣曾激烈讨论过是否应该在陕西发行交子。在他们讨论的内容中，有一段内容特别值得注意。

> 熙宁八年八月十三日，进呈皮公弼乞钱收籴事。
>
> 上曰："皮公弼奏言交子事，莫却言得是。"
>
> 余曰："莫是如此，交子合散于诸州军则是，却是赵瞻要如此。"
>
> 石曰："到了妨盐钞。"
>
> 上曰："交子自是钱对，盐钞自以盐对，两者自不相妨。"
>
> 石曰："怎得许多做本？"
>
> 上曰："但出纳尽，使民间信之，自不消本。"

金曰："始初须要本，俟信之，然后带得行。"
……①

　　在王安石提出在陕西发行交子，哪里有那么多准备金（"怎得许多做本？"）的问题后，宋神宗与吕惠卿等人的回答实在发人深思。

　　宋神宗的看法是，只要政府财政收支使用交子，交子在民间自然就有信用，不需要准备金。

　　而吕惠卿等人的看法则是，在开始的时候要备好准备金，以建立交子的公信力，一旦这种公信力建立，就可以抛开准备金的限制，肆意发行②。

　　如之前我们所说，正是民众相信官方用国家信用背书的纸币交子能够刚性兑付足额铸币，才使得交子广泛流行于民间。一旦刚性兑付被打破，其信用自然消失，作为担保的国家信用也颜面扫地，荡然无存。而宋神宗与吕惠卿等人的看法恰好背离了这一信任。宋徽宗朝无准备金发行交子后的惨状给了宋神宗和吕惠卿等人的妄想狠狠一记耳光。事实证明了，宋神宗寄希望的政府财政收支使用交子的行为并不能为交子注入信用，更不要说吕惠卿等人那哄小孩似的"曾经建立的公信力"了。

　　有学者总结了交子在北宋时期的演变——"国家行使纸币发行权力后，纸币的发行就不能不与国家财政相联系。当国家财政拮据，政府就必然寄希望于无本万利的'点石成金'

---

① ［宋］李焘：《续资治通鉴长编》卷二七二，"神宗熙宁九年正月甲申"条下"又诏"条小注引用《吕惠卿日录》，中华书局，1995年，第6668页。
② 何平：《传统中国的货币与财政》，人民出版社，2019年，第109页。

　　　　　　　　　　　　第三章　此是青铜海

宋徽宗朝的疯狂滥发终于使交子的信用崩溃

[宋] 佚名《宋徽宗坐像》
台北故宫博物院藏

魔术，发行纸币以解决财政困难。于是商品交换需要发行纸币，很容易演变成为财政需要而发行纸币"①。

这个结论虽然是对交子这种纸币的发行历史的总结，但毫无疑问并不只适用于交子。当以汴京为核心的货币与金融运行处于完全依赖于朝廷财政收支运转的状况下，既做运动员又做裁判员的朝廷财政，在面临财政拮据的困境时，自然会动用手中一切资源用于解决财政困难，从而将一切货币与

① 贾大泉：《官交子在我国纸币史上的地位》，载《四川金融》，1995 年第 2 期。

汴京，汴京

金融运行异化为筹集财政资金的手段。在这个过程中，向金融领域提供担保的国家信用被彻底破坏，暴露了古代专制政权利用权力进行超经济强制的狰狞面目。有学者很清晰地定义了官交子在规则被完全打破前后的区别——前者是在符合经济原则的制度安排下由国家信用支持其使用和流通，而后者仅仅凭借国家机器的超经济强制和行政命令来支持其使用和流通[1]。

宋神宗那句自信满满的"但出纳尽，使民间信之，自不消本"，正是他试图仅仅凭借国家机器的超经济强制和行政命令来贯彻权力意志，支持官交子的使用和流通的真实表现。而这套逻辑的本质就是将发行交子变成一个筹集财政资金的手段，结果必然会扭曲交子的性质，自然不可能达到预期目的[2]。交子和后继的钱引快速沦为废纸就是最好的证明。

宋徽宗时期，为了应对庞大的军事需求和皇帝"丰亨豫大"的妄想带来的财政压力，宋徽宗君臣将主意打到了一直以来稳定运行的铜钱身上，破坏钱法，乱铸"折十钱""夹锡钱"。当宋徽宗君臣妄图凭借国家机器的超经济强制和行政命令强制推行掠夺性货币政策的时候[3]，原本稳定运行了一百多年的货币体系上附着的国家信用就崩溃了，直接使宋徽宗后期的整个北宋社会经济陷入了混乱与崩溃之中。

以交引买卖为核心的金融交易也同样如此。"交引是以金钱和茶盐香药等专卖商品为抵保物的，没有这些实实在在的

---

① 何平：《传统中国的货币与财政》，人民出版社，2019 年，第 76~77 页。
② 何平：《传统中国的货币与财政》，人民出版社，2019 年，第 77、109 页。
③ 高聪明：《宋代货币与货币流通研究》，河北大学出版社，2000 年，第 93 页。

第三章　此是青铜海

东西，一切交引都不过是一堆无用的废纸。""交引体现着宋朝政府与民间入中者、盐茶商之间的信用关系。交引能够按时按量地兑现，信用就高，卖价就高；反之，信用就低，卖价就跌落。"[①]汴京金融业的兴衰成败，同样取决于宋朝政府是坚持维护金融领域的国家信用还是撕破脸来直接运用权力进行超经济强制以汲取民间财富。

然而，这个阴影并非只覆盖在汴京一城、货币与金融领域。信用与权力之争的影响，一直笼罩在北宋以及汴京城的整个社会之上。

小　结

这一章的视角，来到了"货币流"上。

之前的两章，展示了汴京城诞生的背景——中晚唐至宋的巨大社会变化。社会发生了如此巨大的变革，相应的整个社会运行的机理与方式自然也随之发生着改变。快速推进的商业化产生了对稳定而有信用的货币供给的巨大需求。在这个需求的推动下，北宋出现了中国古代历史上长达150年的大规模铸钱活动。

随着持续大规模的铸币供给，北宋时代终结了之前上千年一直维持着的钱帛兼行的货币制度。在这个时代，货币经济向下渗透到社会的各个角落。随着货币经济的发展，衍生出发达的金融活动，还早熟地诞生了世界上最早的纸币。作为此时的全国物流、商业中心同时也是政治中心的京师汴京

---

① 姜锡东：《宋代商业信用研究》，河北教育出版社，1993年，第159页。

城也顺理成章地成了全国货币与金融活动的中心。

　　然而，北宋的货币供给与回收的整个过程完全依赖朝廷的财政收支运作。同时，整个金融业也完全依附于朝廷向西北边境提供军事物资的财政运作。这使得朝廷可以轻易使用财政手段对整个社会的货币供给和金融活动产生巨大的影响，从而产生了一个结构性矛盾——当财政压力变大的时候，是坚持维护金融领域的国家信用还是撕破脸来直接运用权力进行超经济强制以汲取民间财富。

　　这个结构性矛盾带来的选择，实则暗示了汴京城走向衰落的宿命：在古代专制时代，汴京城得到一系列中心的地位，有地理因素，有时代特点，但还有一个不可或缺的条件——它是朝廷的京师，是权力的中心。当所有问题最终归结于权力的选择时，这个时代和汴京城的命运，也自然按照古代专制政权权力运作的逻辑走向了不可改变的结局。

第四章

————

天 下 熙 熙

皆 为 利 来

天寿了！王安石新党内讧了

宋神宗熙宁七年（1074 年）三月二十日（丁巳）夜，新任权三司使的王安石变法派的干将曾布，突然深夜收到一份皇帝赵顼降下的手札。曾布自知事关重大，连忙展开细看。谁也没有想到，正是这份手札上要求曾布做的事，引发了变法派内部的分裂，拉开了王安石第一次罢相的序幕。

手札上写着如下内容：

> 闻市易务日近收买货物，有违朝廷元初立法本意，颇妨细民经营，众语喧哗，不以为便，致有出不逊语者，卿必知之，可详具奏。[①]

这份手札让曾布详细上奏的市易务纠纷究竟是怎么回事？又如何会引起变法派的分裂和王安石罢相？让我们慢慢道来。

手札中提到的市易务，是王安石变法中的一项重要变法内容"市易法"的执行机构。手札中描述的，正是"市易法"

---

①［宋］李焘：《续资治通鉴长编》卷二五一，"熙宁七年三月是月丁巳"条，中华书局，1995 年，第 6133 页。

在执行中出现的弊病，这些弊病已经激起了民间尤其是京师汴京城民众的强烈愤慨，"众语喧哗，不以为便"，终于引起了宋神宗的警觉。

这一切，要从两年前的熙宁五年（1072年），一个名叫魏继宗的人向朝廷上书说起。这次事件震惊了整个朝堂。

在这份上书中，魏继宗指责京师汴京城里的富商垄断市场，囤积居奇，打破了市场正常的交易秩序。他们一方面控制外来商品的货源，"明抑其价，使极贱"；另一方面囤积居奇，"待其价昂贵而后售"，从而使得"市无常价，贵贱相倾，或倍本数"，结果是外来商人无利可图，而京师居民因物价过高而苦不堪言。财富日益集中到少数垄断富商手中，对于朝廷，则"患其窘迫矣"。

简单说来，随着宋代商品经济日益发达，城市中的各行业商人、手工业者组织成各类行会，入会成员称为行户。行会保护行户的利益，并组织行户共同应对官府的科买任务。京师汴京城的行会中少数大商人凭借财力优势和庞大势力，攫取了商品的定价权并借此垄断市场。他们在外地商人携带大量货物来本地贩售时，故意压低物价迫使外地商人以低价将货物卖给垄断者，然后再囤积居奇，等到物资匮乏时趁物价踊贵抛出套利，赚取巨额垄断利润。这种做法导致外地商人破产，商品滞销，同时也损害了汴京本地百姓和小商贩的利益。

魏继宗还指出，负责专卖商品和入中的榷货务，近年来钱货多有富余，但理财的官员却保守落后，无法使钱货流转增殖。据此，他进一步建议用榷货务积滞的钱财作为本钱，设置专门机构"常平市易司"干预市场，平抑物价。选任善于理财的官员和精明守法的商人审时度势，"贱则少增价取之，

开封城中的各行各业大多形成了各自的行会，并被大商人控制垄断。图为戏曲行业

[南宋] 佚名《杂剧打花鼓图》
故宫博物院藏

第四章　天下熙熙　皆为利来

令不至伤商；贵则少损价出之，令不至害民。"市易司调节物价，稳定市场，使"开合敛散之权不移于富民"，同时，"得取余息以给公上"，达到一举两得的目的①。换言之，就是平物价，抑兼并，并通过赢利增加国家的财政收入。

魏继宗的建议被王安石采纳了。很快，在魏继宗建议的基础之上，"市易法"的蓝本出台了。王安石领衔向宋神宗上奏，极言富商大贾垄断之害，"富商大室得以乘时射利，出纳敛散之权一切不归公上，今若不革，其弊将深"②。富商大贾垄断市场，攫取暴利，在王安石眼中，最关键的是控制商品流通的权力居然不在国家而在这些富商手中。如果不加以革除，危害会越来越大。为了革除富商垄断之弊，王安石设计了"市易法"——在京师汴京城设置机构"市易务"，置监官二、提举官一、勾当公事官一。③

---

① ［宋］李焘：《续资治通鉴长编》卷二三一，"熙宁五年三月丙午"条："先是，有魏继宗者自称草泽，上言：'京师百货所居，市无常价，贵贱相倾，或倍本数，富人大姓皆得乘伺缓急，擅开阖敛散之权，当其商旅并至而物来于非时，则明抑其价，使极贱而后争出私蓄以收之；及舟车不继而京师物少，民有所必取，则往往闭塞蓄藏，待其价昂贵而后售，至取数倍之息。以此，外之商旅无所牟利，而不愿行于途；内之小民日愈朘削，而不聊生。其财既偏聚而不泄，则国家之用亦尝患其窘迫矣。古人有言曰："富能夺，贫能与，乃可以为天下。"则当此之时，岂可无术以均之也！况今权货务自近岁以来，钱货实多余积，而典领之官但拘常制，不务以变易平均为事。宜假所积钱别置常平市易司，择通财之官以任其责，仍求良贾为之辅，使审知市物之贵贱，贱则少增价取之，令不至伤商；贵则少损价出之，令不至害民。出入不失其平，因得取余息以给公上，则市物不至于腾踊，而开合敛散之权不移于富民，商旅以通，黎民以遂，国用以足矣。'"中华书局，1995年，第5622页。
② ［宋］李焘：《续资治通鉴长编》卷二三一，"熙宁五年三月丙午"条，中华书局，1995年，第5623页。
③ ［宋］李焘：《续资治通鉴长编》卷二三一，"熙宁五年三月丙午"条，中华书局，1995年，第5623页。

市易务的经营过程大致是这样的：市易务根据行户的需要从客商那里收购货物，再赊贷给行户分销。行户以田宅金银等为抵押，从市易务赊贷货物或钱款，半年付息一分，一年二分。另纳相当于利息10％的市例钱。市例钱用于相关管理的吏员的俸禄开支。行户逾期不能还本付息则每月加罚息钱2％。行户赊贷钱物的数量不得超过抵押物的价值，拖欠市易务本息不能偿还者，其抵押的产业（房屋、田产等）就要被籍没拍卖，一时卖不出去就先出租，以租抵欠。自籍没家产日起免于罚息。拍卖收益超过所欠本息（包括罚息）的部分退还给行户①。

市易法同时强调，以上行为都要出于自愿，官方不能强行摊派抑勒。②

然而，作为市易法被提出的目的，也是其占据道德制高点的"平物价、抑兼并"，很快就被证明是难以实现的。

按照市易法设计的初衷，为了实现"平物价，抑兼并"的目标，市易务需要凭借自身雄厚的财力和行政强制力，在发觉哄抬物价现象发生时介入交易，以正常市场价格收购外来商人的货物，然后将货物赊贷给本地信誉良好的商人售卖。在这一过程中，市易务的大量资金流入市场，盘活了因垄断而陷于停滞的市场交易，保护了普通商人和百姓的利益③。

市易法如果按照最初的设计运行，其达到的最佳状态应

①　魏天安：《宋代市易法的经营模式》，载《中国社会经济史研究》，2007年第2期。
②　[宋]李焘：《续资治通鉴长编》卷二三一，"熙宁五年三月丙午"条，中华书局，1995年，第5623页。
③　高爽：《王安石新法的历史制度主义研究》，中央党校（国家行政学院）2019年硕士学位论文。

该就如曾布描述的那样——"必也官无可买,官无可卖,即是兼并不敢侵谋,而市易之法行也"①,也就是说,经过市易法的介入,民间大商不敢再行兼并之事,市场交易运行良好,则市易务也不用再介入市场交易,"官无可买,官无可卖",这才是市易法真正应该达到的效果。

可是,为了达到这个效果,市易法需要"贱则少增价取之,令不至伤商;贵则少损价出之,令不至害民"②的操作,就是当商品供过于求,价格下跌,商旅受损时,市易务酌情加价购买客商手中货物,以维护客商不至亏本;当商品供不应求,价格上涨,损害居民利益时,则将市易务库存货物降价出售,以保护民众不受损害。且不说在此过程中市易务库存货物的保存成本和损失,就说这种类似古已有之的常平仓的操作本质是"贵买贱卖",实际是市场交易正常规律的反向操作。这必然导致市易务必须始终做亏本买卖,才能实现"平物价,抑兼并"的目标。然而,王安石变法的核心是"民不加赋而国用足",要实现财政增收。如果市易法运行的结果是市易务常年亏本,又怎么能实现财政增收呢?

我们从市易务的经营过程就能看出来,为了解决这个问题,官府以放贷者的身份介入了商品流通。市易务"每岁收息钱二分。市易官以收息之多,岁岁被赏"③。官收二分年息,

---

① [宋] 魏泰:《东轩笔录》卷四,"曾布为三司使"条,中华书局,1988年,第46~47页。
② [宋] 李焘:《续资治通鉴长编》卷二三一,"熙宁五年三月丙午"条,中华书局,1995年,第5622页。
③ [宋] 李焘:《续资治通鉴长编》卷三九一,"元祐元年十一月戊午"条:"臣访闻市易本钱约一千二百万贯,其法每岁收息钱二分。市易官以收息之多,岁岁被赏,行之一十五年之间,若收息皆实,则子本自当数倍矣。"中华书局,1995年,第9508页。

贷给商人出售，是市易务赢利的基本方式，即以放贷收息的方式获得赢利。这使得市易务从成立之初就具有了谋利的性质。而一旦可以谋利，形成财政收入，则在实际操作中，掌握权力和资本的市易务机构本身的自利倾向，市易务上级财政机构对于开辟财源的孜孜以求以及市易务官员追求权力扩张与业绩提升的驱动，都会使得事态的发展滑向事与愿违的境地。尤其是王安石变法"民不加赋而国用足"这个财政增收的终极指标，必然导致为了满足指标，市易务官员将市易务的运作目标从"平物价，抑兼并"变为"增收"。

负责京师汴京市易务工作的提举在京市易务吕嘉问，是王安石一手提拔起来的变法派新锐。吕嘉问自熙宁五年（1072年）三月担任这一职务后的两年半中，一直是汴京市易务的主管官员。由于得到了王安石的大力支持，吕嘉问在汴京市易务事务中享有绝对权威，连他的上司，三司的主管薛向也不敢对他有所节制①。在吕嘉问的指挥下，市易务沿着运用手中权力谋利的道路越走越远。

吕嘉问首先指挥市易务全面插手京师市场的商品交易。据市易法的倡导者，市易务成立后一直供职其中的魏继宗向奉宋神宗之命进行调查的曾布供述，市易务完全背弃了市易法提出之初秉承的"贵买贱卖"以"平物价，抑兼并"的准则，而是动用权力，强制收购外地商人意图在京师出售的货

---

① ［宋］李焘：《续资治通鉴长编》卷二五一，"熙宁七年三月壬戌"条："初，吕嘉问以户部判官提举市易务，挟王安石势，陵慢三司使薛向，且数言向沮害市易事，安石信之……嘉问自知不直，虑间己，故先以沮害加之，使其言不信于安石。市易本隶三司，而嘉问气焰日盛，三司固多出其下。"中华书局，1995年，第6133页。

市易务的行为打击了汴京城的商业市场，图为《清明上河图》中汴京的商铺和摊贩

物。再强令商人行户，必须从市易务赊贷货物出售，实际上垄断了京师市场。在垄断的过程中，市易务大肆贱买贵卖，赚取垄断利润①。为了实现垄断，吕嘉问甚至动用暴力手段，对敢于与市易务进行商业竞争的商人，轻则拘留鞭打，重则抓捕拘役②。

至此，京师市易务在吕嘉问的指挥下，已经完全背离了市

①〔宋〕李焘：《续资治通鉴长编》卷二五一，"熙宁七年三月是月丁巳"条："辛酉，布对于崇政殿，具奏所闻于继宗者，曰：'嘉问等务多收息以干赏，凡商旅所有，必卖于市易，或市肆所无，必买于市易。而本务率皆贱买贵卖，重入轻出，广收赢余，诚如继宗所言，则是挟官府而为兼并之事也。'"中华书局，1995年，第6134页。
②〔宋〕李焘：《续资治通鉴长编》卷二五一，"熙宁七年三月壬戌"条："其实向于嘉问未尝敢与之校曲直，凡牙侩市井之人有敢与市易争买卖者，一切循其意，小则笞责，大则编管。"中华书局，1995年，第6133页。

汴京，汴京

易法设置的初衷，成了依靠官府权力垄断市场交易的垄断机构。在这种情况下，市易务确实消灭了民间富商大贾的"兼并"，因为按照曾布一针见血指出的那样，市易务已经是"官中自为兼并，殊非置市易之本意也"①，用官方的全方位"兼并"淘汰了民间的有限"兼并"。

市易务的官方垄断对京师汴京的商业市场形成了致命的打击。京师市易务垄断了外地商人商品的出售，极力压低商品的收购价格，而外来商人又无其他途径向京师本地商人行户自由售卖。在这种残酷的剥削下，外地商人要么破产歇业，要么避开京师汴京。在前几章中我们已阐明，北宋汴京城因其处于内河航运的枢纽位置，从而成为全国的物流中心。然而在市易务的威压之下，南来北往的客商不得不过都门而不入，绕过汴京进行长途贩运。这对于汴京城物流中心的地位以及建立在物流中心基础上的繁华商业市场无疑产生了釜底抽薪的效果，造成汴京商税收入锐减。京师市易务苛政之下的那点增收，甚至连商税的损失都无法弥补②。

然而，市易法实施下，最大的盈利点还不是垄断市场得到的垄断利润，而是"收息"。吕嘉问等市易务官员，甚至将"收息"作为考核市易务官吏业绩的指标，"以息钱多寡为官

———————

① ［宋］魏泰：《东轩笔录》卷四，"曾布为三司使"条："今吕嘉问提举市易，乃差官于四方买物货，集客旅，须候官中买足，方得交易，以息钱多寡为官吏殿最，故官吏牙人惟恐哀之不尽，而取息不伙，则是官中自为兼并，殊非置市易之本意也。"中华书局，1988 年，第 47 页。

② ［元］马端临：《文献通考》卷二十《市籴考一》："郑介夫熙宁六年进《流民图》，状言自市易法行，商旅顿不入都，竞由都城外径过河北、陕西，北客之过东南者亦然。盖诸门皆准都市易司指挥，如有商货入门，并须尽数押赴市易司卖，以此商税大亏。然则市易司息钱所获，盖不足以补商税之亏矣。"中华书局，2011 年，第 579 页。

吏殿最"①。毕竟，商人行户从市易务赊贷货物或钱款，半年付息一分，一年付息二分（即 20%）。另纳相当于利息 10% 的市例钱用于市易务吏员的俸禄开支。商人行户逾期不能还本付息则每月加罚息钱 2%。这才是市易务增收的真正主要来源。

尤其是在市易务"官中自为兼并"，商人行户出售商品必须从市易务进货的前提下，从市易务进货进行出售的京师本地商人行户，不但要承受市易务垄断下贱买贵卖的昂贵货物，还要在此基础上一年向市易务缴纳货值 20% 的息钱。这样一来，不但大大抬高了京师物价，还等于京师商人行户正常的商业利润中的极大一部分被强行搜刮至官府。京师的商人行户从市易务进货后，如果年利润率没有达到 20% 以上，不但赚不到钱，反而会倒欠市易务息钱。而一旦倒欠息钱，逾期不能还本付息，每月还要再被加罚 2% 的息钱，掉进无底黑洞，直到赔掉自己的田宅金银等抵押物。

市易务的罚息一直是贷款商人行户破产的重要原因。息钱与赊贷本钱正常状态下有固定比率即 20%，而罚息所得却是固定比率的息钱之外的额外收入。因此，市易务官吏为扩大政绩，更加重视征收"罚息"。市易法实施不久就成立了"市易抵当所"负责追讨本息和罚息②。

史书中记载了一个叫郭怀信的人，向市易务赊贷了盐钞，并且已经全数偿还本息。但因为他缴纳时过了期限，市易务罚息一千五百余贯，他缴纳了一百七十贯后，又被市易务要

---

① ［宋］魏泰：《东轩笔录》卷四，"曾布为三司使"条，中华书局，1988年，第 46～47 页。
② 魏天安：《宋代市易法的经营模式》，载《中国社会经济史研究》，2007 年第 2 期。

求增缴 130 余贯，并要求他将所有尚未缴纳的款项运送至宋夏边界的延州（今陕西延安）、同州（今陕西渭南大荔）缴纳。① 如此负担，大商人尚且难以承担罚息之巨以致破产，脆弱的中小商人行户的处境只能更加艰难。为此，王安石的弟弟王安礼曾向宋神宗直言，市易法的罚息直接导致民众的穷困，请求朝廷予以减免②。宋神宗也对罚息造成的危害有所耳闻，曾要求王安石调查很多百姓为了偿还市易抵当所的罚息被籍没家产乃至惨遭官府枷号的情况③。

既然市易务内部将获取息钱的多少设置为业绩指标，那么想尽办法增加息钱的收入就成为市易务下属官吏、牙人的工作重点，这刺激了他们对京师本地商人行户的盘剥。市易法制定时规定的"不得抑勒"和"不得过取利息"的原则在利益的诱惑下，成了一纸空文。在市易法的实际运行中，为了多收息钱，市易务官吏想方设法扩大放贷规模，于是强贷、诱贷现象十分严重。

按照市易法设置之初的规定，要想在市易务赊贷钱物，原本需要相应的抵押，以免官府利益受损。当时规定，赊贷

① ［宋］李焘：《续资治通鉴长编》卷二六六，"熙宁八年七月壬申"条："诏百姓郭怀信通市易司违限罚钱，听输同、延二州。先是，怀信自言请市易司盐钞，既纳本息，犹以纳不如期，罚钱千五百余缗，已纳百七十缗，而市易司又使增纳百三十缗，乞输同、延二州，省道路之费。上批'可勘会元请钱因依进呈'，而有是诏。"中华书局，1995 年，第 6525 页。
② ［元］脱脱等：《宋史》卷一八六《食货志下八》："先是，王安礼在开封日，有负市易钱者，累诉于庭。安礼既执政，言于帝曰：'市易法行，取息滋多，而输官不时者有罚息，民至穷困。愿诏蠲之。'"中华书局，1977 年，第 4553 页。
③ ［宋］李焘：《续资治通鉴长编》卷二五一，"熙宁七年三月庚戌"条："上又批问安石，百姓为贷市易抵当所钱，多没产及枷锢者。"中华书局，1995 年，第 6117 页。

者需要以田宅或者金银作为抵押。如果没有抵押，则需要找三人作为保人，每个保人都要出利息二成，赊贷者才能得到赊贷的资格①。而如果赊贷者身份是皇族宗室，则不需要抵押，只要找三人以上作为保人，经大宗正司出具身份证明，就可赊贷钱物②。

既然要想方设法扩大放贷规模，市易务官吏便在抵押和作保的资格上动足了脑筋。一种做法是市易务官吏诱惑并操纵商人行户高估抵押物价值，以便贷出更多钱物，从而获得更多收息。比如有民户"抵产只及一千贯，则与吏胥、邻保计会，估为二千贯"③，经过这番操作，抵押物被高估了一倍，则可以赊贷的本钱也多出了一倍。

还有一种做法是抓住皇族宗室申请赊贷不需要实物抵押，也不需要保人出钱，只需要大宗正司出具身份证明的机会，将市易本钱大量贷给腐化的皇族宗室成员，这同样大大增加了本金的风险。

更有市易务官吏，干脆不顾市易务只是一个调剂商业活动的机构，直接将普通平民作为赊贷的对象。这些官吏或直接蒙蔽民众，在京师民众"缓急丧葬之日"急需用钱的时候，

---

① ［宋］李焘：《续资治通鉴长编》卷二九六，"元丰二年正月己卯"条："市易旧法，听人赊钱，以田宅或金银为抵当，无抵当者，三人相保则给之，皆出息十分之二，过期不输息，外每月更罚钱百分之二。"中华书局，1995年，第7196页。

② ［宋］李焘：《续资治通鉴长编》卷二七一，"熙宁八年十二月丙申"条："都提举市易司言：'宗室赊请物，乞三人以上同保，经大宗正司出历赴务约度，并息不得过两月料钱之数，如输纳违限，取料钱历批上克折，限半年输足。'"中华书局，1995年，第6638页。

③ ［宋］李焘：《续资治通鉴长编》卷三七六，"元祐元年四月乙卯"条，中华书局，1995年，第9137页。

汴京城中卖眼药的小商贩

[南宋] 佚名《杂剧卖眼药图》
故宫博物院藏

第四章　天下熙熙　皆为利来

称是官府向民众提供贷款，允许民众用"银绢、米麦"抵押，这样的非法借贷名目多达七八种①。民众急于用钱，又听说是官府提供的贷款，无不乐意接受。结果偿还不起高额的本息，往往负债累累。更有官吏瞄准京中好吃懒做的无赖子弟，诱使他们以家产作为抵押借贷市易务的现钱②。市易钱本应贷给经商之人，而这种为多收息钱而刻意诱使平民赊贷的非商业贷款大量存在，必然使得市易钱演变为纯粹的高利贷，市易务逐渐转变成高利贷机构③。

市易务大量违规借贷给不具有清偿能力的民户，又因欠户本身的贫困，甚至破产，贷出的本钱实际上很难收回。然而，对市易务官员来说，因为欠户无法按时缴纳本息，每月还要再被加罚2%的罚息，使得相应账面上增加了应得的"息钱"。对以多收息钱作为指标的市易务官吏来说，欠户还不起，才能实现官吏们的利益最大化。

种种弊端之下，使得听起来能够大规模增收的市易法，在增收这一目标上也是乏善可陈。元祐元年（1086年），在废除市易法前后，时任右司谏的苏辙拿出了市易法执行12年

---

① ［宋］李焘：《续资治通鉴长编》卷二五二，"熙宁七年四月乙亥"条："中书奏事已，上论及市易事，参知政事冯京曰：'开封祥符县给散民钱，有出息抵当银绢、米麦，缓急丧葬之日，如此七八种，小民无知，但见官中给钱，无不愿请，积累数多，实送纳不得。'"中华书局，1995年，第6155~6156页。
② ［明］黄淮、杨士奇：《历代名臣奏议》卷三〇三，"宋神宗元丰三年直舍人院吕大防上奏"条："然吏或不良，乘民之急，而掊刻无已。徒欲收赢取赏，而不顾事体之宜与法令之本意。诱陷无赖子弟以隳产者有之，予民者高其物估以巧取息者有之，一物朝贵卖而夕贱买者有之。"上海古籍出版社，1989年，第3923~3924页。
③ 魏天安：《宋代市易法的经营模式》，载《中国社会经济史研究》，2007年第2期。

来的收益账目：历年来拨付的市易本钱 1226 万余贯；历年来市易总收入，即拨还原向内藏库等处所借款、朝廷已支用款、诸场务现存款三项的总和，共为 1267 万余贯。也就是说市易法运行 12 年实得现钱收益仅 38 万余贯[1]。尚比不上熙宁十年（1077 年）京师汴京城一年商税的收入[2]。

实行 12 年的市易法非但没有在财政收入上给北宋朝廷带来多大的收益，反而给汴京城的市场和社会留下了沉重的创伤。苏辙在同一份上奏中列出，到元祐元年（1086 年）时，京师竟有 27 155 户拖欠市易务贷款，共欠钱 227 万余贯。其中大户 35 户，酒户 27 户，欠钱 154 万余贯；小商贩和普通民众 27 093 户，约占欠钱总户数的 99%，共欠钱 83 万余贯[3]。这一直收不回来的 227 万余贯市易钱本息，却是"市易官以收息之多，岁岁被赏"[4]的虚假业绩的真实来源。

更为恐怖的是，市易务官吏当然不准备放过这些欠钱的民户。为了征缴欠款，京师市易务负责征缴事务的人力膨胀

---

[1]〔宋〕李焘：《续资治通鉴长编》卷三八三，"元祐元年七月壬午"条："市易本钱，前后诸处拨到，共计一千二百二十六万余贯；中间拨还内藏库等处，共计五百三十万余贯；朝廷支使过，共计三百八十四万余贯；即今诸场务见在，共计三百五十三万余贯。将此三项已支、见在计算，已是还足本钱。"中华书局，1995 年，第 9336 页。

[2] 熙宁十年（1077 年）汴京城商税收入见〔清〕徐松：《宋会要辑稿》食货一五之一："东京都商税院：旧不立额，熙宁十年，四十万二千三百七十九贯一百三十七文。"上海古籍出版社，2014 年，第 6293 页。

[3]〔宋〕李焘：《续资治通鉴长编》卷三八三，"元祐元年七月壬午"条："见今欠人共计二万七千一百五十五户，共欠钱二百二十七万余贯。其间大姓三十五、酒户二十七，共欠钱一百五十四万余贯；小姓二万七千九十三户，共欠钱八十三万余贯。"中华书局，1995 年，第 9336 页。

[4]〔宋〕李焘：《续资治通鉴长编》卷三九一，"元祐元年十一月戊午"条，中华书局，1995 年，第 9508 页。

到近千人，他们在汴京城中日夜骚扰欠户。为了防止欠户逃亡，市易务白天"差人监逐"，夜晚"公行寄禁"。对欠户"得钱即放，无钱即禁，榜笞捶缚，何所不至"①。鉴于元丰年间（1078—1085年）京师汴京的民户总户数也只有235 000余户②，则汴京超过九分之一的民户在市易法的运作中被强行逼勒赊贷，从欠朝廷钱物，惨遭市易务刻剥敲诈。原本兴盛繁荣的汴京商业社会，就这么在短短12年中被市易法变成了小商人与普通民众的活地狱。

有鉴于此，宋神宗去世后，在高太皇太后和司马光主持下的"元祐更化"中，市易法被废止了。

我们将目光回转到熙宁七年（1074年），宋神宗听闻市易法的种种负面效果后，派遣权三司使曾布进行调查，并得到了曾布在调查之后开列的京师市易务主官吕嘉问的种种不法行为和市易法在运行中暴露的种种问题。在曾布弹劾吕嘉问时，王安石给予了吕嘉问全力支持。王安石无视事实，反而对曾布十分反感，把这个昔日的变法派战友视作"沮害"新法之人，并向宋神宗提出辞去相位，以要挟宋神宗加派吕惠卿与曾布一同调查市易违法之事。当吕嘉问违法事实和市易

① [宋] 李焘：《续资治通鉴长编》卷三八三，"元祐元年七月壬午"条："市易催索钱物，凡用七十人，每人各置私名不下十人。掌簿籍行文书，凡用三十余人，每人各置贴写不下五人，共约一千余人。以此一千余人，日夜骚扰欠户二万七千余家。都城之中，养此蟊贼，恬而不怪……市易之法，欠户拖延日久，或未见归着，及无家业之人，皆差人监逐，遇夜寄禁。既有此法，则一例公行寄禁，然吏卒顽狡，得钱即放，无钱即禁，榜笞捶缚，何所不至？若不别作擘画，则日被此苦者不知其数。"中华书局，1995年，第9336~9337页。
② [宋] 王存：《元丰九域志》卷一《东京》："东京，开封府……户。主一十八万三千七百七十，客五万一千八百二十九。"中华书局，1984年，第2页。

法的弊端被大量揭露之后，王安石发现自己已经失去了宋神宗的信任，于是坚决请辞，第一次罢相，他推荐同样敌视曾布的吕惠卿执政。吕惠卿升任参知政事后，就包庇吕嘉问，并派遣与曾布有矛盾的章惇审查曾布。最终市易法之争以变法派内斗，王安石罢相，吕嘉问和曾布双双被贬出京结束。

宋神宗对根究市易司违法事件的态度，表现得十分软弱和动摇。他原来惊诧于市易法在运行过程中的害民问题才会连夜下手札支持曾布彻查。但当王安石矢口否认曾布的揭发，并以辞职相要挟时，他就软了下来，不敢再支持曾布。最后甚至听任王安石、吕惠卿打击处罚曾布。王安石罢相后，在吕惠卿的包庇纵容下，吕嘉问很快又开始升官。对市易司的违法行为，宋神宗此后也采取了姑息态度。在熙宁七年（1074 年）的这次风波之后，市易法还能继续在全国推行 10 年，市易务的违法行为也并没有被制止，都与宋神宗姑息的态度密不可分①。在宋神宗与吕惠卿等的纵容之下，市易法向着害民的方向越陷越深。

市易法对汴京城的影响是巨大的，而它的演变是北宋很多政策、法规演变的典型范例。政策初始制定时意图、目的明确，执行过程中逐渐走样直至最后演变成与初衷截然相反的状况，这样的例子在宋代屡见不鲜。这种演变背后，宋代官府的现实选择和行为逻辑，决定了汴京城乃至整个北宋的兴盛与衰落。

---

① 俞兆鹏：《论北宋熙丰变法时期的市易法（续）》，载《江西社会科学》，1988 年第 2 期。

选择：放水养鱼还是涸泽而渔

宋仁宗时，有一位著名的词人宋祁（就是名句"红杏枝头春意闹"的作者）在朝为官。有一天，他来到京师汴京城郊外，在田间地头遇到了一位老农。我们的宋大词人向老农打招呼道："老人家田间劳作，栉风沐雨，非常辛苦啊！今年收成不错，少的人家收获了上百个圆仓（粮食），多的人家收获了上万箱，这是老天爷的保佑、皇帝的恩赐啊！"

宋祁的话马上召来了老农的反驳，老农说："你的话真是庸俗鄙陋！你根本不懂得农业生产是怎么回事呀！春天地气上升、土地润湿，夏天太阳暴晒，我都竭尽力气拼命干活，割草、拔草、整地，才能不错过农时。秋天万物收敛。冬季万物伏藏。我召集全家，抓紧时间修盖草屋，整治土地，恢复地力。今天所获得的丰收，完全是靠我自己的努力得来的，哪里是什么老天爷的保佑？我自食其力，依法纳税，官府不能剥夺我劳动的权利，也不可以抢走我税后的余粮。今日的收成与欢乐，都是我应该享有的，哪里是皇帝的恩赐？我年岁大了，经历的事多了，从来没有见过不努力劳作而可以靠老天爷的保佑、皇帝的恩赐过上好日子的。"说完老农头也不回就走了①。

---

① ［宋］宋祁《景文集》卷九八《录田父语》："先生乃揖田父，进而劳之曰：'丈人甚苦暴露，勤且至矣！虽然，有秋之时，少则百囷，大则万箱。或者其天幸然！其帝力然！'田父俯而笑，仰而应，曰：'何言之鄙也！子未知农事矣。夫春膏之烝，夏阳之暴，我且踦跂竭作，杨芟捽屮，以趋天泽；秋气含收，冬物盖藏，我又州处不迁，亟屋除田，以复地力：今日之获，自我得之，胡"幸"而"天"也？且我俯有拾，仰有取，合锄以时，衰征以期，阜乎财求，明乎实利，吏不能夺吾时，官不能暴吾余：今日乐之，自我享之，胡"力"而"帝"也？吾春秋高，阅天下事多矣！未始见不昏作而邀天幸，不强勉以希帝力也。'遂去不顾。"

故事里这位宋代汴京城郊的老农明确指出丰收完全是自己辛勤劳动的结果，根本不是上天的恩赐，也与皇帝无关。这种言论，代表了宋代民间产生的新观念——把个人财产与皇帝、官方区分开来①。这种新观念的产生，是时代和社会演变的结果，也是引发一系列变化的缘起。

第二章中，我们曾经描述过秦汉至唐前期传统社会的崩溃和唐后期至宋新的社会形态的形成。最为基础的变化之一就是私有制的迅速发展。唐中期以前，国家通过占田制、均田制调整土地关系维持土地占有的稳定②。以均田制为代表的中古的田制，其显著特点就是限制占田的数量，限制土地兼并和私有制的发展。理论上，在这种田制之下，民间土地等财产来自君主，官府实行土地的授予与调整。

然而，自从中唐以来土地买卖日渐频繁，以至宋代有"千年田换八百主"之说。这样，中古田制再也难以实行。土地摆脱了中古田制的束缚，均田制瓦解，"田制不立"代之而起。均田制瓦解意味着限制土地私有的制度废除，土地私有制得到保障，大力发展，并占据了主导地位③。

因此，到了宋代，无论在理论上还是实际上，民间就如前面提到的那位汴京老农那样，都认为土地财产并非来自皇帝，而是自己购置的，土地自由买卖流通，人的贫富不断变化。土地财产所有权和社会经济在一定程度上不再世袭、固

---

① 程民生：《论宋代私有财产权》，载《中国史研究》，2015 年第 3 期。
② 林文勋：《商品经济与唐宋社会变革》，载《中国经济史研究》，2004年第 1 期。
③ 黄纯艳：《唐宋变革论与宋代经济史研究》，见林文勋、黄纯艳主编：《中国经济史研究的理论与方法》，中国社会科学出版社，2017 年，第394~396 页。

化，而是自由发展。在这样的时代背景下，当如怒斥宋祁的那位老农一样，大多数人相信不是皇帝养民众，而是民众自己养自己时，君民关系、官民关系对立逐渐明显[1]。

私有制的发展，不仅仅发生在农业领域。总体来说，宋代经济的各个领域，私有制的发展都具备一个显著的特征。私有制使人民对生产资料和劳动成果的占有得到了更大的保障，激发了劳动者的积极性和创造力，这对经济发展的刺激是非常明显的[2]。

在私有制的发展过程中，伴随着商品经济的快速发展和城镇化的高速推进以及随之而来的君民关系、官民关系的对

---

[1] 程民生：《论宋代私有财产权》，载《中国史研究》，2015 年第 3 期。
[2] 黄纯艳：《唐宋变革论与宋代经济史研究》，见林文勋、黄纯艳主编：《中国经济史研究的理论与方法》，中国社会科学出版社，2017 年，第 394~396 页。

立，唐中期至宋代的官员越来越发现，不能再简单依靠传统的统治手段实行统治了。对统治者来说，在社会基本面发生巨大变化的时候，不得不调整治理手段以适应新的变化。

在秦汉至唐前期的传统社会中，政权实施统治主要依靠管制为主的统治方式，统治者依靠国家权力通过命令禁戒等手段实行管制，强制被统治者遵守、服从官府提出的要求。政府以管制为主来统治，如限制民众的迁徙自由，强迫民众交纳赋税、服劳役，对民众实行人身控制，限制土地等生产资料私有等。管制为主的统治会限制民众的自愿性和私人活动，压制私有制的发展，可能使生产者失去积极性、主动性，导致经济上的无效率性、高成本、低质量，严重的可能激化冲突酿成民变①。

唐中期以前，国家机器主要依靠管制模式下农业的赋税、劳役的支持。然而在私有制极大发展、国家对民众的人身管制松弛、商品经济日渐发达的晚唐至宋代，再依赖农业税收和建立在人身管制之上的劳役维持政权已经难以为继。宋代人已经明显意识到，庞大的军队、政府机构的负担，已经不可能靠农业收入来支撑了②。

当时已有人认识到工商业的兴盛体现出的私营工商业自由竞争的优越性。于是，他们纷纷主张应对私营工商业因势利导，官府再以税收等手段进行分肥，达到官民共利。北宋

---

① 方宝璋：《略论宋代政府经济管理从统治到治理的转变》，载《中国经济史研究》，2014 年第 3 期。
② ［宋］李焘：《续资治通鉴长编》卷一四三，"庆历三年九月癸巳"条下"谏官余靖言"条："今三边有百万待哺之卒，计天下二税上供之外，能足其食乎？故茶盐酒税、山泽杂产之利，尽归于官，尚犹日算岁计，恐其不足。"中华书局，1995 年，第 3462 页。

时期有不少执政官员已经主张如此操作。最著名的，当属宋仁宗朝"庆历新政"的主导者范仲淹和他的支持者欧阳修。

范仲淹就认为，国家应该放开对盐茶等专卖品的禁榷，"诏天下茶盐之法，尽使行商"，因为国家放弃垄断只对商贾征税，不但能减轻农民的税务负担，促进农业生产，而且无损于政府财政收入①。欧阳修就更加明确地提出过"大国之善为术者，不惜其利而诱大商：此与商贾共利，取少而致多之术也"②。

而想发展工商业，传统以管制为主的统治手段已经成了明显的阻碍，宋代的经济管理出现了划时代的变革，即从以管制为主的"统治"逐渐转变为以协调为主的"治理"③。就如司马光总结的"善治财者，养其所自来，而收其所有余"，才能达到"用之不竭而上下交足"的双赢效果。这种"养其本原而徐取之"的理念使得"放水养鱼"式的经济政策成为宋代经济史有别于前代的一大特点④。

---

① ［宋］李焘：《续资治通鉴长编》卷一五一，"庆历四年七月丙戌"条下"先是范仲淹言"条："天下茶盐出于山海，是天地之利以养万民也。近古以来，官禁其源，人多犯法。今又绝商旅之路，官自行贩，困于运置。其民庶私贩者徒流，兵稍盗取者绞配，岁有千万人罹此刑祸。是有司与民争利，作为此制，皆非先王之法也。及官贩之利，较其商旅，则增息非多，而固护其弊未能革者，俟陛下之睿断尔。臣请诏天下茶盐之法，尽使行商，以去苛刻之刑，以息运置之劳，以取长久之利，此亦助陛下修德省刑之万一也。"中华书局，1995年，第3672~3673页。
② ［宋］李焘：《续资治通鉴长编》卷一二九，"康定元年十二月乙巳"条下"其三"条，中华书局，1995年，第3069页。
③ 方宝璋：《略论宋代政府经济管理从统治到治理的转变》，载《中国经济史研究》，2014年第3期。
④ ［宋］司马光：《司马光集》卷二三《论财利疏》："何谓养其本原而徐取之？善治财者，养其所自来，而收其所有余，故用之不竭而上下交足也。不善治财者反此。夫农工商贾者，财之所自来也。农尽力，则田善收而谷有余矣，工尽巧则器斯坚而用有余矣，商贾流通则有无交而货有余矣。彼有余而我取之，虽多不病矣。"四川大学出版社，2010年，第616页。

山西运城（北宋
河东路解州所在
地）盐池。盐池
所产的解盐是北
宋入中贸易的重
要经济支撑

宋代出现了第一次大规模的官退民进浪潮，国家越来越
多地退出经济的直接经营，把更多的经济空间让渡给民间[①]。
最典型的例子就是贡献了宋代财政收入相当一部分的专卖制
度即禁榷制度。

宋代沿袭前代，对盐茶等物资实行禁榷即专卖。这一措
施始创于战国时期齐国管仲的莞山海政策，在西汉武帝时期通
过桑弘羊推行的盐铁专卖得到继承和扩大。"禁榷制度是封建
国家对某些最为有利可图的工商业行业实行政府垄断经营以获
取暴利。是官营国有的垄断性工商业经营，直接为国家财政
服务，是帝制中央集权对社会经济发展的强力干预和控制。"[②]

---

① 黄纯艳：《唐宋变革论与宋代经济史研究》，见林文勋、黄纯艳主编：
《中国经济史研究的理论与方法》，中国社会科学出版社，2017年，第
394~396页。
② 刘玉峰：《唐代的禁榷制度的发展变化》，载《学术研究》，2004年第2期。

时代发展到唐代中期以后，随着商品经济的发展，唐政府已经开始在禁榷的生产、销售、分配诸环节引入商办、民办因素[①]。

到了宋代，统治者"已经懂得，把政治利益绝对化是会损害经济利益的，所以他们转而从经营、核算、成本、利润等方面来抓具体的经济利益，从经济利益中去体现'最大的政治'"[②]。统治者发现国家垄断达不到利益最大化，便与商人合作，只是由国家牢牢掌握控制权，确保专卖商品在市场上流通，从而产生最大化利润[③]。

根据学者研究，宋代的禁榷即国家专卖的形式有五种。

第一种，从生产、运输到销售，全部由封建国家进行，但在所有征榷制度中，这类征榷所占比重最小，只有部分解盐和蜀川官盐井的产盐是采取这种形式的。

第二种，国家不直接进行生产，而是仅给茶、盐、矾等专业户提供一定的本钱，全部产品统一由国家收购，国家自己出卖，或者转由商人销售。

第三种，国家控制产品的流通过程，对香药之类就是如此。国家不进行生产，将进口的香药之类舶来品，用抽解、和买的办法，将其全部或一部分掌握在国家手中，然后通过榷货务转卖给商人出售。

第四种，国家既不控制生产领域，也不控制流通领域，

① 刘玉峰：《唐代的禁榷制度的发展变化》，载《学术研究》，2004年第2期。
② 赵俪生：《试论两宋土地经济中的几个主流现象》，载《文史哲》，1983年第4期。
③ 李华瑞：《宋代的财经政策与社会经济》，载《中国社会科学》，2022年第7期。

准许生产者出售给商人，由商人进行销售。嘉祐以后的东南茶法就是采取这种自由贸易形式，国家向生产者征收茶租，向商人征收茶税。

第五种，国家既不直接插手生产领域，也不直接插手流通领域，但采取了更加严密的管理制度，从而保证国家的征榷之利。蔡京集团对茶、盐法的变革大体上使用了这一形式，南宋则继续了这种做法。①

在这五种方法中，除了最少见的第一种，其余常见的四种分别在生产、流通、销售不同的环节上引入民间商人，利用市场关系和商品经济的规律与特点，让出部分利润来达到占有利润最大化的目的②。

除禁榷专卖领域外，宋代官方还大量引入了民营经济的力量，在其他的手工业和商业领域也是如此。宋代发达的制瓷业、纺织业、矿冶业以及海外贸易等领域，民营经济都占据了主导地位，相应的官营经济也通过多种方式向民间开放③。

宋代统治者除放开大范围的经济领域让渡给民营经济外，还将民营经济引向财政支出领域。他们利用民营经济比起官方行政手段更高效更快捷的特点，诱使民间商人发挥优势，完成很多官方用管制手段原本要付出巨大成本甚至根本无法完成的任务。

最典型的例子，就是上一章中我们提到过的入中制度。

---

① 漆侠：《宋代经济史》，上海人民出版社，1988年，第920页。
② 李华瑞：《宋代的财经政策与社会经济》，载《中国社会科学》，2022年第7期。
③ 黄纯艳：《唐宋变革论与宋代经济史研究》，见林文勋、黄纯艳主编：《中国经济史研究的理论与方法》，中国社会科学出版社，2017年，第394~396页。

第四章　天下熙熙　皆为利来

为了满足西北边境与辽夏对峙的大规模驻军以及开战后更大规模的军需供应，北宋官府开始有意识地顺应市场价值规律，利用商人趋利的本性，以价格作为杠杆撬动民营经济为政府的军事活动提供后勤支持。北宋官方对商人入中到边境地区的粮草等军需物资的定价远远高出其实际商品价值和当地的市场价格，称为"虚估""加抬"。以现钱或茶盐等禁榷专卖商品支付，从而使入中商人在高昂的成本之外，仍可获得丰厚的商业利润。

尤其是在战争期间，粮草等军用物资的需求量巨大且往往时间紧迫，此时宋政府往往不惜重利诱使商人入中。"虚估""加抬"后向商人开出的价码大致是平时利润的二三倍①。在特殊情况下，甚至能达到原价的数倍之多②。毕竟，如果没有高额的报酬，商人不会轻易冒险长途跋涉贩运。

北宋政府在战时财政相当困难的情况下，愿意以如此优厚的价格吸引商人入中，是因为如果相同的任务由官府出面组织，花费的成本恐怕会达到物资原价的十几倍甚至更多，远远高于高价入中的成本。在此过程中，官府还不得不动用管制手段强行征发民夫进行运输，更加容易引起民间动荡，导致社会的不稳定。相比之下，入中虽然看上去开销甚大，但对北宋官府来说其实是相当高效省钱的选择。

宋代一改之前朝代在重农抑商政策的指导下官府与工商

---

① ［宋］张方平《乐全先生文集》卷一八《对手诏一道》："三边税赋支赡不足，募客人入中粮草，三司于在京给还钱帛，加抬则例，价率三倍。"见《宋集珍本丛刊》第 5 册，线装书局，2004 年，第 539 页。
② ［元］脱脱等：《宋史》卷一八三《食货志下五》："茶之为利甚博，商贾转致于西北，利尝至数倍。"中华书局，1977 年，第 4479 页。

战争推动了入中制度的施行。图为宋画中的军人

[北宋] 李公麟《免胄图》（局部）

台北故宫博物院藏

业主的强制关系，而是引导利用民营经济完成政府任务，这样做的结果，实际上构成了某种意义上的平等自愿的合作关系。如招诱商人入中的官府与入中商人之间的经济关系，不是采用行政性管制的强制手段来维持，而是以市场性的价格为杠杆，通过讨价还价，最后达成相互协调合作。入中制度中商人的进入与退出，基本上是一种市场性的平等自愿的经济行为，不带有行政强制色彩①。

与此同时，商人因利薄或无利可图而拒绝参与入中的情况，在北宋相关史料中也是屡见不鲜②。

---

① 方宝璋：《略论宋代政府经济管理从统治到治理的转变》，载《中国经济史研究》，2014 年第 3 期。

② 如［宋］李焘：《续资治通鉴长编》卷一〇〇，"天圣元年正月壬午"条："券之滞积，虽二三年茶不足以偿，而入中者以利薄不趋，边备日蹙，茶法大坏。"中华书局，1995 年，第 1314 页。

官府虽然仍然是处于相对强势主导的一方，但也不得不在一些关键问题上征询民间商人的意见。比如宋仁宗时，在朝堂上行政、军事、财政、监察等各部门最高长官商议茶法时，也需要"召商人至三司访以利害"，也就是说要找茶商征求意见[①]。

但是，在时代和社会的剧烈变化面前，统治者上千年来形成的固有统治模式和逻辑，并不能快速地随着社会的改变而改变，而是根深蒂固地反映在统治者的行为中，阻碍着社会的变化。

在宋代，传统秦汉唐社会中居于统治地位的"利出一孔"经济思想，依旧对宋代统治者的行为产生着巨大的影响。

与上文所说官府向民间开放工商业经济领域让利于民以"放水养鱼"的思路截然相反，传统的"利出一孔"思想来自春秋战国时期的《管子》和《商君书》[②]，主张国家以行政权力直接参与进入商业领域获取经济利益，以此充实国家财政。

---

① [宋] 李焘：《续资治通鉴长编》卷一一八，"景祐三年正月戊子"条："戊子，命知枢密院事李谘、参知政事蔡齐、三司使程琳、御史中丞杜衍、知制诰丁度同议茶法……时三司吏孙居中等言，自天圣三年变法，而河北入中虚估之弊，复类乾兴以前，蠹耗县官，请复行见钱法。度支副使杨偕亦陈三说法十二害，见钱法十二利，以谓止用三说所支一分缗钱，足以瞻一岁边计。故命谘等更议，仍令召商人至三司访以利害。"中华书局，1995 年，第 2773 页。

② [先秦] 管仲著，[清] 黎翔凤校注：《管子校注》卷二二《国蓄》："利出于一孔者，其国无敌；出二孔者，其兵不诎；出三孔者，不可以举兵；出四孔者，其国必亡。先王知其然，故塞民之养，隘其利途。故予之在君，夺之在君，贫之在君，富之在君。故民之戴上如日月，亲君若父母。"中华书局，2004 年，第 1262~1263 页；[先秦] 商鞅著，蒋礼鸿撰：《商君书锥指》卷五《弱民》："利出一孔则国多物，出十孔则国少物。守一者治，守十者乱。治则强，乱则弱。强则物来，弱则物去。故国致物者强，去物者弱。"中华书局，1986 年，第 124 页。

"利出一孔"在实际操作上具有鲜明的特征：垄断、抑商、强制。官府控制货币铸造权和盐铁等基本生活物资的所有权；官府以官商的形式进入商业领域与富商巨贾展开竞争，把原本富商巨贾获得的经济利益转移到国家手中；硬性颁布行政命令，以保证官府在经济活动中的有利地位[①]。

我们可以看到，虽然北宋官方在禁榷即专卖各个环节中引入了民间商人，但"官府控制货币铸造权和盐铁等基本生活物资的所有权"却是始终牢牢秉持，不曾放松过分毫的。范仲淹呼吁的彻底取消禁榷终究没有实现。官府以官商的形式进入商业领域与颁布行政命令保证官府在经济活动中的有利地位，我们在上一节已经有了清晰的了解。

对于"利出一孔"模式在新的社会环境中的低效和破坏性，当时的有识之士并非没有认识到，就如欧阳修指出的那样，如果在禁榷制度的运行中官府想把所有专卖利益都收入囊中的话，在实际运作中只会适得其反，所得利益还不如开放通商后与商人分肥的收益来得大[②]。

然而，"利出一孔"模式可以在短期内用涸泽而渔的方式连本带利彻底压榨出目标的所有经济价值，其代价就是对相关领域内整个商业经济生态的毁灭性打击。因此，尤其在北

---

① 耿振东：《轻重学说在宋代的接受与实践》，载《北方论丛》，2010 年第 3 期。
② [宋] 李焘：《续资治通鉴长编》卷一二九，"康定元年十二月乙巳"条："然为今议者，方欲夺商之利，一归于公上而专之。故夺商之谋益深，则为国之利则益损。千日有司屡变其法，法每一变，则一岁之间所损数百万。议者不知利不可专，欲专而反损，但云变法之未当。变而不已，其损愈多。夫欲十分之利皆归于公，至其亏少，十不得三，不若与商共之，常得其五也。"中华书局，1995 年，第 3069 页。

宋朝廷遭遇财政严重压力时，这一模式会成为统治者自然而然的首选模式，成为官府应对严重财政危机增加财政收入的重要途径。

于是，我们可以看到，在北宋的经济政策运行中，"放水养鱼"与"涸泽而渔"不断交替甚至并行出现，成了影响汴京城乃至整个国家发展的重要因素。而汴京的盛衰变化，也正是在这对矛盾的演化中走向不可挽回的终局。

从"未尝不善"到法为民害

有宋朝人感叹本朝制度，"立法初意，未尝不善。法久弊生，未尝不为民害"①。本章第一节中我们就详细描述了，王安石主持的熙宁变法中，原本立法之意良善的市易法，在只为打破豪商巨贾垄断民间市场，侵害普通民众和小商小贩利益的弊端的愿景下提出，但是在实际的运行中逐渐演化成刻剥害民的结果，最终对原本繁荣兴盛的汴京城商业市场和商人造成了巨大伤害，甚至殃及平民。

按照上一节最后的总结，在北宋的经济政策运行中，按"放水养鱼"思路制定的政策，最后却以"涸泽而渔"的思路执行。这样的例子在北宋历史上，在京师汴京的历史上，其实并不罕见。这些法、制度、措施，仔细分辨之下，其实还是有本质区别的。

---

① [宋] 俞文豹：《吹剑四录》，"立法初意"条，见《全宋笔记》第七编第五册，大象出版社，2016年，第183页。

其中一类，典型案例如我们在第一节中描述的市易法，还有如熙宁变法中另一个对汴京城的商业和社会生活产生了重大影响的新法——免行法。

随着中晚唐至宋代商品经济的大发展，汴京城的商业繁荣前所未有。按照经营的种类不同，汴京的商人和手工业者分为很多行，每行都建立有本行的行会。根据学者的推算，北宋汴京城的行数在三百至四百行左右①。这数百个行覆盖了东京汴京城的商业、手工业、服务业等各个行业，基本满足了汴京城市民日常生活的全部需求②。

然而，行的建立并不是随意的，汴京城中大部分工商行业结成了行会，但也有的行业并无行会的存在。这就关系到行会建立的另一个重要因素——官府的科配。"科配"的本意是官府强制性摊派，其中分为强制性摊派购买，称为"科买"；强制性摊派出售，称为"科卖"；还有强制性租赁、借贷、服役等③。宋代的"科配"分广义和狭义两种。广义的"科配"是与"正税"相对应的概念，指正税之外的一切苛捐杂税④。而狭义的"科配"则是与"差役"相对的概念，指专门行之于城市的官府强制性摊派，这种摊派大多采取有偿的形式。在一般情况下，这种"科配"是由城市中的工商业行户承担的⑤。

行会的出现，在宋代人的记载中，正是官府为了满足

---

① 周宝珠：《宋代东京研究》，河南大学出版社，1992年，第266页。
② 周宝珠：《宋代东京研究》，河南大学出版社，1992年，第263页。
③ 魏天安：《宋代行会制度史》，东方出版社，1997年，第63页。
④ 王曾瑜：《宋代的科配》，载《中国史研究》，1990年第3期。
⑤ 魏天安：《宋代行会制度史》，东方出版社，1997年，第66~67页。

"科配"需求，按照相应的行业设置的①，所谓"京师百物有行，官司所须，皆并责办"②。行会设立之初，本质是"封建政权对工商业者进行统治和征敛的工具"。其源头是唐代在封闭集中的"市"内设置"行"作为官府管理市场和佥派徭役工具的传统操作③。即官府需要采购什么商品、服务，就会相应地要求设立什么行业的行会。比如皇宫、官府需要果品供应，就会设立果子行；需要牲畜供应，就设立牛行、马行等④。行会设立之后，一些不再承接官府"科配"任务的行业，也喜欢用某某行来命名自己所在的行业⑤。

"行"的设置是为了应付官府的摊派，行会中的成员称为行户，行户有义务承担官府的摊派任务以及相关的一些服务，称为行役。其内容主要有三项：其一，负责按官府要求供应其所需购买的物资、服务；其二，评价市场物价（称为

① ［宋］灌圃耐得翁：《都城纪胜》，"诸行"条："市肆谓之行者，因官府科索而得此名。不以其物大小，但合充用者，皆置为行。虽医卜亦有职，医克择之差占，则与市肆当行同也。"中华书局，1956年，第91页。［宋］吴自牧：《梦粱录》卷一三，"团行"条："市肆谓之团行者，盖因官府回买而立此名。不以物之大小，皆置为团行。虽医卜工役，亦有差使，则与当行同也。然虽差役，如官司和雇支给钱米，反胜于民间雇倩工钱，而工役之辈，则欢乐而往也。"中华书局，1956年，第238~239页。记载"行"是官府为了"科索""回买"而"置""立"的。
② ［宋］李焘：《续资治通鉴长编》卷二四四，"熙宁六年四月庚辰"条："初，京师百物有行，官司所须，皆以责办，下逮贫民、负贩，类有陪折，故命官讲求。"中华书局，1995年，第5935页。
③ 高寿仙：《"行业组织"抑或"服役名册"？》，载《北京大学学报（哲学社会科学版）》，2011年第6期。
④ 李晓：《宋朝政府购买制度研究》，上海人民出版社，2007年，第395~396页。
⑤ ［宋］灌圃耐得翁：《都城纪胜》，"诸行"条："内亦有不当行而借名之者，如酒行、食饭行是也。"中华书局，1956年，第91页。

"时估"）；其三，鉴定官府买卖物资的质量价值[1]。

行会承担了官府摊派采购物资和服务的需求，自然也不会一无所得。按宋代制度，行会所承担的行役中，官府向民间收购商品时，其价格须由官府与行会商人共同商定，每月三旬，每旬一评，称作"时估"[2]。之后的一旬之中，行户即按时估价格向官府提供物资。评估市场物价的"时估"是行役的另一项重要内容，通过这项任务，行会商人从官府手中获得了部分定价权，可以在评定时估的过程中反映自己的意见并保护自己的利益，能够在一定程度上制约官吏的敲诈勒索[3]。更有甚者，行会中的大商人在一定程度上可以操控评估价格垄断货源，坑骗利益[4]。

同时，行会借承接官府"科配"的便宜，利用官府势力，垄断行业市场，排斥未进入行会的同业者。最典型的，是我们在第二章中龚美的故事中提到过的，想在汴京城中从事有行会的职业，按照规定，入行者需要先到官府登记，然后申请加入相应的手工业行会。不加入相应的行会，是无法在汴京城从事相关行业活动的。而加入行会时，需要交纳一笔不菲的"行例"，即入会费。这自然给当时当地商业的自由发展制造了强大的阻碍。当然，能够运作操纵时估和垄断市场的，自然是拥有势力的豪商大贾，行会中大多数的中小商人是不可能有这种权力的。

---

① 李晓：《宋朝政府购买制度研究》，上海人民出版社，2007年，第395页。
② 姜锡东：《宋代商人的市场垄断与政府的反垄断》，见《宋史研究论丛》第3辑，河北大学出版社，1999年，第146~166页。
③ 李晓：《宋朝政府购买制度研究》，上海人民出版社，2007年，第398页。
④ 姜锡东：《宋代商人的市场垄断与政府的反垄断》，见《宋史研究论丛》第3辑，河北大学出版社，1999年，第146~166页。

第四章　天下熙熙　皆为利来

行会中广大中小行户商人所面对的，是官府"科配"制度中充满的强制性和残酷性。一方面，行户如果不能按时保质保量地完成为官府提供物资的任务，就会受到严厉的处罚。宋代史料中，甚至记载有行会商人因为无法提供官府摊派购买的粮食，不得不上吊自杀的惨剧[1]。行会的大小行商中，真正会面临难以完成任务局面的，恰好是广大中小行户商人。

另一方面，官府的科配摊派利用权力强制实行，带有明显的掠夺性。交易双方的官府和行会商人，尤其是中小行会商人处于极不平等的位置上，因此常常出现官府在科配采购物资时拖延价款甚至分文不给的情况。如负责在京城市场为

---

① ［宋］李焘：《续资治通鉴长编》卷二五一，"熙宁七年三月辛酉"条："昨米行有当旬头曹赟者，以须索糯米五百石不能供，至自雉经以死。"中华书局，1995 年，第 6131 页。

宫廷以及驻京的各政府机关采购物资的杂买务，就经常整年整年地拖欠货款，京师行会商人因此叫苦不迭①。

官府的科配还时常向行会商人摊派采购"非民间用物"或民间少见之物，逼得行会商人不得不花费数倍价格购买以应付官府的需求②，这也使不少商人赔本折业，甚至窘迫致死。面对官府的横征暴敛，广大中小行户商人相对大商人而言，更可能陷入倾家败产的悲惨境地。

一直以来的科配行役制度暴露出豪商大贾借以垄断市场、中小商人惨遭刻剥、京城的商业发展遇到阻碍等种种弊端。王安石主持熙宁变法时，专门设计了免行法，对原有的科配行役制度进行重大改革。免行法试图同时解决豪商大贾对市场的垄断和科配对中小行会商人的刻剥的问题。

熙宁六年（1073年）四月，汴京城肉行以徐中正为首的一批行会商人上书，向官府申请缴纳免行役钱，今后不再负担向官府提供科配采购肉③。这个请求引起了正在推行变法的宋神宗与王安石的重视。宋神宗下诏，令相关政府机构共同

---

① [宋] 魏泰：《东轩笔录》卷八："京师置杂买务，买内所需之物，而内东门复有字号，径下诸行市物，以供禁中。凡行铺供物之后，往往经岁不给其直，至于积钱至十万者。或云其直寻给，而勾当内东门头目故为稽滞，京师甚苦之。"中华书局，1988年，第93页。

② [元] 马端临：《文献通考》卷二〇《市籴考一》："京城诸行，以计利者上言云，官中每所需索，或非民间用物，或虽民间用物，间或少缺，率皆数倍其价收买供官。"中华书局，2011年，第580页。

③ [宋] 李焘：《续资治通鉴长编》卷二四四，"熙宁六年四月庚辰"条："初，京师供百物有行，虽与外州军等，而官司上下须索，无虑十倍以上，凡诸行陪纳猥多，而赏操疏送之费复不在是。下逮稗贩、贫民，亦多以故失职。肉行徐中正等以为言，因乞出免行役钱，更不以肉供诸处，故有是诏。上因谓执政曰：'近三司副使有以买靴皮不良决行人二十者。今两府尚不下行人买物，而省府乃扰民如此，甚非便也。'"中华书局，1995年，第5935页。

第四章　天下熙熙　皆为利来

商议规划如何进行改革①，并为此成立了专门机构——详定行户利害条贯所，具体调查研究免行役钱的法规如何制定实施。

一个月后，详定行户利害条贯所研究规划完毕，采纳徐中正等的请求，准其缴纳免行役钱后就不再承担向官府供肉的行役，并详定了不同行户具体缴纳免行役钱的数额②。这一新法先在肉行中试行，汴京城中诸多工商行业的行会随即表示愿意跟进，于是在肉行试行成功后，这一新法就在京师各行铺开③。

熙宁六年（1073 年）八月，详定行户利害条贯所制定的"免行条贯"面世④，免行法终于正式出台。在实行免行法之后，各行的行户缴纳免行钱后就不再承担官府的科配摊派。而官府原来科配行户的采购需求，则由官府用行户缴纳的免行钱到市场上采购来满足。官府所需的物资由官府召商人承

①［宋］李焘：《续资治通鉴长编》卷二四四，"熙宁六年四月庚辰"条："诏提举在京市易务及开封府司录司同详定诸行利害以闻。"中华书局，1995 年，第 5935 页。

②［宋］李焘：《续资治通鉴长编》卷二四五，"熙宁六年五月戊辰"条："今先详定到下项节文数内一项，据行人徐中正等状，屠户中下户二十六户，每年共出免行钱六百贯文赴官，更不供逐处肉。今据众行人状，定到下项：中户一十三户，共出钱四百贯文，一年十二月分，乞逐月送纳，每户纳钱二贯七十文；下户一十三户，共出钱二百贯文，一年十二月分，乞逐月送纳，每户纳钱一贯二百九十文。"中华书局，1995 年，第 5962 页。

③［宋］李焘：《续资治通鉴长编》卷二四五，"熙宁六年五月戊辰"条："详定行户利害条贯所奏：'应开封府委官监分财产，当官议定，或令探分，毋得辄差行人。官司下行买物，如时估所无，不得创立行户。今众行愿出免行钱，乞从本所酌中裁定，均为逐处吏禄。'从之。"中华书局，1995 年，第 5962 页。

④［宋］李焘：《续资治通鉴长编》卷二四六，"熙宁六年八月丙申"条："详定行户利害所言：'乞约诸行利入厚薄纳免行钱，以禄吏与免行户只应。自今禁中卖买，并下杂卖场、杂买务，仍置市司估市物之低昂，凡内外官司欲占物价，则取办焉。'皆从之。"中华书局，1995 年，第 5998 页。

包，或按市场价格直接在市场上购买；官府所需的行业服务
则由官府用免行钱雇人代役；原本由行户承担的鉴定官府买
卖物资的质量价值等业务，也转交由市易务接手。同时，官
府还将免行钱用于增加相关官府采购部门吏员的俸禄，以杜
绝他们以职务之便向行会商人敲诈勒索的不法行为，减轻行
会商户的负担①。同时，按照规定免行钱交纳与否采用自愿原
则，行户愿意交钱免行役则交钱，如不愿意交钱免行役则可
以选择继续承担科配②。

　　到元丰八年（1085 年）免行法第一次被废除之前，京师各
行基本都已实行此法，全城 6400 余户行户一年共缴纳 43 300
贯免行钱。对于这笔收入的使用，官府花费 26 900 贯采购原
本需要科配的物资和服务，另 16 400 贯则用于吏员俸禄③。

　　不能不说，王安石免行法对外宣称的出发点是好的，对
于之前制度的弊端认识得相当清楚，措施看上去也很合理。
免行法本质是在商业领域缩减直接针对人身的劳役制即"行
役"，推进劳役向货币税转化，符合赋税演化的历史进程，实
行得当应该可以促进城市商业的发展。然而，在实际运作中，
却又一次出现了"未尝不为民害"的变异。汴京民间对免行

---

① 魏天安：《宋代行会制度史》，东方出版社，1997 年，第 169～170 页。
②［宋］李焘：《续资治通鉴长编》卷二五一，"熙宁七年三月戊午"条：
"安石曰：'前御史盛陶亦言，此臣曾奏请令陶计会市易司，召免行人户
问其情。愿，即令出钱；若不愿，即令依旧供行。'"中华书局，1995 年，
第 6124 页。
③［宋］李焘：《续资治通鉴长编》卷三五九，"元丰八年九月乙未"条：
"按在京诸色行户，总六千四百有奇免轮差官中祗应，一年共出缗钱
四万三千三百有奇。数内约支二万六千九百有奇充和雇诸色行人祗应等
钱外，余一万六千四百有奇，榷货务送纳，准备户部取拨，充还支过吏
禄钱。"中华书局，1995 年，第 8592 页。

钱不满，以致"取免行钱太重，人情咨怨"，民怨之大甚至使诸多怨言一直传进了神宗的耳朵里①。

究其原因，曾经主管相关事务的变法派官员提举都市易司王居卿，曾经在向宋神宗汇报免行法存在的问题时，一针见血地指出"朝廷立法之意，欲以宽恤下民也。然有其名而无其实"②。何谓"有其名而无其实"？其背后正体现了宋代从利民走向害民的制度中的第一类型制度的本质。

如前面描述，行会的出现源于官府需要采购某类商品、服务，就会相应要求设立某种行业的行会。只有被官府所用的行业组织才会被官府认可，并登录在案。不被官府科配的行业，"官司下行买物，如时估所无，不得创立行户"③，也就是说这种行业是不能创立行会的。比如宋人记载中，如卖酒业、饭店这类都属于官府无所需，因此没有官府设立的行会，只是他们也借用"行"来称呼自己的行业为酒行、食饭行等④。这使得汴京城中存在着大量行会之外的商人，主体是那些提瓶卖水、挑担鬻粥，经营针头线脑之类零散日用品和小商品的小商人、摊贩等⑤，可想而知他们所贩卖的物资、所

① ［宋］李焘：《续资治通鉴长编》卷二五一，"熙宁七年三月戊午"条："先是，上批问王安石：'取免行钱太重，人情咨怨，至出不逊之言，卿还闻否？'"中华书局，1995年，第6124页。
② ［宋］李焘：《续资治通鉴长编》卷三〇八，"元丰三年九月甲子"条："居卿又言：'免行所月纳或季纳见钱，官为雇人代役使，此朝廷立法之意，欲以宽恤下民也。然有其名而无其实。'"中华书局，1995年，第7479页。
③ ［宋］李焘：《续资治通鉴长编》卷二四五，"熙宁六年五月戊辰"条，中华书局，1995年，第5962页。
④ ［宋］灌圃耐得翁《都城纪胜》，"诸行"条："内亦有不当行而借名之者，如酒行、食饭行是也。"中华书局，1956年，第91页。
⑤ 魏天安：《宋代行会制度史》，东方出版社，1997年，第113页。

经营的服务也不大可能为官府所采购。

原本汴京城中大量的行外商，并不用承担官府的科配、负担行役。而行役本身，也有着极强的指向性。如肉行承担的科配就是为官府提供所需肉类，官府并不可能将这个承担的内容更换为为官府盖房或提供其他服务或采购。科配本身是有偿的采购，虽然官府可以用压低时估等手段压低采购价剥削行会商人，但对官府来说，这毕竟是实打实的财政支出。

但是，免行法实行后就不同了。免行法让行会商人为了免除行役向官府先交免行钱，官府再用免行钱去市场上采购所需物资和服务。对政府财政来说，与之前的行役制度时期相比，采购的财政支出始终存在，但免行钱的出现让财政凭空多出了一笔货币的财政收入。比起指向性极强的行役，作为货币财政收入的免行钱，可以在财政运用中任意暂借、垫付甚至挪用，自然深得官方尤其是财政部门的喜爱，更是符合"国用饶"这个王安石主持变法的终极目的。

上有所好，下必甚焉。变法后财政对货币收入的偏好自然影响了各级部门，免行钱的征收虽然有设计时设定的"自愿原则"作为底线，但就如第一节中的市易法轻松突破了"不得抑勒"和"不得过取利息"的限制一样，免行法的自愿原则很快就在实际运作中被官府突破了。

免行钱只是对官府的科配摊派的代役钱，最初只是针对行会商人的行役负担，在自愿的原则下，愿意交钱代役的交钱，不愿意的则继续承担行役。这本不牵涉商人们在行役之外的正常商业活动。然而，免行法开始实行后，官府却随即实行了这样的两条规定：①只要某行会有一部分行户要求缴纳免行钱免役，此行会所有商人不论贫富，一律缴纳免行

免行法范围的扩大使得原本没有行役科配的行外商，如一些提瓶卖水、挑担
鬻粥的小商人、摊贩的负担大幅增加。图为宋代提瓶卖水的小贩

[宋] 佚名《斗浆图》
黑龙江省博物馆藏

钱[①]；②原来不在行会之内的行外商，一律不许在街市买卖，以免与缴纳了免行钱的商人争利。如果想开张做生意，必须马上去官府申请加入行会，并缴纳免行钱，才被允许开张做生意。不加入行会的商人有罪，告发者有赏[②]。

这两条追加的规定目的相当明确：无论行会内外，只要在汴京城从事商业活动就必须缴纳免行钱，没有选择的余地。这一招确实效果显著，十余天之内，汴京城中街头游荡的小商、路边摆摊的摊贩等全部被迫加入行会，缴纳免行钱。所谓自愿的原则，和仅仅针对行役的本质，在此操作之下全部不复存在。免行钱实质上成了对无论大小所有商人征缴的新税种。

官府之所以如此操作不难理解，追求免行钱收益最大化是符合增加财政收入以满足"国用饶"这个变法最终目标的。就算王安石本人再一心为民，变法派群体的意志也会裹挟着他做出这样的选择。而这两条规定，自然也就将原本立意良善、措施相对合理的免行钱变成了刻剥所有商人的赋税。后来，虽采取了一些补救措施，"已有指挥，些少擎负贩卖者免投行"[③]，豁免了部分底层小商小贩必须加入行会缴纳免行钱的

---

① 魏天安：《宋代行会制度史》，东方出版社，1997 年，第 219 页。
② ［元］马端临：《文献通考》卷二〇《和籴考一》："才立法，随有指挥：元不系行之人，不得在街市卖坏钱纳免行钱人争利，仰各自诣官投充，行人纳免行钱，方得在市易卖，不赴官自投行者有罪，告者有赏。此指挥行，凡十余日之间，京师如街市提瓶者必投充茶行，负水担粥以至麻鞋头发之属，无敢不投行者。"中华书局，2011 年，第 580 页。
③ ［元］马端临：《文献通考》卷二〇《和籴考一》："此指挥行，凡十余日之间，京师如街市提瓶者必投充茶行，负水担粥以至麻鞋头发之属，无敢不投行者。适因献丞相书言及是，又黎东美之前得子细陈述，相次闻已有指挥，些少擎负贩卖者免投行，然已逾万缗之数。"中华书局，2011 年，第 580 页。

负担，但其实际效用也相当可疑。

6年后的元丰三年（1080年），王居卿向宋神宗汇报免行法的问题时依旧承认"今且以杂贩破铁、小贩绳索等贫下行人，共八千六百五十四人，月纳自一百以下至三文二文，计岁纳钱四千三百余缗"①，依旧在对"杂贩破铁、小贩绳索"等最底层的小商小贩征收免行钱，甚至连每月只能缴纳二三文钱的最贫穷的小贩都不放过，真是连蚊子腿上的肉都要剥削。同时也说明，熙宁六年（1073年）"已有指挥，些少擎负贩卖者免投行"的举措，并没有多少持续效力，实际上，免行钱依旧是针对所有商人的赋税。

免行钱的另一个大问题，就是传到宋神宗耳朵里的"取免行钱太重，人情咨怨"，也就是作为一项实质上的赋税，税额太高，承担者的负担太重。免行钱的反对者郑侠就曾指出过如果真的要顺乎民心，应该以富有的行户多出钱为主，中等的行户出钱辅助为辅，贫穷的行户免除免行钱，官府只收取足够采购物资和服务的数额就停止征收，不要寄希望于靠免行钱获得额外收入。但现实中免行钱的征收是不论贫富一律征收，实际成了贫穷行户的一项沉重负担，因此其反对者远远多于支持者②。

在郑侠上书6年后，王居卿也承认，当年立法之时没有

---

① ［宋］李焘：《续资治通鉴长编》卷三〇八，"元丰三年九月甲子"条下"居卿又言"条，中华书局，1995年，第7479页。
② ［元］马端临：《文献通考》卷二〇《和籴考一》："此法固善，若要深合民心，上等行人多出，中等助之，下等贫乏特与免，官中只取足用，无冀其余，则善矣。洎至立法，更不辨上、中、下之等，一例出钱，富者之幸，贫者之不幸，其不愿者固多，而愿者少矣。"中华书局，2011年，第580页。

按照贫富加以区别征收免行钱，而是只要从事商业就要纳钱，导致贫穷的行户虽然缴纳的免行钱绝对值并不高，但依旧是穷人交不起的沉重负担[①]。

宋神宗死后，免行法就遭到废除，虽然之后在宋徽宗宣和年间被恢复，但已经彻底沦为官府强力盘剥行户商人的工具。行户们缴纳免行钱后却又遭官府科差[②]，等于背上双重负担，其危害就更不必多说了。

免行法从立意救民的善法在实际操作中快速沦为刻剥百姓的工具，在于立法之初，其规则中就被设置了后门。这个后门就是这项政策具有明显的财政货币增收潜力，并且其政策运行高度依赖行政权力的强制，具体执行者依靠行政权力可以轻松绕过规则。在实际操作中这个后门一旦被启用，规则中阻止政策为恶的条款就轻松失效了。

这个后门为什么会存在？仔细观察免行法的设计目标，不难发现，几个不同的目的——以雇代役、减轻刻剥、取消垄断和增加收入（以供养吏员）被装在了免行法这一个政策的框架里。更麻烦的是，它们之间似乎还有冲突。比如减轻刻剥与增加收入在逻辑上就是矛盾的，虽然以增加吏员的合法收入为理由来约束他们对行会商人的非法勒索可以作为解

---

① ［宋］李焘：《续资治通鉴长编》卷三〇八，"元丰三年九月甲子"条下"居卿又言"条："盖建法之始，失以贫富为较，但以其人作业为等，纳钱轻重不一，虽贫者至轻，而日不自给，何暇输官。催理科较，或至禁锢，诚可矜恻……其所出至微，犹常不足。故贫者私不足以养，公不足以输。"中华书局，1995年，第7479页。

② ［清］徐松：《宋会要辑稿》食货三八之十，宣和三年（1121年）诏令："开封府将已纳免行钱人户又行科差，显属违法骚扰。"上海古籍出版社，2014年，第6832页。

释，但是熟悉古代行政实际操作的人都会明白这只能是停留在设想中的一个解释。而相互矛盾的几个目的被装在一个政策里，在执行层面又被设计为主要依靠行政部门借助权力来实现，那么，这些不同目标中的哪些或者哪个能真正被实现，就完全取决于执行部门的指标怎么设置。给执行部门设置绩效的变法派的主张一向鲜明——"富国强兵""民不加赋而国用饶"——那后来的结果也就可想而知了。

这一切与新法的设计者王安石有着密切的关系。王安石的经济思想与我们前一节所述的范仲淹、欧阳修的思想有所不同。一直以来，对于王安石新法，大多强调其抑制兼并、扶持小农、增加国民财富、抑制豪商、维持市场秩序等正面因素。当然，这些先进甚至有些超前的因素也都是存在的。然而，研究者也发现，王安石的经济思想还是来自《管子》。在王安石经济思想形成的过程中，摧抑兼并的思想一以贯之。而这种摧抑兼并的思想正是以君主完全掌握取予之势达到"利出一孔"来实现的①。因此，王安石对社会经济问题的看法就体现出，一边是分析问题往往犀利准确，设计对策也多是良法美意，另一边背后统摄全局的，也总是人主必须掌控予夺贫富大权的"利出一孔"的思想。

王安石设计的诸多新法，大多带有这样的特点：青苗法的立意是接济青黄不接的农民，打击乡里的"兼并之家"，但收息两分使其拥有明显的增加财政收入的能力；市易法与青苗法类似，立意本是打击城市豪商大贾对商业市场的垄断和

---

① 张呈忠：《从〈管子·轻重〉到〈周官·泉府〉——论王安石理财思想的形成》，载《管子学刊》，2017 年第 3 期。

王安石个人的经济观念对新法的制定有着重大影响。图为清殿藏版王安石彩像

中国国家博物馆藏

操控，但同样的收息两分使其和青苗法一样拥有明显的增加财政收入的能力；免行法与免役法类似，目的都是改差役为雇，将民众从束缚人身的劳役中解放出来，但官府也同样拥有凭空增加一笔货币财政收入的能力……

一旦秉持"国用饶"为政治正确的新法操作者以增加财政收入为最终目的，在新法的运行中打开后门，则新法就会很快成为跳过规则的限制，成了权力强行介入民间商业和社会，直接攫取民间财富的工具，最终使得"摧抑兼并"变成了"官为兼并"的开路先锋。换言之，也就是成了我们所说的"利出一孔"的传统经济控制模式的工具。

王安石之所以会设计出这样的新法，最根本的还是源于他的经济思想最终还是更加倾向于国家垄断并控制民间经济的"利出一孔"模式。王安石的新法及其背后的经济思想和治理思路算是一个典型，体现了在社会经历了剧烈变化的北宋，产生了一系列要求放开与流动的经济形态和治理思路，这两种模式既矛盾又共存着。

与之相对，另一类按"放水养鱼"思路制定的政策最后以"涸泽而渔"的思路执行为结果，体现出完全相反的特点。

这类政策的典型案例就是"和预买绢"。和预买绢始于宋太宗、真宗之际，它的规则是每年春天青黄不接的时候，官府向民户预付购买绢绸的货款。拿到预付款的民户等到夏秋之际将收获的丝织成绢绸后再交付官府①。这项政策提出时，最初建议是"方春民力乏绝，请预给库钱，约而夏秋令输绢于官"，即考虑到春天青黄不接时民生困难，于是预付货款给民户，帮助民户渡过难关。等秋收之后民户再将相应价值的绢绸上缴官府。因为"和预买绢"确实有助于农民渡过青黄不接的难关，因此"公私便之，朝廷因下其法诸道"，被全国推广②。现在的研究者也评价它"最初未遭百姓反感"③。

"和预买绢"之所以能得到好评，是因为它的设计中有三条规则：在春季农民青黄不接时预付货款；遵循自愿原则，民众是否申请全凭自愿，官府并不强行摊派；不收利息，按照物价波动计算官府预付绸绢的价钱甚至高于市场价④。

有读者可能会发现，"和预买绢"的规则与王安石变法的"青苗法"高度相似。两者的规定确实在春季农民青黄不接时

---

① 姜锡东：《宋代"和预买绢"制度的性质问题》，载《河北学刊》，1992 年第 5 期。
②［宋］李焘：《续资治通鉴长编》卷四四，"咸平二年五月丁酉"条："元方尝建言：'方春民力乏绝，请预给库钱，约而夏秋令输绢于官。'公私便之，朝廷因下其法诸道。"中华书局，1995 年，第 944 页。
③ 汪圣铎：《两宋财政史》，中华书局，1995 年，第 338 页。
④ 姜锡东：《宋代"和预买绢"制度的性质问题》，载《河北学刊》，1992 年第 5 期。

放款和自愿原则上基本一致，但与"青苗法"相比，"和预买绢"有两个重要区别。

第一，"青苗法"规定收二成利息，而"和预买绢"规定不收利息，这使得"青苗法"是赚钱的而"和预买绢"在计算物价波动后往往是赔钱的。"青苗法"拥有明显的增加财政收入的能力，而"和预买绢"正好相反。

第二，"青苗法"贷出的是货币，收回的是收息二成后的货币，这就意味着"青苗法"的运作使得官府获得了更多的货币收益。而"和预买绢"预付的是货币，收回的是绢绸等丝织物，对官府来说成了单纯的货币支出。

因此，对官府来说，能够获得额外货币增收的"青苗法"在财政上自然更受欢迎。于是，带着拥有明显的增加财政收入的能力这个后门，"青苗法"在实际运作中很快就被实际执行者运用权力突破了"自愿原则"的限制，迅速发展为官府强行摊派的高利贷。而"和预买绢"由于从一开始就不能"赚钱"，使得它被权力侵蚀的速度非常慢，在稳定运行了几十年后才逐渐被攻破。

实际上，"和预买绢"的便民使其在民间颇受欢迎，甚至出现过因为地方官没有为当地争取和预买绢的配额而遭到本县百姓怨恨的事①。然而，就如故事里不肯争取配额的官员认识的那样，所谓"官与民市，久必为害"，道破了传统"利出

---

① ［宋］罗濬等：《宝庆四明志》卷五，"敛赋·夏税和买"条："两浙惟温州以其非土产，不曾抛降。越州诸县争认多数，惟嵊县知县以官与民市，久必为害，独不肯承，民皆怨之。其后国家用度浸广，和买更不给钱，而输官者并照旧额，温州、嵊县独免。"见《宋元方志丛刊》第5册，中华书局，1990年，第5046页。

一孔"经济思维的控制下，所有的经济政策终会沦为官府聚敛手段的本质。

在"和预买绢"稳定运行的几十年中，在宋仁宗朝，一些地方逐渐开始出现为完成配额向民间摊派的情况。到宋神宗、哲宗时期，一些地方官府开始用低估绢价的办法，少给预付款，使"和预买绢"拥有"赚钱"的能力[①]。但总体上来说，由于"和预买绢"本身"不赚钱"，因此在从它出现到宋哲宗时期，大体上以一种便民利民的状态平稳运行着。虽然实施过程中也有弊端，但并未蔓延成灾，从而极大地刺激了宋代纺织业的发展繁荣。[②]然而，到了宋徽宗朝，朝廷面临巨大财政压力时，面对社会上绢价暴涨的状况，官府刻意低估绢价，使"和预买绢"成为获得财政增收工具的做法蔓延开来，终于使得这个无论从立意到规则都旨在便民利民的"放水养鱼"政策蜕变成"涸泽而渔"的工具。

从第一类型的"免行法"到第二类型的"和预买绢"，我们可以看出，在汴京城兴衰变化的北宋，无论政策制定时制定者的初心怎样便民利民，在"利出一孔"传统思维操控下，都将变成政府增加财政收入的聚敛工具。区别是，只要有明显的便于官府增加财政收入的能力这个后门，在实际执行中，政策限制就会很快被权力突破。如果并不显著具备这个潜力，则被权力侵蚀的周期会长很多。这就是宋朝人感叹本朝制度，"立法初意，未尝不善。法久弊生，未尝不为民害"的实质。

---

① 汪圣铎：《两宋财政史》，中华书局，1995 年，第 338~339 页。
② 姜锡东：《宋代"和预买绢"制度的性质问题》，载《河北学刊》，1992 年第 5 期。

司马光的一语成谶

宋哲宗元祐二年（1087年）三月，一位叫梁焘的官员在一份上奏的札子中，提起了一桩陈年旧事。这桩陈年旧事，也让今天的我们对当时的京师汴京有了更深的了解。

梁焘在奏章中提到，祖宗之时，一直厚待京师的居民，使京师民间很少受到官府的骚扰，因此产生了不少的富裕大户。宋仁宗庆历年间，宋与西夏的战事使财政愈发紧张。有一次，三司的现金缺口达数十万贯，于是有人出主意让三司找来京中富裕大户数十家谋划，一天之内就攒足了所缺资金[①]。

第一章中我们提到，宋太祖曾说过"富室连我阡陌，为国守财耳。缓急盗贼窃发，边境骚动，兼并之财，乐于输纳，皆我之物"[②]，本意就是藏财于民间，以便遇到军国大事时可以紧急调发。这件陈年旧事正堪做宋太祖这句话的注脚。从这段旧事中，我们可以看到，北宋朝廷对京师是有特殊优待的，对普通地方征收的一些苛捐杂税应该不会在京师征收。但这段记载中，对三司找京中富裕大户数十家谋划，到底用了什么办法补上了现金缺口，梁焘的札子中没有说明。鉴于奏章

[①]［宋］李焘：《续资治通鉴长编》卷三九六，"元祐二年三月丙子"条下"右谏议大夫梁焘言"条："祖宗之朝，京师之民被德泽最深，居常无毫发之扰，故大姓数百家。庆历中，西鄙用兵，急于财用，三司患不足者数十万，议者请呼数十大姓计之，一日而足，曾不扰民而国家事办。祖宗养此京师之民，无所动摇者，正为如此。"中华书局，1995年，第9663页。
[②]［宋］陈傅良：《历代兵制》卷八，见《文渊阁四库全书》第663册，台湾商务印书馆，2008年，第478页。

的作者梁焘在庆历年间年龄尚小，为官后也一直没有在中央财政部门任职过，因此对当年发生的事不明原委语焉不详也属正常。

作为庆历新政的主要参与者，欧阳修对这段发生在庆历年间的事件的原委应该是清楚的。庆历四年（1044年）四月，欧阳修在为一年前即庆历三年（1043年）四月担任三司使的大臣王尧臣辩诬的奏章中明确提到了王尧臣的前任姚仲孙在任时"不能擘画钱谷，至有强借豪民钱二十万贯"①，直到王尧臣接任后才迅速扭转了财政的困局。鉴于庆历年间的宋夏战争以双方在庆历四年（1044年）达成和议告一段落，而王尧臣接任三司使后，在庆历三年（1043年）当年就实现了收支平衡，庆历四年（1044年）三司财政当已经有盈余可以向皇帝的内藏库逐渐归还所借出的钱物。在这种财政状况好转的情况下②，不再可能出现三司需要向商人寻求办法弥补数十万贯缺口的事情。这样看来，梁焘语焉不详的"三司患不足者数十万，议者请呼数十大姓计之，一日而足"的故事，正是欧阳修指名道姓列为罪状的"至有强借豪民钱二十万贯"。

欧阳修的记录，不但说明了具体数字"二十万贯"，更是明白说出了这二十万贯，是三司使向京城的豪民"强借"的。既然这是"借"而非"征收""科率"，那么有"借"有没有"还"呢？

---

① ［宋］欧阳修：《欧阳修全集》卷一〇五《论陈留桥事乞黜御史王砺札子》，中华书局，2001年，第1605页。
② ［宋］欧阳修：《欧阳修全集》卷三三《尚书户部侍郎参知政事赠右仆射文安王公墓志铭》："期年（庆历三年），民不加赋而用足。明年（庆历四年），以其余偿内藏所借者数百万，又明年（庆历五年），其余而积于有司者数千万，而所在流庸稍复其业。"中华书局，2001年，第484页。

就在梁焘上奏章提起这件陈年旧事之前 6 个月，元祐元年（1086 年）九月，另一位官员傅尧俞也在自己的奏章中提到了这件事。傅尧俞在中央财政机构工作过，可能接触过相关的财政档案资料，因此，他在提及此事时就说得清楚明白了很多：

> 庆历中，羌贼版扰，借大姓李氏钱二十余万贯，后与数人京官名目以偿之。顷岁，河东用兵，上等科配，一户至有万缗之费，力不能堪，艰苦万状。此皆以上下全盛之时，取于民以为助，犹或如此……①

傅尧俞的叙述不但提出了被"强借"二十万贯的京师豪民大姓为李氏，更描述了这"二十余万贯"的官府借款是如何"还款"的："后与数人京官名目以偿之"，就是给了李氏家族数人出任京官的名额作为补偿。这次"借款"的实际偿还方式，成了某种意义上官方强行实施的"卖官"。

这里需要说明的是，宋朝的"京官"并不是我们一般认为的在京城当的官的意思。京官在宋代有其特指，是指文臣本官阶在选人以上，下至诸寺、监主簿、秘书省校书郎、秘书省正字，上至著作佐郎、大理寺丞，几个阶层的中下级文官②。

---

① ［宋］李焘：《续资治通鉴长编》卷三八八，"元祐元年九月丁丑"条，中华书局，1995 年，第 9438 页。

② ［元］脱脱等：《宋史》卷一六九《职官志九》，中华书局，1977 年，第 4023~4024 页。［宋］王得臣：《麈史》卷上《官制》："祖宗以来，选人磨勘者，进士出身为著作佐郎，余人为大理寺丞，谓之京官。"上海古籍出版社，1986 年，第 6 页。

汴京城内富人众多，我们在《清明上河图》中可以看到富人出行所乘的华丽轿车和轿子

当然，有种说法认为，这是北宋官方借钱后赖账，因为"京官名目"不算成本，所以借钱的富户亏惨了。这个说法当然过于想当然。京官品级虽然不高，俸禄也不高，但是宋代官员拥有一系列如免役、免税、官当、赎刑、恩荫（给予官员子孙辈任官的待遇）之类的特权。当然不会是"不算成本"（其实仔细想想也可知道，如果不算成本，那么"三冗"之一的"冗官"就不会成为困扰北宋财政的难题之一了）。富有但只是平民"白身"的富户，最为看中的，恐怕正是"官身"身份以及拥有相应的官僚特权。二十万贯等于买了家族数人为官，虽然这钱是"强借"，但这个买卖恐怕并不算"吃亏"。

傅尧俞的描述还做出了这样的对比，庆历年间，三司对于财政缺口，是找京师富豪借钱，之后以数个官员身份作为补偿，算是偿还借款。而在不久前（顷岁，应该就在宋神宗元丰年间），河东（今山西）用兵，同样遇到财政困难时，官府则采用了直接科配当地富户的方式，即官府运用行政力量，强行向当地富户摊派征收。两者相比之下，时代（宋仁宗朝与宋神宗朝）、地域（京师汴京与边境河东）的不同导致官府选择了不同的行政手段去应付财政缺口。

　　对这件事，有研究者早已注意到并指出，政府弥补财政赤字一般有三种办法：增加赋税、增发货币、发行公债。增加赋税将遭到社会反对，发行货币会引起通货膨胀，只有发行公债才是上策①。事实上，从北宋史料中来看，无论中央还是地方政府在面临财政困难时，往往会向民间借款。

　　有些史料明确记载了借款的中央或地方官府已经偿还了借贷的民间资财，如宋英宗与神宗即位时，个别州县为发放赏赐向民间借款，"然亦即时辇还"②；又如宋哲宗绍圣四年（1097年），越州地方官翟思用一年时间清偿了官府累积的百万钱（千余贯）借款③……有些史料记载了皇帝或中央要求尽快归还民间借款的命令，如宋真宗天禧四年（1020年），下

① 程民生：《宋代的"公债"》，载《中国史研究》，2006年第3期。
② ［清］徐松：《宋会要辑稿》食货四之二八："唯是英宗及陛下即位之初，天下各有优赏，朝廷自京师应副，未及问，故有三两路州军尝借于坊郭富民，然亦即时辇还。"上海古籍出版社，2014年，第6054页。
③ ［清］阮元：《两浙金石志》卷七《宋越州修城隍庙碑》："绍圣丁丑孟夏，龙图翟公来治州事，始至之日，公使库负民钱百万……不阅岁既以其赢尽偿所负以纾民匮乏。"见《历代碑志丛书》第19册，江苏古籍出版社，1984年，第150页。

诏阻止河北地方官府向民间借钱购买军事物资，"如已假得钱，即时给还"①；熙宁四年（1071年）宋神宗下诏命地方官府归还开战以来向民间借贷的钱②……当然，更多的是记载正在发生的官府向民间借贷的事件以及这种借贷给民间带来的痛苦，如庆历元年（1041年）宋夏战争期间，韩琦路过陕西边境潘原县，目睹当地丝绢行户十余家"每家配借钱七十贯文，哀诉求免"③；又如宋徽宗宣和六年（1124年），在北宋灭亡前夕，官员宇文粹中报告财政窘境时提到"托应奉而买珍异奇宝，欠民债者一路至数十万计"④……

官府向民间的借贷多数是强制性的，因此，虽然有一些官府还款和上级官府催促还款的记载，但不难知道，官府长期拖欠欠款甚至干脆抵赖的情况也不会是偶然现象。只是应该注意的是，京师汴京因其特殊地位，使得"京师之民被德泽最深"。北宋官府在汴京借贷民财后还款的情况应该远好于其他地区，以至于到了北宋晚期的宋徽宗崇宁元年（1102年）还出现过这样一个故事：

---

① ［清］徐松：《宋会要辑稿》食货三九之九，"（天禧四年）十二月，诏：'如闻河北州军假民钱市粮斗，虑成骚扰，止之。如已假得钱，即时给还，所须军储，委转运司别为规画。'"上海古籍出版社，2014年，第6856页。

② ［宋］李焘：《续资治通鉴长编》卷二一九，"熙宁四年正月己酉"条："又诏，宣抚司以军兴贷河东民钱，转运司速偿之。"中华书局，1995年，第5328页。

③ ［宋］李焘：《续资治通鉴长编》卷一三一，"庆历元年二月丙戌"条下"陕西经略安抚副使韩琦言"条："潘原县郭下丝绢行人十余家，每家配借钱七十贯文，哀诉求免。"中华书局，1995年，第3099页。

④ ［明］黄淮、杨士奇：《历代名臣奏议》卷一九二，"宣和六年尚书右丞宇文粹中言"条，上海古籍出版社，1989年，第2515页。

宋夏战争给北宋
朝廷带来了巨大
的财政压力，也
导致了向民间强
行借贷的发生。
图为宋人笔下的
异族军队

［北宋］李公麟《免
冑图》（局部）
台北故宫博物院藏

蔡京自拜相后，有巨商大贾六七辈，赴阙投词，言：章相公开边时及曾相公罢边时，共借讫三千七百万贯，至今未见朝廷支偿。蔡京奏言，徽宗蹙额道："我国家欠少商贾钱债，久不偿还，怎不辱国。"蔡京回奏："臣请偿之。"帝喜曰："卿果能偿之否？"蔡京差官划刷诸司库务故弊的物，及粗细香药、漆器、牙锦之类，高估价值，立字号出还客。犹不受，愿请少出药货试卖，方敢承领。那时乳香价利颇高，京令吏将乳香附客试卖，客果得价数倍。后客欣然承受。不半年，尽偿讫。在后客货卖，却消折了十无一二，无所伸诉其苦。[1]

———————

[1] ［宋］无名氏著，程毅中校注：《宣和遗事校注》前集，中华书局，2020 年。

在这个故事中，蔡京拜相之后不久，有六七位大商人手持之前几位宰相借钱的欠条向朝廷讨债。宋徽宗认为国家长期拖欠商人钱款，实在有辱国体，命蔡京设法归还。蔡京于是用朝廷库存的乳香等垄断奢侈品做高估价偿还给大商人。当时乳香等处于高价位，商人拿到乳香等出售能获取高额利润，于是便欣然接受了。然而，没过多久，乳香价格暴跌，商人们个个赔本，还无处申冤。

这个故事虽然来自宋代小说，但在《皇朝编年纲目备要》中也有记载，内容大略相同，关键的不同是，《皇朝编年纲目备要》记载借钱总数为三百七十万缗，而最后的结果为"不半年尽偿所费"①。

从当时的财政情况看，借钱三千七百万贯明显是不可能的，这个数字太大，达当年中央财政收入的几分之一，超过了六七位大商人可能拥有的钱财。综合来看，三百七十万贯较为合理。截然相反的两个结论，究竟是客商"尽偿所费"，官民皆大欢喜，还是客商中了蔡京的奸计赔本而回，关于这一点，在没有更多佐证的情况下暂且存疑②。

最为值得注意的信息是，这次商贾索要欠款，数额十分巨大，达到三百七十万贯。而借钱的由来是"章相公开边时及曾相公罢边时"，前者指宋哲宗元符二年（1099年）宰相章惇主持的征讨青唐吐蕃的河湟开边军事行动，而后者则指宋徽宗建中靖国元年（1101年）河湟之役失败，在宰相曾布主持下，宋军从青唐撤回的军事行动。至崇宁元年（1102年）

① ［宋］陈均：《皇朝编年纲目备要》卷二六，"崇宁元年十二月行打套折钞法"条，中华书局，2006年，第668页。
② 程民生：《宋代的"公债"》，载《中国史研究》，2006年第3期。

商贾们的讨债之行，时隔4年，也算久拖未还。数额巨大且久拖未还，在新宰相上任之际，商人们还是找上门来，要求朝廷还款。这至少说明，虽然这种借款基本可以肯定是官府"强借"，但敢于上门找皇帝和宰相索要巨额欠债，说明至少对京师汴京城中的商贾们来说，官府能够还款的信誉还是存在的。

这种官府出面的"强借"，体现了中晚唐至北宋社会变革期间政府治理手段的两面性：一面适应着环境的变化而变化，另一面则受到传统思维的长期束缚阻碍着变化。"强借"既然是"强"，当然是官府动用手中权力强制商贾富户出借，这是传统体系下依靠管制为主的统治方式的自然延续。然而，依靠权力强制，却并未直接强行征收，更没有使用类似汉武帝"算缗告缗"类的酷烈手段掠夺，而是采用了有借有还的"借"的方式。这就是顺应社会变化，以管制为主的"统治"逐渐转变为以协调为主的"治理"的表现，是用"养其本原而徐取之"的理念下"放水养鱼"式的政策。毕竟有借有还，下次遇到困难还能再借。比起一次性掠夺来，可持续性要强很多。

更重要的是，国家信用产生并蕴含在整个"借"与"还"的过程中。在学术研究中，国家信用基本等同于政府信用或者财政信用，认为国家信用主要的交易形式是政府债务，影响政府信用的因素是政府的偿还意愿（具体指政府所受的政治、行政等方面的约束）和偿还能力（具体指政府的财政状况）[1]。当北宋官府以向民间"借"的形式获取财物，并拥有偿

---

[1] 李黎明：《债务、国家信用与霸权兴衰》，吉林大学2021年博士学位论文。

还意愿，且能够予以偿还，在这个过程中基本的国家信用就成了维持这个财政模式的保障。而一旦官府有一次拖欠甚至赖账，那么国家信用就会受损。如果官府经常性拖欠甚至赖账，那么没有国家信用背书的"借款"，在被借款方无法拒绝借款要求的前提下，就只能沦为实质上的掠夺。

更有进一步的研究认为，国家信用的表现并不仅限于政府债务。法国经济学家萨伊就提出，"公共信用是人民对政府的信任，认为政府能够履行它的债务"①。这里触及了国家信用更深的基础——政府取得社会信任。

政策工具视角下的宋代政府经济管理大致可分为三个层面。第一个层面是政府管制为主的统治，统治者依靠国家权力通过命令、禁戒等手段强制被统治者遵守、服从政府所制定的法规；第二个层面是政府协调为主的治理，通过市场化协商、契约、调解等途径使治理者与被治理者平等自愿合作，引导被治理者按照政府的意愿行事；第三个层面是政府服务为主的治理，通过救助、兴办公共事业等保障弱势群体，为全体民众提供必要的公共产品。宋代政府经济管理出现了划时代的变革，即从以管制为主的统治开始转变为以协调为主的治理②。其主要表现形式之一就是，随着由唐至宋商品经济的快速发展和城镇化的高速推进，官府对私营工商业因势利导，任其发展壮大，再以税收等手段进行分肥，达到官民共利。

---

① ［法］萨伊：《政治经济学概论：财富的生产、分配和消费》，陈福生、陈振骅译，商务印书馆，1963 年，第 541 页。
② 方宝璋：《略论宋代政府经济管理从统治到治理的转变》，载《中国经济史研究》，2014 年第 3 期。

这个模式的基础就是政府取得社会信任，换言之，即国家信用的背书是北宋政府在治理模式下的整个财政体系。通过市场化协商、契约、调解等途径使治理者与被治理者自愿合作的这一途径，如果不是建立在政府取得社会信任的基础之上，就不可能得以实现。过去的一千年的时间里，传统"利出一孔"模式下官府垄断一切资源，控制经济领域乃至人身自由，此时要让民间工商业者、平民相信官府进行的是相对平等的自愿合作，其难度可想而知。

正因为宋代经济政策中只要依赖市场、民间工商业发展的措施，其核心都是国家信用的加持，宋代的有识之士就逐渐认识到这个"信"的重要。上一章中我们提到，宋神宗君臣商议交子无准备金发行的可能性时，他们就已经意识到解决问题的关键是"使民间信之""俟信之"[1]，只是他们设想的担保实际上无法成立。

一旦官府在政策执行上为了追求短期利益出尔反尔，造成民间经济损失，那么自然会造成国家信用的损失。因此，有识官员上奏，痛心疾首，"失信动摇人情，莫大于此"[2]。司马光曾在一篇文章中剖析得很清楚：

> 彼商贾者，志于利而已矣。今县官数以一切之计，变法更令，弃信而夺之。彼无利则弃业而从他，县官安能止之哉？是以茶盐弃捐、征税耗损，凡以此也。然则

---

① ［宋］李焘：《续资治通鉴长编》卷二七二，"神宗熙宁九年正月甲申"条小注引《吕惠卿日录》，中华书局，1995 年，第 6668 页。
② ［宋］李焘：《续资治通鉴长编》卷三九六，"元祐二年三月丙子"条下"右谏议大夫梁焘言"条，中华书局，1995 年，第 9663 页。

第四章　天下熙熙　皆为利来

县官之利果何得哉？①

司马光清楚地看出，商人的目的是获利，如果当政者对民间工商业者的利益"弃信而夺之"，民间工商业者不再相信官府，"弃业而从他"，受损最大的终究是官府自己，"县官之利果何得哉？"毕竟，每一次官府在政策执行时"弃信而夺之"的出尔反尔行为，损失的不只是民间对政策的信心，更是对官府取得社会信任的整体性打击。最终动摇的，是以国家信用背书的北宋政府整个财政体系的根基。

然而，不幸的是，北宋按"放水养鱼"思路制定的经济政策往往最后以"涸泽而渔"的思路执行。司马光一语成谶，"弃信而夺之"成了北宋经济政策执行到最后的常态。

一再地"弃信而夺之"，社会对官府的信任自然瓦解。有记载，曾经便民利民的"和预买绢"在宋神宗时推广至天下，很多地方因其实惠利民而申请了大量配额。只有婺州永康县（今浙江金华永康）有一个经验丰富的老农，鼓动乡民不要申请"和预买绢"，理由是"官中岂可打交道邪？"②。事实证明，这位老农准确地预测了未来。北宋末期，"和预买绢"逐渐变

---

① ［宋］司马光：《司马光集》卷二三《论财利疏》，四川大学出版社，2010年，第618页。
② ［宋］王明清：《挥麈后录》卷二："太宗时，马元方为三司判官，建言方春民乏绝时，预给官钱贷之，至春秋令输绢于官。和买紬绢，盖始于此。然在昔止是一时权宜，措置于一岁之间，或行于一郡邑而已。至熙宁新法，乃施之天下，示为准则。是时，越州会稽县，民繁而贪，所贷最多。旧额不除，至今为害而不能革。惟婺州永康县有一杰黠老农鼓帅乡民，不令称贷，且云：'官中岂可打交道邪？'众不敢请。独此一邑，遂无是患。"见《全宋笔记》第六编第一册，大象出版社，2013年，第117页。

司马光一语道破了真相。图为清殿藏版司马光彩像

中国国家博物馆藏

成了一种强加于民的官营高利贷，再到南宋终于演变成了沉重的赋税①。当年申请的配额全部变成了需要承担的赋税额度。这时，只有永康县因为当年那位老农的阻拦，没有申请"和预买绢"而逃过了这项赋税。

在这个近乎黑色幽默的故事中，那句"官中岂可打交道邪？"实在令人深思。它描绘的，正是因为不断地"弃信而夺之"，国家信用崩溃，社会对官府的信任完全消失后民众的认识。只是，在宋神宗时，那只是一个有远见的老农一个人的认知，而40多年后，它就将成为整个北宋社会中民众面对的普遍状态。

宋朝人感叹本朝制度，"立法初意，未尝不善。法久弊生，未尝不为民害"②。所谓"未尝不善"，乃是制度建立初期，尊

---

① 姜锡东：《宋代"和预买绢"制度的性质问题》，载《河北学刊》，1992年第5期。
② ［宋］俞文豹：《吹剑四录》，"立法初意"条，见《全宋笔记》第七编第五册，大象出版社，2016年，第183页。

　　　　　　　　　　　第四章　天下熙熙　皆为利来

重社会经济规律，尊重社会形态的变化，官府取信于民间社会，向整个体系提供国家信用背书的结果。这也可以说是造就京师汴京城繁荣昌盛，整个北宋经济发达的制度根基。而随着财政压力增大，为了满足财政需求，官府主动破坏信用，利用权力强制汲取民间财富，逐渐变成了"法久弊生，未尝不为民害"。可怕的是，财政的拮据始终是不可避免的，财政的压力始终在增大。而财政压力之下，官府抵挡不住权力的诱惑也终究是必然会发生的事情，在一再地"弃信而夺之"之后，民间社会对官府的信任瓦解，国家信用崩溃，民众不得不遭受权力的刻剥。最终，只能落得有识之士一句"官中岂可打交道邪？"的感叹。而这一切的结果，正是北宋走向灭亡，繁华的汴京城走向毁灭。

小　结

在汴京城走向鼎盛的时候，那个深藏在繁华背后的隐患逐渐显现出来。汴京的繁荣最重要的基础之一就是王朝京师权力中心的地位。而当王朝与京师未来的走向最终归结于权力的选择时，权力的逻辑又会指向何方？

熙丰变法中有两个与汴京城的命运息息相关的内容："市易法"和"免行法"。从它们被设计的初衷、实际设计出的规则到最后具体实施后的结果，整个过程都折射出那个时代的根本矛盾，隐含着走向不祥的征兆。

那就是被当时人一语道破的现象：无论政策制定时制定者的初心怎样便民利民，在"利出一孔"传统思维的操控下，政策都将变成政府增加财政收入的聚敛工具。看上去爱民利民的政策，在执行后总是走向害民残民的现实。

换言之，顺应时代发展而出现的北宋官府向民间开放工商业经济领域，让利于民以"放水养鱼"的模式，往往会被可以在短期内用涸泽而渔的方式连本带利彻底压榨出所有经济价值的"利出一孔"传统模式打败。在这个过程中，原本依靠遵守承诺向社会让利积累起来的社会对北宋朝廷的信任，也在朝廷不断地"弃信而夺之"的过程中逐渐走向总崩溃。

最终，对官府的信任完全消失后的民间社会，只剩下一句凝练的"官中岂可打交道邪？"，成为普通民众对于北宋朝廷的普遍认识。到了这一步，看上去民间不得不遭受权力背信弃义的刻剥，实际上早已埋下了北宋朝廷治理失效、统治解体的种子。

05

名 城 悲 歌

崩溃的基础

宋神宗元丰五年（1082 年），离北宋灭亡还有 45 年，二月十一日这一天，已经只剩 3 年生命的宋神宗赵顼下诏裁撤了一个机构。后人恐怕很难想象，这么一个史书上只有短短数言记载的小事，恐怕是北宋京师汴京城走向衰落的一个标志。

广济河辇运司这个机构的裁撤，也就意味着广济河漕运的衰落[①]。

如第一章中所描述的，京师汴京城繁荣的基础，是汴京城全国性物流中枢的地位，而得到这个地位，则仰赖于以汴京为中心的庞大的内河交通网。在这张内河交通网中，汴河、五丈河（广济河）、惠民河、黄河是其最重要的组成部分，济水、御河、泗水、颍水、涡河、氾水、石塘河等向外呈放射状分布。汴河主要流经，向东南方向与淮河相连，再连接真

---

① ［宋］李焘：《续资治通鉴长编》卷三二三，"元丰五年二月癸亥"条："罢广济河辇运司及京北排岸司，移上供物于淮阳军界计置入汴，以清河辇运司为名，命朝奉郎张士澄都大提举。先是，京东路转运使言：'广济河用无源陂水，常置坝以通漕，岁上供六十二万石。间一岁旱，底着不行，欲移人船于淮阳军界上吴镇、下清河及南京谷孰、宁陵，会亭，临汴水共为仓三百楹，从本司计置七十万石上供；置辇运使，隶转运司，岁减船三百五十、兵工二千七百、纲官典三十三、使臣十一，为钱八万二千缗。'下提点刑狱司案实，以为如转运司言。京北排岸司沿广济河置，故并罢之。"中华书局，1995 年，第 7782～7783 条。

在周边水道陆续淤塞之前，汴京城周边曾经水资源
丰富，城西的金明池是著名的皇家园林

［北宋］张择端《金明池争标图》
天津博物馆藏

楚运河、江南运河和浙东运河，从而沟通长江、松江、钱塘江。五丈河（广济河）向东北方向与济水沟通；惠民河与西南方向的颍水、涡水等相连；西北方向有汴河与黄河相衔接，通过御河与渭水向北向西延伸。各河流间环环相扣，四通八达[1]，基本上勾连起全国各主要地域。

这里面，广济河（即五丈河）作为开封漕运网络最基础的四条运河之一，成了汴京城东北方向连接京东路的物资基地，沟通济水形成京师东北水运网络。然而，广济河有一个先天的缺陷——河道较浅，泥沙容易淤积。如北宋宰相王曾所说"五丈河常苦淤浅"，因此宋代每年春初农闲时都要调发民夫，进行清淤疏浚，才能保证广济河的日常畅通[2]。

随着时间的推移，由于财政困难、机构失灵，广济河河道经常数年得不到疏浚。宋仁宗嘉祐二年（1057年）时就出现了"近年以来，悉皆填壅"的状况[3]，影响到漕运不能正常进行。在经历了宋仁宗末年至宋英宗初的疏浚之后，广济河才又恢复了运力，治平二年（1065年）广济河一年运力达到了七十四万石的高峰[4]。

可是，好景不长，到了宋神宗时期，广济河每况愈下，

---

[1] 刘芳心：《北宋开封水系研究》，上海师范大学 2012 年硕士学位论文。
[2] ［宋］王曾：《王文正公笔录》："五丈河常苦淤浅，每春初农隙，调发众夫，大兴力役，以是开浚，始得舟楫通利，无所壅遏。"见《全宋笔记》第一编第三册，大象出版社，2003 年，第 264 页。
[3] ［清］徐松：《宋会要辑稿》食货四二之一九："至于惠民、广济二河，皆所以致四方之货食以会京邑，舳舻相接，赡给公私，近年以来，悉皆填壅。"上海古籍出版社，2014 年，第 6957 页。
[4] ［元］脱脱等：《宋史》卷一七五《食货志上三》："治平二年，漕粟至京师，汴河五百七十五万五千石，惠民河二十六万七千石，广济河七十四万石。"中华书局，1977 年，第 4253 页。

熙宁年间就已数度淤塞，尽管北宋政府多次努力疏浚，但问题并没有得到很好的解决。到元丰年间，宋初时曾经"岁漕百余万石"①的广济河漕运已难以继续维持下去。宋神宗不得不下令停止广济河漕运，撤销负责广济河漕运的广济河辇运司和广济河河道维护的京北排岸司。原本由广济河漕运进京的物资，此后从清河转道淮阳军转入汴河，再运入京师。但这种办法，不仅路途遥远，而且水道极浅，还要经过吕梁滩碛之险，不便漕运。因此，不久之后，宋廷试图再度恢复广济河的辇运，但已是名存实亡，于漕运所起的作用不大了②。

广济河的遭遇只是一个开始，同一时期，汴京城漕运网络最基础的四条运河中的惠民河，也处于困境之中。惠民河与汴京城西南方向的颍水、涡水等相连，负担起形成京师西南水运网络的重任。在广济河已经受困于淤积问题的宋神宗熙宁五年（1072 年），官员张方平的上奏中已经挑明当广济河漕运已经因为淤塞而无法进京师，而惠民河的漕运同样也已经进不了京师的太仓，其作用已降到无足轻重的位置。京师百姓的日常粮食供应，此时只能依赖一条汴河③。

到了 3 年后的熙宁八年（1075 年），惠民河水道已经无法

---

① ［宋］王曾：《王文正公笔录》："国初方隅未一，京师储廪仰给，唯京西京东数路而已。河渠转漕最为急务，京东自潍密以西州郡，租赋悉输沿河诸仓，以备上供。清河起青淄，合东阿，历齐郓，涉梁山，泝济州，入五丈河，达汴都。岁漕百余万石。"见《全宋笔记》第一编第三册，大象出版社，2003 年，第 264 页。

② 周建明：《论北宋漕运》，载《中国社会经济史研究》，2000 年第 2 期。

③ ［元］脱脱等：《宋史》卷九三《河渠志三·汴河上》："（熙宁）五年，先是，宣徽北院使、中太一宫使张方平尝论汴河曰：'……近岁已罢广济河，而惠民河斛斗不入太仓，大众之命，惟汴河是赖。'"中华书局，1977 年，第 2323 页。

　　　　　　　　　　　　第五章　名城悲歌

通行舟运。宋廷利用京西运米于河北的机会，乘机修整水利，引汴河水入惠民河，试图重新打通惠民河漕运通道。然而，工程完成后，惠民河河道依旧不能通舟[①]。

此后，史书中虽然还偶有宋廷整修惠民河的记载，但惠民河水量大小不定，严重影响了河道的固定与堤岸的稳固，使得惠民河的航运价值大大降低，最终荒废[②]。

这样，在宋神宗朝之后，原本以京师汴京为中心四通八达的庞大内河交通网的四大分支中，东北、西南两个方向的河网均已无法起到漕运物资的作用。加之西北方向通过黄河与西北地区交流的货物本就不多，汴京城的主要内河航运也只剩下主要物资来源为东南地区的汴河漕运。这使得汴京城作为全国性物流中枢的地位受到了严重打击，蜕变为东南地区主要的物流目的地。而汴京城的繁荣，商业市场的兴盛，正是依靠内河交通网全国性物流枢纽的形成。这一变化，使得汴京城繁荣昌盛的基础受到了动摇。

不幸的是，汴京城剩下的唯一生命线汴河的处境也在恶化。宋哲宗时，苏轼就发现，原来每年定额向京师漕运六百余万石的汴河，现在一年只能运输四百五十万石，不由得感叹"运法之坏一至于此"[③]。到了宋徽宗政和年间，汴河已经出

---

① ［元］脱脱等：《宋史》卷九四《河渠志四·蔡河》："（熙宁）八年，诏京西运米于河北，于是侯叔献请因丁字河故道凿堤置闸，引汴水入于蔡，以通舟运。河成，舟不可行，寻废。"中华书局，1977 年，第 2338 页。
② 卢向阳：《北宋东京水运体系研究》，华中师范大学 2015 年硕士学位论文。
③ ［宋］苏轼：《苏轼文集》卷三四《论纲梢欠折利害状》："嘉祐以前，岁运六百万石，而以欠折六七万石为多。访闻去岁止运四百五十余万石，而欠折之多，约至三十余万石。运法之坏一至于此。"中华书局，1986 年，第 975 页。

现了"大段浅涩，有妨纲运"①的情况。

破坏汴河水运的，不只有河道淤积这样的自然因素，还有人祸。

一直以来，北宋官府对被雇佣从事漕运的船工，除提供工钱和口粮外，还给予另一种特殊优待，就是允许船工随船携带私货进行贩卖。这是宋太宗钦定的待遇，"篙工、柂师有少贩鬻，但无妨公，不必究问"，其目的自然是更好地保障水运的畅通，因此"舟人皆私市附载而行，阴取厚利"②。之后，北宋官方明确规定，漕运船只的运力中，官方漕运物资占八成，留了两成给船工装载这些私带贩卖的货物③，并且规定对这些私货免征商税。船工的利益得到保障和尊重，大大提高了他们的劳动积极性，"故操舟者辄富厚，以官舟为家，补其敝漏，且周船夫之乏，故所载率皆速达无虞"，漕运效率也因此得到了保障。

然而，到了宋哲宗朝，下令禁止船工携带私货，以致"舟弊人困，多盗所载以济饥寒，公私皆病"④，造成了双输的局

---

① ［清］徐松：《宋会要辑稿》方域一六之一八："徽宗政和□年六月四日，诏：'汴河水大段浅涩，有妨纲运。令蓝从熙差人前去洛口调节水势，须管常及一丈，不得有妨漕运。'"上海古籍出版社，2014年，第9598页。

② ［宋］杨时：《龟山先生全集》卷一《上渊圣皇帝》："舟人皆私市附载而行，阴取厚利。故以船为家，一有罅漏则随补葺之，为经远计。太宗尝谓侍臣曰：幸门如鼠穴，不可塞。篙工、柂师有少贩鬻，但无妨公，不必究问。非洞见民隐何以及此？"见《宋集珍本丛刊》第29册，线装书局，2004年，第283页。

③ ［清］徐松：《宋会要辑稿》食货四七之一五："本司旧行转般支拨纲运装粮上京，自真州至京，每纲船十支，且以五百料船为率，依条八分装发，留二分揽载私物。"上海古籍出版社，2014年，第7062页。

④ ［元］脱脱：《宋史》卷三三八《苏轼传》："听操舟者私载物货，征商不得留难。故操舟者辄富厚，以官舟为家，补其敝漏，且周船夫之乏，故所载率皆速达无虞。近岁一切禁而不许，故舟弊人困，多盗所载以济饥寒，公私皆病。"中华书局，1977年，第10815页。

面。虽然这个问题马上得到了改正，漕运船只恢复了二成装载私货的惯例，但到宋徽宗政和三年（1113年），又逐渐停止实行"许二分附载私物"的规定，留出的二分运力"加装（上供）米斛"，相应地给船工添给雇钱，"与附搭客人行货所得钱数不致相远"①。这已经在逐渐侵蚀宋太宗时代制定的惠及船工的政策了。

到了北宋靖康年间，"汴河上流为盗所决者数处，决口有至百步者，塞久不合，干涸月余"，导致"纲运不通，南京及京师皆乏粮"②，虽然官府经过组织紧急修复后，勉强恢复了漕运，但随即就陷入了"堤岸失防，汴流久绝"的状态，以至于运送到京师的粮食比之常年"未有百分之一"③。雪上加霜的是，就在汴河漕运因河道原因如此困难之际，靖康元年（1126年），宋钦宗下诏禁止漕船再装运二分私货，且不再向船工添给雇钱。这一举措使得"押纲人皆不愿管押"④，以至于北宋官府只能用"涸泽而渔"的手段强行刻剥船工，剥夺了他们自宋太宗时代就长期享有的让利惠民的便利。曾经作为汴京城物流大动脉的汴河漕运，至此基本失去作用，逐渐沦

---

① 黄纯艳：《宋代内河船夫群体的构成与生计》，载《首都师范大学学报（社会科学版）》，2017年第5期。
② ［元］脱脱等：《宋史》卷九四《河渠志四·汴河下》："靖康而后，汴河上流为盗所决者数处，决口有至百步者，塞久不合，干涸月余，纲运不通，南京及京师皆乏粮。"中华书局，1977年，第2335页。
③ ［宋］邓肃：《栟榈先生文集》卷一二《辞免除左正言第十六札子》："去冬自遭围闭，运漕不通。今夏又以堤岸失防，汴流久绝。校之每岁所入，盖未有百分之一也。"见《宋集珍本丛刊》第39册，线装书局，2004年，第759页。
④ ［清］徐松：《宋会要辑稿》食货四三之一五："向缘靖康元年九月二十二日朝旨，不许装载二分私物，以此纲运缴计不行，押纲人皆不愿管押。"上海古籍出版社，2014年，第6978页。

为历史陈迹。而昔日京师作为全国性物流中枢的基础，以汴京城为中心的四通八达的内河交通网，至此也在北宋王朝灭亡之际彻底瓦解。

内河交通网的逐渐瓦解在北宋最后的时间里并没有马上引起人们的警觉，毕竟最重要的支柱汴河漕运一直坚持到北宋灭亡前夕。在北宋末年这段时间里，汴京城里的居民敏锐感受到的是，坐在汴京皇城内的这位赵官家，和之前的那些相比，似乎有那么一些令人不安的不同。

虽然生活在前现代社会，灾荒、瘟疫、苛捐杂税、战乱……这些置人于死地的因素并不会放过汴京城的居民，但相对北宋王朝其他地方的民众，京师的居民无疑是全国相对来说最幸福的居民。就像在之前的内容中我们提到过，一直以来，北宋朝廷对京师的居民有着特殊的优待，对普通地方的一些苛捐杂税不会在京师征收，甚至连强借富人钱财填补财政亏空后，还款的信誉都要比其他地方官府出色。

这其中当然也包括我们提到过的，北宋朝廷在汴京城遇到有关民房的拆迁工程，一直以来都秉持着能避就避的方针。宋太宗时就曾因为无法避免拆除民舍而导致整个皇宫扩建工程搁浅了。到宋神宗朝时对在京城防御工程中必须拆除的民房采取了最早的"货币化安置"。官府甚至对民众的违章搭建占道经营都步步退缩，最后干脆收税承认其合法了事。总之，在汴京，官府对于拆民房，虽然不能说不敢轻动，但也一直有着种种顾忌。

然而，到了宋徽宗坐上皇帝宝座后几年，一切就开始有了变化。

宋徽宗大观三年（1109 年）七月，一位大臣给皇帝上疏，

劝谏皇帝不要轻易给宠爱的臣子赐第。他是这么说的：

> 臣闻蒙赐之家，则必宛转计会，踏逐官屋，以空闲为名，或请酬价，兑买百姓物业，实皆起遣居民。大者亘坊巷，小者不下拆数十家，一时驱廹，扶老携幼，暴露怨咨，殊非盛世所宜有。[①]

这段话展现了这样的画面：之前的审慎和顾忌在这个时代已经不复存在。在京师的地面上，皇帝的宠臣们以"货币化安置"为名，实则强行驱赶所看中地段上的居民，强占民房，拆毁以营造赐第。大者占据整个街区，小者也要拆毁数十家民宅。平民扶老携幼被驱赶到街头，无家可归……这样的情况在其他地方一定并不罕见，但汴京的街头发生这样的事情，恐怕只会让京师的民众突然发现，笼罩在这座超级都

---

① ［宋］翁彦国：《上徽宗乞今后非有大勋业者不赐第》，见［宋］赵汝愚编：《宋朝诸臣奏议》卷一〇〇，上海古籍出版社，1999年，第1081页。

市头上的光环，正在逐渐黯淡下去。

对整个北方的宋朝民众来说，京师依旧是头顶上的光环，只能仰望的梦想之地。直到北宋灭亡前的宣和年间（1119—1125年），京师还在接纳北方的人口迁徙。然而，汴京城此时吸纳人口的能力，已经明显展示出末日的景象。

如我们之前描述的，承平时代的汴京城对包括京东、京西、陕西、河北、河东、淮南这六路（后来进一步分为京东东、京东西、京西南、京西北、陕西、河北东、河北西、河东、淮南东、淮南西这十路）的整个北方（包括部分淮河以南的南方）的人口产生了巨大的虹吸效应。来自北方乡村的富户带着积累的大量财富移居汴京追求更高质量的生活，而乡村的中下户乃至贫民也试图迁徙到京师以寻找一个比留在家乡种地收益更丰厚的营生。持续不断的人口输入改变了汴京城的人口结构，也是汴京城成了全国最繁荣消费市场的基础。

然而，到了宋徽宗宣和年间，汴京城早已经成了周围惊涛骇浪中一只随时会倾覆的小舟。宣和六年（1124年），大臣宇文粹中上奏如此描述当时的局面：随着宋徽宗朝在军事上的四面出击，边境战争迭起，朝廷财政收入有限，只能向全国平民大肆征收苛捐杂税。于是，山东、河北起义、盗贼频发，"陕西上户多弃产而居京师，河东富人多弃产而入川蜀"。河北一向以纺织业出名，号称衣被天下，如今全都荒废，山东则频遭大水，农民受灾耕种耽误了农时[①]……整个北方地区

---

① ［元］脱脱等：《宋史》卷一七九《食货志下一》："近岁南伐蛮獠，北赡幽燕，关陕、绵、茂边事日起，山东、河北寇盗窃发。赋敛岁入有限，支梧繁伙，一切取足于民。陕西上户多弃产而居京师，河东富人多弃产而入川蜀。河北衣被天下，而蚕织皆废；山东频遭大水，而耕种失时；他路取办目前，不务存恤……"中华书局，1977年，第4362页。

　　　　　　　　　　　　　　　　　　第五章　名城悲歌

几乎哀鸿遍野。

这里需要说明的是宣和年间时陕西、河东、河北处于宋朝北方边地。宋徽宗发动了对西夏、辽国的战争，带来的后果有，为了支撑军事行动，宋廷财政支出大增，因此不得不征收更多的苛捐杂税，盘剥民众。除此之外，北方边地的民众还要被官府征发服劳役，为军队运送粮草等。沉重的赋税和劳役压榨往往使贫穷的百姓家破人亡，富有的民众家财荡尽。北方边地的民众想尽办法逃避官府的征发和剥削。

于是，出现了"陕西上户多弃产而居京师，河东富人多弃产而入川蜀"。这里并不是说陕西的上户都往京师迁居，河东的富人都迁往四川。相比之下陕西紧邻四川，河东反而更靠近京师。陕西的民众迁往四川的人数应该比河东更多。宇文粹中在奏章中使用了一个修辞手法——互文，意思其实是"陕西和河东上户富人大多弃产迁徙，有的迁居京城，有的避居四川"。当然，其实后面提到的河北与山东也一样，上户富人弃产迁居京城的数量不会少。

相比之前的宋仁宗时代，面对北方乡村富户带着积累的大量财富移居汴京，中央与地方不得不想办法将财产截留在地方以免动摇朝廷对地方的统治力，宋徽宗宣和年间汴京对北方人口的吸纳不折不扣是一场对逃难者的收容。大部分北方地区的乡村富户抛弃家乡的财产（主要是乡间的田产和房产），只求家族成员能够迁居至京师，以逃避家乡沉重的赋税劳役的刻剥。

甚至，连北方人口的流入目的地这个原本不存在竞争对手的领域也出现了强劲的对手。从宇文粹中的描述中我们可以看到，已经有相当的北方沿边民众没有选择距离更近、交

通方便的京师，而是千里迢迢翻越崇山峻岭迁居四川。历史告诉我们，这些舍弃家产迁居四川或其他南方地区的平民才是真正拥有远见的人。同样条件下选择迁徙到京师汴京的人们紧接着就将经历金军南下的围城和靖康之变的劫难。

金军南下终结了
汴京城的繁华。
图为宋代画作中
的金军
[南宋] 萧照《中
兴瑞应图》(局部)
天津博物馆藏

　　这同时意味着，在北宋承平 150 多年中汴京城作为北方经济中心与人口流动目的地，这个地位形成的根基即整个平稳安定的北方农业、工商业社会，已经处在崩溃和解体之中。靖康之变前最后一次接纳了大量北方人口迁居以避难的汴京城，已经失去了它赖以繁荣的经济和人口基础。北宋时期，中国的经济重心依旧在北方[1]，而从这次崩解开始，以及紧随其后的靖康之变与宋室南迁，大批北方居民携带着农业技术[2]

---

① 程民生：《宋代地域经济》，河南大学出版社，1992 年，第 332 页。
② 韩茂莉：《论北方移民所携农业技术与中国古代经济重心南移》，载《中国史研究》，2013 年第 4 期。

与生产资料南下，掀起了南方开发的新一轮高潮，终于在南宋时全面实现了中国经济重心的南移[1]。而北宋京师汴京城从此失去了作为一线大都市的底气。

天时、地利、人心，京师汴京作为超级都市的基础就这样在北宋末年悄然崩溃。仔细审视这崩溃，实际上可以发现，概逃不过人祸。河道缺少维护危及漕运，宠臣恃宠横行强拆民宅，朝廷穷兵黩武四面出击，官府苛捐杂税横征暴敛……一切都来自权力的肆无忌惮与悭吝偏执。如果说基础的崩溃还需要长时间的侵蚀，那么一个看起来繁荣强盛的政权和它的代表城市自杀式的解体，让人注目的就是一场高难度的权力失控表演，以及隐藏在这场表演之下，本质上难以挽回的结构性错误。

黑洞：北宋京师汴京的毁灭

宋徽宗崇宁元年（1102 年）五月，皇帝赵佶任命了一位新的副宰相（尚书左丞）。谁也不知道，这次任命带来的连锁反应，会在之后 25 年的时间里，上演一出罕见的强大中央集权帝国自杀的闹剧。这位新任的副宰相，就是大名鼎鼎的蔡京[2]。

人的思想总是与其所处的时代息息相关的。蔡京可以说是北宋社会变化中诞生出的一个奇特而又典型的"缝合怪"。

---

① 郑学檬、陈衍德：《中国古代经济重心南移的若干问题探讨》，载《农业考古》，1991 年第 3 期。
② ［元］脱脱等：《宋史》卷一九《徽宗本纪一》："（崇宁元年）五月……庚辰，以许将为门下侍郎，温益为中书侍郎，翰林学士承旨蔡京为尚书左丞，吏部尚书赵挺之为尚书右丞。"中华书局，1977 年，第 364 页。

北宋商品经济兴盛、商业繁荣，社会上趋利之风盛行。蔡京在这样一个经济发达的社会中成长，不但养成了奢侈的生活作风，还让他在处理朝政尤其是财政问题的时候，手段务实而灵活，善于抓大放小。他的经济思想在一些方面的超前，放在今天甚至都不得不被评价为激进①。然而，作为在一个传统专制时代从小受到系统儒家教育的文人，管子的"利出一孔"经济思想自然就成了他经济思想的出发点。因此很明显地，蔡京推行的政策中往往出现符合商品经济发展需要的内容，他注重对商品销售、流通和分配领域各环节的管理，注重商品销售地域范围的扩大，注意到社会对货币的需求②……但仔细追查之下，总会发现，他的政策执行起来，总是国家以行政权力直接参与商业领域获取经济利益，攫取可以攫取的每一分利益，来增加财政收入。为达到这一目的，不惜破坏商品经济发展的基本土壤。

正是这样的蔡京，在好大喜功又骄奢淫逸的皇帝宋徽宗赵佶的操控下，用20多年的时间，将北宋京师汴京城从一个全国物流、商业、财政、金融、人口流动的中心，变成了一个吞噬着全国一切资源的黑洞。

崇宁元年（1102年），蔡京上台伊始，面对的是一个麻烦不断的烂摊子。宋神宗时代通过熙丰变法所积累的巨额财富，在经历了宋哲宗一朝，尤其是宋哲宗亲政后接连发起对西夏作战和收复陇右河湟地区的军事行动，在巨大的消耗之后，

---

① 时红秀：《现代货币理论：来自古代中国的实践——北宋晚期的"蔡京操作"》，载《银行家》，2022年第7期。
② 杨小敏：《蔡京、蔡卞与北宋晚期政局研究》，中国社会科学出版社，2012年，第263页。

已经不存一二，朝廷陷入了新的财政危机[1]。宋徽宗即位之初，老臣安焘就明言当下局势：

> 熙宁、元丰之间，中外府库，无不充衍，小邑所积钱米，亦不减二十万，绍圣以还，倾竭以供边费，使军无见粮，吏无月俸，公私虚耗，未有甚于此时，而反谓绍述，岂不为厚诬哉！[2]

而偏偏宋徽宗本人好大喜功，希望能"绍述"父（宋神宗）兄（宋哲宗）之志，对内重新恢复新法，对外重开攻略西夏和河湟的战争。同时，他又骄奢淫逸，贪图享乐。要满足宋徽宗的这些愿望，首先需要解决的就是财政的匮乏。于是，蔡京在"绍述"和兴财利两大方向下主持朝政，其中经济改革自然成了改革活动的核心[3]。蔡京的一系列措施使得宋徽宗朝的财政政策发生了范围广阔而剧烈的变动[4]，也直接导致了汴京城的最终衰落。

蔡京首先把兴财利的目标瞄准了专卖制度，尤其是占专卖收益主要部分的食盐专卖和茶专卖。

蔡京上台之前，北宋的食盐专卖在不同地区执行不同的政策。河东路解州盐池的解盐区实行钞盐法，商人向西北边境官府入钱换取解盐钞，所入钱用来入中粮草。商人凭盐钞

---

① 汪圣铎：《两宋财政史》，中华书局，1995 年，第 86 页。
② ［元］脱脱等：《宋史》卷三二八《安焘传》，中华书局，1977 年，第 10568 页。
③ 黄纯艳：《论北宋蔡京经济改革》，载《上海师范大学学报（社会科学版）》，2002 年第 5 期。
④ 汪圣铎：《两宋货币史》，社会科学文献出版社，2003 年，第 353 页。

到解州地域解盐区进行贩卖。正如前面章节所说，这使得解盐成了入中制度的重要组成部分，而东南地区则食用海盐。东南地区的食盐专卖由官府完全垄断，实行官办官卖。河北、京东地区食用末盐，不实行专卖而是由百姓交纳盐钱[①]。

宋哲宗元符元年（1098 年）解州盐池损坏，宋徽宗崇宁四年（1105 年）修复，8 年间，解盐产量几乎断绝。作为西北入中粮草的主要支付方式之一，解州盐池的损坏直接影响了沿边粮草的供应。更困难的是，原本盐钞的发行数对应的是解盐的产量。宋神宗年间，因西北战争需要，沿边军需耗费巨大，朝廷用多发盐钞来应对入中需求，盐钞数量远远超过解盐产量，商人凭钞领取解盐需要长期排队，因此造成盐钞贬值。而在解州盐池损坏、解盐停产时，为了应付沿边粮草供应，宋廷还在发行解盐钞。正如我们前章所说，盐钞的本质是政府发行给入纳金银现钱或粮草者，用以领取专卖商品盐的提货凭证。它是以专卖商品盐为抵保物的，如果没有实实在在的盐予以兑换，盐钞不过是一堆无用的废纸。解盐钞的大规模"溢额"使得商人持钞无盐可兑，盐钞积压，大幅贬值。钞盐法遭到严重破坏，而以盐钞为主要支付手段的西北沿边入中粮草也严重受阻[②]。这本来已经是北宋朝廷"弃信而夺之"，破坏国家信用搜刮民间资财的典型案例了。

在蔡京刚上台的崇宁元年（1102 年），他就把目光盯在了盐专卖上。经过崇宁年间及之后多次变换盐法，蔡京终于在全国范围内推行了钞盐法，废除了原本还存在的官府完全垄

---

① 汪圣铎：《两宋财政史》，中华书局，1995 年，第 91 页。
② 杨小敏：《蔡京盐法改革与北宋中央财政集权》，载《中州学刊》，2021 年第 3 期。

断的其他专卖形式，扩大通商运营市场，增加盐利。在全国推行钞盐法的过程中，整顿营商环境，稳定盐钞价格，严禁盐场官吏徇私舞弊，优待盐户，保证商盐运输通畅，减免运盐船只税收。同时在钞盐法的运作中严格管理制度，加强对违法行为的处置，细化盐官销售税额的绩效考核，出台奖惩措施[1]……如果只看到以上这些内容，读者可能会觉得蔡京的盐法改革是务实优秀的政策改革。事实上，蔡京改革后的盐法体系确实相当优秀，所以不但为南宋继续使用，其影响还一直延续，元明两代的盐法都是蔡京盐法的进一步延续和发展[2]。

然而，蔡京对盐法下手的最终目的是快速获取巨额财政收入，只构建了一个优秀的盐法体系并不能达到这个目的。于是在如此优秀的盐法体系支撑下，蔡京开始了一系列令人瞠目结舌的操作。

首先就是在盐钞上大做文章。蔡京专门发明了盐钞的贴纳、对带、循环等法，其法虽然极复杂，但基本内容有二。一为强迫盐钞持有者为了保持盐钞可以使用，不停地贴纳现钱。二为强迫已得旧盐钞者不停复买新钞，方能保持旧盐钞有效[3]。也就是不断发行新盐钞，人为地促使旧盐钞贬值，再以承担损失为名，向商人收取"补贴费"，从而进行多次搜刮。

具体来说，在蔡京控制下，官府频繁地发行新盐钞。每一次发行新盐钞，则之前发行过的盐钞全部变成旧盐钞。商贾

---

[1] 杨小敏：《蔡京盐法改革与北宋中央财政集权》，载《中州学刊》，2021 年第 3 期。

[2] 黄纯艳：《论北宋蔡京经济改革》，载《上海师范大学学报（社会科学版）》，2002 年第 5 期。

[3] 汪圣铎：《两宋财政史》，中华书局，1995 年，第 92 页。

手中所有尚未兑付盐货的旧盐钞，如果想要使用，必须先买新盐钞，由新盐钞按比例带旧盐钞才能兑换到现盐。"前钞方行，而后钞又复变易，特令先次支盐，则前钞遂为废纸。"[①]为了挽回损失，商贾不得不购入新盐钞，以激活手中的旧盐钞，兑换到现盐。但很快官府就再一次发行新盐钞，手上尚未用完的原新盐钞马上变为旧盐钞，这样使得商贾手中尚未兑换的作废旧盐钞越积越多。商贾只能不断买新盐钞，犹如饮鸩止渴。

做到这一步，蔡京并不满足。他又规定，在兑换现盐时用旧盐钞的必须贴纳现钱。如贴纳旧钞二分，就是指旧钞每一百贯贴纳现钱二十贯才能得到新钞百贯的盐货。而假如不愿意贴纳现钱，则旧盐钞在兑现时按八折兑换现盐。同时还规定，在用盐钞兑现现盐时，全部用新盐钞的商贾优先兑换，用新盐钞带旧盐钞的商贾随后以旧盐钞贴纳现钱的比例高低排定使用旧盐钞客商的兑换优先级。贴纳五分现钱的优先于贴纳四分的，贴纳四分现钱的优先于贴纳三分的……不愿贴纳现钱的，不但兑换时兑换的盐货打八折，还排在兑换顺序的最后[②]。鉴于蔡京主导下官府发行新盐钞的频率，如果不能很快进行兑换，则下一轮新盐钞发行时，商贾手中现有的新盐钞就会变成旧盐钞，这使得商贾们不得不多掏现钱进行贴纳，以便在等待兑现的队伍中排到前列，尽快兑现盐货。

就这样，蔡京在盐法操作上不断用新的规定逼迫商贾。

---

① ［元］脱脱等：《宋史》卷一八二《食货志下四》："比年榷货务不顾钞法屡变，有误边计，惟冀贴纳见钱，专买东南盐钞，图增钱数，以侥冒荣赏。前钞方行，而后钞又复变易，特令先次支盐，则前钞遂为废纸，囷人攘利，商旅怨嗟。"中华书局，1977年，第4447页。
② 漆侠：《宋代经济史》，上海人民出版社，1988年，第843~845页。

商贾如果不想手中已经购买的盐钞变成一文不值的废纸，就不得不一次又一次掏出现钱。当时人的记载描绘了蔡京操纵盐法压榨商贾的状况，"常使见行之法售给才通，辄复变易，欺商贾以夺民利，名对带法。客负钞请盐，扼不即畀，必对元数再买新钞，方许带给旧钞之半。季年又变对带为循环法。循环者，已买钞，未授盐，复更钞；更钞盐未给，复贴纳钱，然后给盐；凡三输钱始获一直之货"①。如此压榨之下，商贾往往倾家荡产，"民无赀更钞，已输钱悉乾没，数十万券一夕废弃，朝为豪商，夕侪流丐，有赴水投缳而死者"②。

蔡京在盐法上的操作，将"弃信而夺之"破坏国家信用搜刮民间资财的手段反复使用。最终，"自崇宁来钞法屡更，人不敢信"③，盐法背后依靠的国家信用被摧毁殆尽。

仅仅从商贾手中榨取利益，蔡京和宋徽宗尤嫌不足，他们还不断提高盐价，从所有民众手中搜刮利益。政和元年（1111 年），盐价提高，"视绍圣斤增二钱"。次年，"江宁府、广德军、太平州斤更增钱二，宣、歙、饶、信州斤增钱三，池江州、南康军斤增钱四，各以去产盐地远近为差"④。

蔡京利用盐法，不但从商贾、平民手中榨取利益，连地方官府也没能逃脱。原本在实行食盐官府垄断专卖的地区，

① ［宋］翟汝文：《忠惠集》附录《翟氏公巽埋铭》，见《文渊阁四库全书》第 1129 册，台湾商务印书馆，2008 年，第 307~308 页。
② ［元］马端临：《文献通考》卷一六《征榷考三》，中华书局，2011 年，第 461 页。
③ ［元］脱脱等：《宋史》卷一八二《食货志下四》，中华书局，1977 年，第 4446 页。
④ ［元］脱脱等：《宋史》卷一八二《食货志下四》，中华书局，1977 年，第 4450 页。

所得盐利一半归属中央财政，一半归属地方财政。地方财政赖此以支付上供钱数和日常开销。蔡京盐法执行之后，盐法运作的核心是其设置的唯一卖钞机构——京师榷货务设置的买钞所。通过这一机构控制盐钞的买卖，钞盐法推行全国，盐利就被中央财政所独占。原本可以分得一半盐利的地方财政顿时失去一项重要收入。而朝廷并未减少地方官府相应的上供钱数。如此一来，地方官府便对治下的民间百姓横征暴敛来补充这一收入的亏空。就如南宋时人评价的那样，蔡京盐法改革之后，"于是东南官卖与西北折博之利尽归京师，而州县之横敛起矣"[1]。

蔡京通过在盐法上的操作将从商贾、平民以及地方官府手中攫取的财富全部集中到京师汴京城[2]，呈现在宋徽宗眼前。当时蔡京的党羽向宋徽宗吹嘘道："异时一日所收不过二万缗，则已诧其太多，今日之纳乃常及四五万贯……新法于今才二年，而所收已及四千万贯，虽传记所载贯朽钱流者，实未足为今日道也。"[3]四千万贯确实是宋代盐利收入的最高额，无怪宋徽宗、蔡京之流引以为傲。但他们并没有意识到，这个最高额，是以国家信用崩解、民间元气丧尽、地方财用干涸为代价的。而这种代价带来的后果，远远超出了他们的想象。

---

① ［元］马端临：《文献通考》卷一五《征榷考二》，中华书局，2011年，第439页。

② ［元］马端临：《文献通考》卷一六《征榷考三》："崇宁间，蔡京始变盐法，俾商人先输钱请钞，赴产盐郡授盐，欲囊括四方之钱尽入中都，以进羡要宠，钞法遂废，商贾不通，边储失备。"中华书局，2011年，第461页。

③ ［元］脱脱等：《宋史》卷一八二《食货志下四》，中华书局，1977年，第4452~4453页。

与盐法类似，蔡京施行茶法经历了崇宁元年（1102 年）、崇宁四年（1105 年）、政和二年（1112 年）的三次改革，最终确立了一套务实又严密的茶法，"从管理的角度说，蔡京茶法改革是合理的、成功的改革"[①]，从而使得"政和茶法不但对南宋有极大的影响，对后代的榷茶制度也有不小的影响和作用"[②]。但茶法也与盐法类似，一番操作下来，将成本与负担转嫁到种茶园户与商贾头上，通过官府的强行摊派将茶利的财政收入压力分摊到普通民众身上[③]；再通过将茶引的印发权收归中央财政，将茶利运往京师收储，不许地方支用截留。如崇宁四年茶法规定，各路榷茶收入"除纽计分与转运司外，有若干并量添钱数申发运司拘催，赴内藏库送纳"[④]。

蔡京似乎并不满足于盐茶法改革的"成功"。毕竟，盐茶收入所得还是不够高，而且运作周期长，获利提升的速度还是不够立竿见影。于是，蔡京将目光投射到了北宋朝廷之前都不敢轻易碰触的钱法上。

为了达到立竿见影地急剧增加财政收入的目的，改变财政窘迫的现状，崇宁元年（1102 年）年底，蔡京就下令陕西铸造"折五钱"[⑤]。两个月后的崇宁二年（1103 年）二月，宋廷

---

① 杨小敏：《论蔡京茶法的特点和影响》，载《暨南学报（哲学社会科学版）》，2009 年第 4 期。

② 漆侠：《宋代经济史》，上海人民出版社，1988 年，第 793 页。

③ 杨小敏：《论蔡京茶法的特点和影响》，载《暨南学报（哲学社会科学版）》，2009 年第 4 期。

④［清］徐松：《宋会要辑稿》食货三〇之三七，上海古籍出版社，2014 年，第 6674 页。

⑤［宋］陈均：《皇朝编年纲目备要》卷二六，"崇宁二年五月铸当五钱"条："去冬令陕西铸折五铜钱。"中华书局，2006 年，第 672 页；［元］脱脱等：《宋史》卷一九《徽宗本纪一》："（崇宁元年十二月）庚申，铸当五钱。"中华书局，1977 年，第 366 页。

就决定发行"当十钱"和"夹锡钱"①。

所谓"当十钱",就是一枚当十枚普通铜钱的大钱。蔡京选择铸造当十钱,当然有很多原因,比如之前一段时间缺铜带来的铸钱数量下降②。但最重要的原因,恐怕就是"赚钱"。蔡京的儿子蔡绦所作《国史补》中记载,原来宋朝官府铸造铜钱,计算材料、人工、运输、管理等成本,"费一钱之用,始能成一钱"。铸造铜钱自然无钱可赚,而铸造当十钱,价值十文,钱重相当于三枚普通一文铜钱,再计算其他成本,最终"是十得息四矣"③,即铸造一枚当十钱,可以获得四文钱的利润。40%的利润率,自然让蔡京颇为心动。当年九月,铸好的第一批当十钱被送到京师开始行用④。至此拉开了蔡京所铸大钱在全国不断折腾这一闹剧的序幕。

用三枚一文铜钱的材料就能得到一枚价值十文钱的大钱。蔡京知道利润丰厚,天下人也知道利润丰厚。因此,当十钱一出,民间紧随着盗铸风行。盗铸的当十钱没有官方铸钱鼓

① [清]黄以周:《续资治通鉴长编拾补》卷二一,"崇宁二年二月庚午"条:"初令陕西铸折十铜钱并夹锡钱……"中华书局,2004年,第734页。
② 汪圣铎:《两宋货币史》,社会科学文献出版社,2003年,第355页。
③ [元]马端临:《文献通考》卷九《钱币二》,引用蔡绦《国史补》:"鲁公秉政,思复旧额,以铜少终不能得,考夫古人之训,子母相权之说,因作大钱,以一当十,至大观,上又为亲书钱文焉。盖昔者鼓冶,凡物料火工之费,铸一钱凡十得息者一二,而赡官吏、运铜铁,悉在外也,苟稍加工,则费一钱之用,始能成一钱。而当十钱者,其重三钱,加以铸三钱之费,则制作极精妙,乃得大钱一,是十得息四矣,始亦通流,又以其精致,人爱重之。"中华书局,2011年,第241页。
④ [清]黄以周:《续资治通鉴长编拾补》卷二二,"崇年二年九月癸卯"条:"癸卯,尚书省言,提举陕西铸钱许天启起第一运乌背折十铜钱五千缗至京。乞自禁中先用,然后颁之四方。从之。"中华书局,2004年,第775页。

　　　　　　　　　　　　　　　第五章　名城悲歌

宋代社会盛行饮茶，对茶叶的专卖成
为朝廷重要的财政收入
[南宋] 刘松年 《撵茶图》
台北故宫博物院藏

铸精良，往往缺斤少两，制作粗陋^①，也因而成本更低，能够获得更多利润。盗铸泛滥之后，普通铜钱或被收藏，或被盗铸者熔化私铸成当十钱，市场上流通的普通铜钱数量大减，物价暴涨，"物价踊贵，商贾不行"^②。

在我国古代，统治者只要打铸造大钱的主意，就一定会引起民间盗铸风行。而民间大量盗铸，自然会引发劣币驱逐良币，导致币制混乱，市场上物价暴涨。在传统秦汉唐社会，市场上尚有大量实物货币作为主要交换媒介，大钱引发的铸币币制混乱对社会的冲击还能被控制在一定范围内。自晚唐至北宋末，社会变化，商业发达，货币经济向下渗透到社会的各个角落。这样的环境下币制动荡对社会造成的伤害，将远远大于以往的时代。当十钱带来的危害很快引起了宋廷的注意，于是蔡京开始着手采取措施弥补。

崇宁四年（1105 年），宋廷诏广南路和福建路不再使用当十钱^③，这只是一个开始。当十钱被盗铸的原因是本身只用三枚一文铜钱的材料，却价值十文，因此才有盗铸获利的空间。宋廷想要真正解决问题，只有让当十钱回归其原有价值一个办法。同年十一月，宋廷终于扭扭捏捏地开启了当十钱价值回归之路。宋廷下令荆湖南北、江南东西、两浙诸路以江为

---

① ［元］马端临：《文献通考》卷九《钱币二》，引用蔡绦《国史补》："然利之所在，故多有盗铸，如东南盗铸，其私钱既锹薄，且制作粗恶，遂以猥多成弊。"中华书局，2011 年，第 241 页。
② ［宋］朱翌：《猗觉寮杂记》卷下："崇宁铸当十钱……自此盗铸遍天下，不可禁。物价踊贵，商贾不行，冒禁而破家身死者众。"见《文渊阁四库全书》第 850 册，台湾商务印书馆，第 473 页。
③ ［元］马端临：《文献通考》卷九《钱币二》："四年，尚书省言东南诸路盗铸当十钱者多，乃诏广南、福建路更不行使当十钱，有者兑换，于别路行使，其本路别铸小平钱。"中华书局，2011 年，第 240 页。

界，将当十钱改当五使用①。一个月后，又下令淮南路当十钱改当五使用②。于是出现了我国货币史上少有的奇观——同一种货币在一国之内拥有两种官方币制。这种人为制造的混乱只能令市场更加凋敝。

到崇宁五年（1106年）二月，宋廷下令当十钱再次贬值，荆湖、江南、两浙、淮南已经改为当五钱的贬值为当三，京师、京东、京畿、京西、河北、河东、陕西、熙河的当十钱贬值为当五③。短短四个月间，长江以南的当十钱已经由当十一贬当五，再贬当三。长江以北也由当十贬为当五。然而，就在诏令下达后，马上又"旋复诏京畿、京东西、河北、河东、陕西、熙河当十钱仍旧，两浙作当三，江南、淮南、荆湖作当五"④。

当十钱的币值，四个月的时间里在不同地区在当十、当五、当三间反复变化，官府出尔反尔，民间市场乱成一团。有记载：

①［清］黄以周：《续资治通鉴长编拾补》卷二五，"崇宁四年十一月丙辰"条："乞荆湖南北、江南东西、两浙路并改作当五钱。旧当二钱依旧。又虑冒法运入东北，宜以江为界。从之。"中华书局，2004年，第860页。

②［宋］陈均：《皇朝编年纲目备要》卷二六，"崇宁二年五月铸当五钱"条："十二月又诏淮南路重宝钱作当五行钱。"中华书局，2006年，第672页。

③［清］黄以周：《续资治通鉴长编拾补》卷二六，"崇宁五年二月甲子"条："诏：'荆湖、江南、两浙、淮南路重宝钱作当三。在京、京东、京畿、京西、河北、河东、陕西、熙河作当五行使。'"中华书局，2004年，第877页。

④［元］脱脱等：《宋史》卷一八〇《食货志下二》，中华书局，1977年，第4388页。

> 时朝廷铸大钱当十，已而改当五，旋复为三。令下之
> 日，市门昼闭，人持钱求束薪斗米，至日旰，莫肯售者。①

频繁地改变当十钱的币值使得整个市场陷入混乱，甚至出现了交易停顿，严重影响了民众的日常生活。紧接着，随着蔡京在崇宁五年（1106年）二月的第一次罢相，反对蔡京的大臣们极言当十钱不便，被说动的宋徽宗在六月再下诏，令当十钱只在京师、陕西、河北、河东（即京师与西北沿边地区）使用，其余地区全部停止使用②。然而，宋徽宗并没有下定决心真的废止当十钱，当十钱的折腾还在之后5年时间随着蔡京的复相和再次罢相反复。与此同时，民间依旧盗铸不止。

政和元年（1111年）五月，宋徽宗终于下定决心，下诏改当十钱为当三③。因为当十钱只用三枚一文铜钱的材料，改为当三后与价值相符，就再也没有了盗铸的利润空间。蔡京主导的当十钱闹剧终于告一段落。

在整个当十钱贬值的过程中，经历了不同的贬值模式：当十改当五，当五改当三，当十改当三。每次贬值，实际上都是一次官府和权贵对民间财富的洗劫。蔡京的儿子蔡绦在《国史补》中记录了这样一桩往事。政和元年（1111年）朝

---

① ［宋］孙觌：《鸿庆居士集》卷三三《宋故左朝奉大夫提点杭州洞霄宫章公墓志铭》，见《文渊阁四库全书》第1135册，台湾商务印书馆，2008年，第337页。
② ［元］马端临：《文献通考》卷九《钱币二》："（崇宁五年）六月，诏当十钱惟京师、陕西、两河许行，诸路并罢。令民于诸县镇寨送纳，给以小钱，自一百至十贯止，令通用行使如川钞引法。"中华书局，2011年，第240页。
③ 司义祖编：《宋大诏令集》卷一八四《公私当十钱改当三诏》，中华书局，1962年，第669页。

廷商议将当十钱改为当三后，得到消息的宰执大臣争先恐后用当十钱去京师汴京城中民营的金融机构金银铺去换购黄金。民间因为对当十钱即将贬值的消息一无所知，被官僚们套购了大量黄金。两个月后，诏命当十钱改当三，收纳了大量当十钱的金银铺瞬间蒸发了相应70%的财富[①]。前文中我们提到过，金银铺是京师金融业主要机构交引铺的主体。在当十钱改当三中，金银铺遭受了宋廷和官僚权贵的双重收割，京师交引铺的金融活动遭受了沉重打击。

当十钱之所以能以三枚一文铜钱的材料支撑十文钱的价值，其本质是国家信用的加持，就如之前宋神宗所说的"使民间信之"。而当十钱一再贬值，就是宋徽宗和蔡京为首的北宋朝廷一次又一次亲手撕毁国家信用，随之一次次毁灭的，还有民间当十钱持有者的身家财富。

可是，摆弄货币，蔡京盯上的并不只有铜钱。当十钱终究值三文钱，虚增名义价值也终究有限。而摆弄无本万利的纸币，才是他大规模收割民间财富的终极手段。

交子的故事，我们在第三章最后一节已经说过一次。宋徽宗朝之前，虽然在宋仁宗朝和宋神宗朝经历过两次突破规则的无准备金增发，但在后继弥补措施的补救下，其市场价格还能稳定保持在接近票面价值。

时间来到崇宁年间，为了应付西北对西夏的战事，蔡京彻底打破了之前近百年间制定的关于交子发行的所有限制，肆意发行无本万利的纸币以应对财政缺口。"崇、观间，陕西用

---

① ［元］马端临：《文献通考》卷九《钱币二》，引用蔡绦《国史补》："初议改当三也，宰执争辇钱而市黄金，在都金银铺未之知，不两月命下，时传以为讪笑。"中华书局，2011年，第241页。

兵，增印至二千四百三十万缗。（崇宁元年增二百万，二年又增一千一百四十三万，四年又增五百七十万，大观元年，又增五百五十四万。）"①

在疯狂发行交子的同时，蔡京也一再突破交子使用的地域限制，崇宁元年（1102年），蔡京奏请陕西行用交子。崇宁四年（1105年），又将交子的使用范围推广到除了京师以外的全国各地②。随即又花样翻新，推出了新纸币"钱引"，推行于除了东南的江浙、福建、湖广之外的全国各地③。毕竟要收割民间财富，只有四川一地是远远不够的。蔡京将发行交子视为财政性资金筹集的机会，使得利用经济力量维持纸币价值稳定和流通的地域性国家信用货币，转化为仅凭国家强制力量占有社会财富的财政工具。北宋朝廷也因此走上了从获取发行收益到肆意财政性发行的道路④。

如此疯狂地在无准备金的情况下印发纸币，不出意外地引发了纸币信用的崩溃，史载"大观中，不蓄本钱而增造无艺，至引一缗当钱十数"⑤，滥发无度的钱引彻底贬值到面值的

---

①［宋］李心传：《建炎以来朝野杂记》甲集卷一六，"四川钱引"条，中华书局，2000年，第364~365页。

②［宋］陈均：《皇朝编年纲目备要》卷二六，"崇宁元年九月陕西通行交子"条："蔡京言：茶马司将川交子通入陕西，民已取信。今欲追三百万贯，令陕西与见钱盐钞兼行，仍拨成都常平铜钱一百万贯充本。从之。四年四月，诏淮南许通行交子。六月，又诏交子并依旧法路分，兼通行诸路，惟不入京。"中华书局，2006年，第666页。

③［元］马端临：《文献通考》卷九《钱币二》，引用蔡绦《国史补》："钱引，崇宁间行于京东西、淮南、京师诸路，惟福建、江浙、湖广不行。"中华书局，2011年，第241页。

④ 何平：《传统中国的货币与财政》，人民出版社，2019年，第118页。

⑤［元］脱脱等：《宋史》卷一八一《食货志下三》："大凡旧岁造一界，备本钱三十六万缗，新旧相因。大观中，不蓄本钱而增造无艺，至引一缗当钱十数。"中华书局，1977年，第4405~4406页。

1%~2%。面对钱引的大幅贬值，蔡京的应对措施是，在钱引两界交更的时候，规定新一界交子（钱引）与旧交子兑换比例由1∶1变更为1∶4①。这种仅仅改个名字的做法完全无法解决交子贬值的问题，但事实上实现了强令人们手中的纸币一次性贬值4倍的目的。旧交子持有者的财富突然有四分之三不翼而飞，这些财富最终通过无锚印钞和通货膨胀转移到了官府手中。

通过当十钱的折腾和纸币的滥发，北宋之前向社会投放和回收金属铸币的整个货币体系被彻底打乱。毕竟印发无本万利的钱引比起原来需要谨小慎微地维护货币循环来说，实在是简单方便太多了。

在蔡京等官员主持下，上述盐茶改革、货币改制获得的利益，各种杂项征敛②所搜刮的民间财富，强行征收地方财政的结余，最终全部集中到京师，"尽拘括以实之，为天子之私财"③。

史书如此评价徽宗一朝的财政状况：

---

① ［元］脱脱等：《宋史》卷一八一《食货志下三》："大观元年，诏改四川交子务为钱引务。自用兵取湟、廓、西宁，藉其法以助边费，较天圣一界逾二十倍，而价愈损。及更界年，新交子一当旧者四，故更张之。以四十三界引准书放数，仍用旧印行之，使人不疑扰，自后并更为钱引。"中华书局，1977年，第4404页。
② ［元］马端临：《文献通考》卷一九《征榷考六》："徽宗自崇宁来，言利之言殆析秋毫。其最甚，若沿汴州县创增锁栅，以牟税利；官卖石炭，增卖二十余场，而天下市易务炭皆官自卖。名品琐碎，则有四脚、铺床、榨磨等钱，水磨钱、侵街房廊钱、庙图钱、淘沙金钱，不得而尽记也。"中华书局，2011年，第545页。
③ ［元］脱脱等：《宋史》卷四七二《蔡京传》，中华书局，1977年，第13727页。

　　　　　　　　　　　　　　　　　第五章　名城悲歌

> 是时天下财用岁入，有御前钱物、朝廷钱物、户部钱物，其措置哀敛、取索支用，各不相知。天下财赋多为禁中私财，上溢下漏，而民重困。①

所谓"天下财赋多为禁中私财"，描绘了天下财赋多已被搜刮进京成为宋徽宗私财的现状。当时的有识之士早已一针见血地指出了这种状况的危险，"天下之财贵于流通，取民膏血以聚京师，恐非太平法"②。

可以说在宋徽宗和蔡京这对君臣手上，北宋朝廷对全国民众的利益反复"弃信而夺之"，致使北宋国家信用彻底崩溃，民间社会对朝廷不再信任，最终断绝了政权获得长期收益的可能，实际上摧毁了之前北宋整个财政体系的正常运作。

宋徽宗君臣短时间内搜刮到大量财富，使其集中到京师的中央政府和皇帝手中，虽暂时缓解了北宋中央政府的财政危机，满足了最高统治者的奢侈之求和开疆拓土的野望，但也激化了社会矛盾。

只顾眼前，不顾长远，将民间财富与民力消耗殆尽，必然带来恶果。当时就已经有有识之士告诫："民力殚矣。民为邦本，一有逃移，谁与守邦？"③宋徽宗君臣20余年使用权力强力维持的统治手段，将民间财富"涸泽而渔"。商人纷纷破产，百姓困苦不堪。在无法生存的情况下，各地民众纷纷起

---

① [元] 脱脱等：《宋史》卷一七九《食货志下一》，中华书局，1977 年，第 4364 页。
② [元] 脱脱等：《宋史》卷四五三《忠义八·曾孝序传》，中华书局，1977 年，第 13319 页。
③ [元] 脱脱等：《宋史》卷四五三《忠义八·曾孝序传》，中华书局，1977 年，第 13319 页。

吟徵調商竈下桐
松間疑有入松風
仰窺低審含情客
以聽無絃一弄中
臣京謹題

聽琴圖

宋徽宗和蔡京这对君臣彻底摧垮了北宋朝
廷在民间社会中的最后一丝信用。图为宋
徽宗赵佶手绘《听琴图》，松下抚琴者为
宋徽宗赵佶本人，右侧红衣大臣即为蔡
京。画题"听琴图"三字为赵佶手书，画
面上题诗为蔡京手书

来反抗，其中最为著名的席卷两浙的方腊起义，直接动摇了北宋的统治。

最后，面对金人入侵的危机，宋廷再次使用强力手段，却已经无法对与传统秦汉唐社会结构迥异的宋代社会进行有效社会动员，王朝也因此走向衰亡。作为王朝首都的汴京城也从此一蹶不振。

汴京兴衰的幕后：相互背离下的失衡

是什么造就了汴京城的繁荣，又是什么造成了它的毁灭？我们用了五章的内容试图找到这个问题的答案。就如上一节最后的结论所说的那样，金人的入侵不过是在一座摇摇欲坠、行将倒塌的破房子上踹了一脚。在此之前，在宋徽宗君臣的20多年的胡作非为之下，北宋国家信用已经彻底崩溃，财政体系的正常运作也已被摧毁，百姓困苦不堪，纷纷起来反抗……简言之，北宋政权的统治基础早已不存在了。

那么，可以将责任仅仅扣在宋徽宗君臣头上吗？事情当然不会那么简单，就如我们在前文中总结的那样，在北宋的政策运行中，按"放水养鱼"思路制定的政策在巨大的财政压力之下往往最后以"涸泽而渔"的思路执行。宋徽宗君臣的所作所为不过是这一规律的结果而非原因。那么，在这个规律的背后，隐藏着的北宋王朝与京师汴京兴衰的关键究竟是什么呢？

第三章中曾经描述过，北宋面临着秦汉唐均没有遭遇过的困境——政治和军事重心与经济重心的严重背离。

秦汉至唐前期，中国的经济中心在黄河中下游流域，而当时的政治重心和对抗北方少数民族政权的军事重心也集中在黄河流域。政治、经济、军事三大重心大致处于同一区域。

而中晚唐后，经济重心已经逐渐转移到南方，宋代更是加强和巩固了这一趋势。北宋一朝，江淮荆湖两浙四川等南方地区尤其是东南的东南六路财政的收入重地，被称为"国家财用所出，尽在东南"①。但北宋的政治重心在黄河下游的汴京，军事重心侧重于应对北方的辽和西北的西夏，全部位于黄河流域，至此经济重心和政治、军事重心开始分离。如果仔细划分的话，同在黄河流域的政治重心汴京、军事重心西北沿边也不在同一个细分的地理区域内，甚至河东路、山西路与京师分属地理上的第二级阶梯与第三级阶梯。因此，北宋实际上面对的是政治、军事、经济三个重心相背离的局面。

宋代承继唐代后期和五代，全面实行募兵制，军费大增，这也促使宋代财政结构和财政制度发生了深刻变化。研究者指出，农业税已难以支撑宋代募兵制下军费巨大增加后的财政支出，宋代财政收入呈现农业税和工商业税并驾齐驱的格局。一位日本学者在仔细研究后指出了其中的关键——宋代财政的本质其实是一种军事财政。北宋以兵而立，以募兵制为主要军制，导致军费大增，军费支出达国家财政的80%以上，这使得宋代财政征收的重心围绕军费供给而展开。同时，北宋防御辽和西夏的国防态势使得禁军主要集中于京师和北方沿边。军队的分布又促成了围绕军需供给而展开的财政供输体制。这使得宋代市场的运行出现了军需导向的鲜明特点：

---

① ［宋］包拯著，杨国宜校注：《包拯集校注》卷一《请免江淮两浙折变》之三，黄山书社，1999 年，第 24 页。

为满足军人和战马需求而以实物的供给为主，强调财政供给物的使用价值，宋代甚至坚持使用复合单位统计财政收支以方便统计各类物资数量等[①]。

　　这个见解一经提出就引起了研究者们的关注。如宋代主要的跨地区物流是由政府提供军需供给而形成的财政物流，其规模远远大于民间市场的商业物流，从而形成了财政物流主导下的市场[②]。这一观点遭到了其他学者的反驳和否定，但

---

① 黄纯艳：《宋代财政史研究的主要方法及其检讨》，载《厦门大学学报（哲学社会科学版）》，2020年第6期。
② ［日］宫泽知之：《北宋の财政と货币经济》，收入［日］宫泽知之：《宋代中国の国家と经济》，创文社，1998年，第53页。中译文《北宋的财政与货币经济》，张北译，见刘俊文主编：《日本中青年学者论中国史·宋元明清卷》，上海古籍出版社，1995年，第93~94页。

其观点的主干，即宋代财政的本质其实是一种军事财政，其运行是围绕着军费与军需的获得和供输展开的，则切中肯綮，成了宋代财政问题的重要解释工具。

从前几章的内容我们也可以看出北宋财政是一种军事财政的一些端倪。为了满足实物供给，同时减少供输成本，市场购买成了政府解决财政供给的重要手段。比如利用民间商人输送粮草的入中制度成了供应沿边军粮的主要途径。而求助于市场的政府购买需要大量货币作为支撑，于是宋朝政府连续大规模铸钱 100 多年，并建立了一套以京师为核心的货币运行体系，持续提供货币投放，在财政运作上也越来越倾向于更多获取货币而不是实物等。

与此相应，宋代民间的经济活动及需求往往又依附于政府军事财政的运作。

如京师活跃的金融市场，其交易的内容就是中央财政为了供应前线军需而采用的入中制度所配套开发的信用证券交引。如果没有交引的存在，就不会有汴京火热的证券交易市场和金融业中心的存在了。

又如因为商品经济发达，市场交易量进一步增加，对于有足够信用货币的需求也同样日益庞大，而宋代市场对货币的需求完全依赖于政府财政。正如之前我们对北宋货币体系运行的描述：流通中的货币存量取决于中央财政的货币赋税征纳（回笼）量；流通中的货币增量取决于中央财政的货币性开支（投放）数量。因此，财政的结余有可能造成流通货币总量减少；而财政赤字才能保证货币投放量大于回收量，满足市场的货币需求 ①。换言之，由于宋代发达的商品经济对于货币供应的巨大需求，在宋代货币投放与回笼全部依靠中央财政运作的条件下，只有中央财政保持长期的财政赤字，才能保证实现稳定地向社会提供足够的货币供应。

简单地说，就是中央财政长期的财政赤字才能保证向社会和市场提供足够的货币，这是北宋民间经济繁荣、商业发达的货币基础。这与大众一直耳熟能详的北宋出现长期财政赤字是"积贫积弱"的表现这一论断可谓大相径庭。

当民间经济活动与政府军事财政紧密缠绕在一起的时候，双方各自的目标能否一致就成了关键。对军事财政来说，运行的目标是持续而稳定的军费获得与军需供输。而对民间的经济活动来说，需要的是稳定的社会环境与金融环境，友好的营商环境，以及不断放开可经营的经济领域。

两者的目标可以兼容的时候，就如上一章中我们所提及的，宋代出现了国家越来越多地退出经济的直接经营，把更多的经济空间让渡给民间 ② 的现象。宋朝的中央财政依靠工商业发展后的社会繁荣，大量征收间接税以提高货币收入，满足军费所需；政府再主要用货币，在国家信用的加持下对军需物资和相应的运输、供应的服务进行政府购买，从而满足军事财政运行的最终目的。两者相互依存，形成了长期稳定的财政－经济结构。从宋初到宋仁宗时代，虽然军队数量不断扩大，但是社会经济的发展带来的财政收入增长足以支撑这种扩大。

---

① 袁一堂：《北宋钱荒：从财政到物价的考察》，载《社会科学战线》，1993 年第 2 期。
② 黄纯艳：《唐宋变革论与宋代经济史研究》，见林文勋、黄纯艳主编：《中国经济史研究的理论与方法》，中国社会科学出版社，2017 年，第 394~396 页。

宋代的民间经济并不能支撑长时间的战争

[北宋] 王居正《纺车图》（局部）故宫博物院藏

　　这种民间经济活动与政府的"军事财政"相互依存的关系能够稳定存在还有一个重要因素就是相对和平的环境。从澶渊之盟到宋仁宗去世约60年时间里，除了元昊称帝引发的宋夏战争持续了约5年以外，并没有发生持续时间长规模大的战争，这也使得政府的军事财政压力不大，为这种共存提供了前提条件。

　　也正是在这段和平时期，京师汴京城以全国物流、商业、财政、金融、人口流动的中心，在民间经济活动与政府的军事财政相互依存的体系中正常运行，得以发展成为繁荣昌盛的大都市。

　　但是，当时大部分接受儒家系统教育的官僚，所抱持的还是先秦时期诞生的，传统小农经济中以实物赋税为主要操作对象条件下的财政思想。这种财政思想已经无法跟上社会经济的发展，不能解释当时的财政运行与社会经济之间的关系了。当时知识分子主要的财政见解还是国家必须进行大量物资的强行积蓄，财政必须"量入为出"，看到中央财政赤字，就焦虑于入不敷出，"竭府库之所蓄"，"遑遑焉专救经费而不足"①。

> 古者国无九年之蓄曰不足，无六年之蓄曰急，无三年之蓄曰国非其国。今自京师至天下州郡，大率无二年之蓄，边城甚者或三数月耳，不幸有连二年之水旱，将何以养此兵乎？此兵不足以养，则其忧不在契丹也……若不以臣非才而信用其言，先罢招兵，然后量今天下赋入之数以为国用，使上下宽裕，非独臣之幸也，乃天下之幸也。②

范镇的这一上书可以作为当时财政思想的一大总结。开头援引的"古者国无九年之蓄曰不足，无六年之蓄曰急，无三年之蓄曰国非其国"出自先秦时代诞生的《礼记·王制》。这一上书全然不顾当时沿边地区粮食供应中成功运转已久的"入中制度"，也无视唐宋时代商业发达以后，大宗物资跨区域商业物流的存在，以及在已有的救灾活动中对商业物流的成功使用。最终归结到"量入为出"上，又回到了要求财政收支为正，不能"入不敷出"。在这样的思想下，他完全意识不到，如果当时货币财政收支为正，则意味着中央财政每年从社会上回收大量铸币，这将导致市场上的货币流通量快速

---

① ［宋］司马光：《司马光集》卷二三《论财利疏》："陛下承祖宗之业，奄有四百余州，天下一统，戎狄欸塞，富饶之土贡赋相属，承平积久百姓阜安，是宜财用羡溢百倍于前。奈何竭府库之所蓄，罄率土之所有，当天下无事之时，遑遑焉专救经费而不足。万一有不可期之灾患，将何以待之乎？"四川大学出版社，2010 年，第 619 页。
② ［宋］李焘：《续资治通鉴长编》卷一七九，"至和二年五月癸亥"条下"知谏院范镇言"条，中华书局，1995 年，第 4337 页。

减少，引发严重的"钱荒"和通货紧缩，从而对日益发展的商品经济造成致命打击。

这也决定了大部分官员更加能接受传统的"利出一孔"模式下国家强制控制一切经济领域的财政模式，为之后战争阶段财政运作的改变埋下了伏笔。

与和平时期军事财政只需要日常维持军队开支不同，战争是耗资巨大的"吞金兽"。战争一旦爆发，就需要财政提供巨额的战争开支。民间经济活动与政府的军事财政之间原本已经取得的相对平衡的依存关系立刻被打破。财政体系需要短时间内拿出大量资源供给军用，而战争的长期化则意味着巨额战争开支的长期化。之前在民间日常经济中获得的常规财政收入远远不足以支撑两者的需求，中央财政最终选择使用强力手段，用传统"利出一孔"的模式，撕毁对民间和市场承诺的信用，从社会中强行抽取财富。政府的军事财政与民间经济活动的目标立刻处于相互背离的状态，两者之间的关系转变成对社会资源存量进行争夺的竞争关系。在这个过程中，拥有权力和超经济强制手段的宋朝政府显然占尽优势，而付出的代价就是面向民间社会的国家信用走向崩溃。

从历史上看，在宋真宗、仁宗朝的长期和平时期，元昊称帝引发的持续5年左右的宋夏战争，带来了巨大的财政支出压力，这一事件逼迫官府使用"涸泽而渔"的手段强行加税，加重赋税征敛。随着庆历合议的达成，战争结束，民间经济活动与政府的军事财政的关系才得以重回正常。

宋仁宗去世，宋英宗短暂的过渡之后，宋神宗时期著名的熙丰变法，其重要目的之一就是"富国强兵"，而与变法过程伴随着的，就是宋夏战争的全面开始，以及北宋为攻略西夏主动发动的对青唐吐蕃的战争。变法获得的巨额财政收入成了支撑这种长期战争的财力支柱。

熙丰变法积累的巨额财富，支撑了宋神宗、宋哲宗两朝对西夏和青唐吐蕃 30 多年的长期战争。其中，赏赐费用的增加，购买粮草的开支，修筑城寨所用的器具，材料花费的增加，调发民夫的花费，均需要大量的现钱，巨额的财政支出使得宋朝政府无法完全支撑耗资巨大的战争。到了宋哲宗末年，"对西夏开边加上开青唐，大量动用中央和地方的储备致使府库濒临空竭，元符末年已出现财政窘迫的局面"①。宋徽宗时不顾财政窘迫的现状，不但不停止战争，减轻财政压力，休养生息，重新建立民间经济与中央财政的正向关系，反而四面出击，对西夏、青唐吐蕃、辽、金连续发动长期战争，对内鼓吹"丰亨豫大"穷奢极欲，使得已经本就捉襟见肘的财政雪上加霜。最后只能任用蔡京等人，采用饮鸩止渴的方式加速从整个社会超量抽取财富。最终民间经济被严重摧残，社会财力枯竭。国家信用崩溃，民间社会对宋朝政府完全失去了信任，平民纷纷起义反抗，成了王朝灭亡的催化剂。

从这个角度说，熙宁变法中那对著名的矛盾：王安石提出的"不加赋而国用足"与司马光反驳的"天地所生财货百物，不在民，则在官"②，因而有了不一样的解法。以往批判

---

① 马力：《宋哲宗亲政时西北边费增加对财政经济的影响》，载《西北史地》，1988 年第 4 期。
② ［元］脱脱等：《宋史》卷三三六《司马光传》："光曰：'善理财者，不过头会箕敛尔。'安石曰：'不然，善理财者，不加赋而国用足。'光曰：'天下安有此理？天地所生财货百物，不在民，则在官，彼设法夺民，其害乃甚于加赋。此盖桑羊欺武帝之言，太史公书之以见其不明耳。'"中华书局，1977 年，第 10763～10764 页。

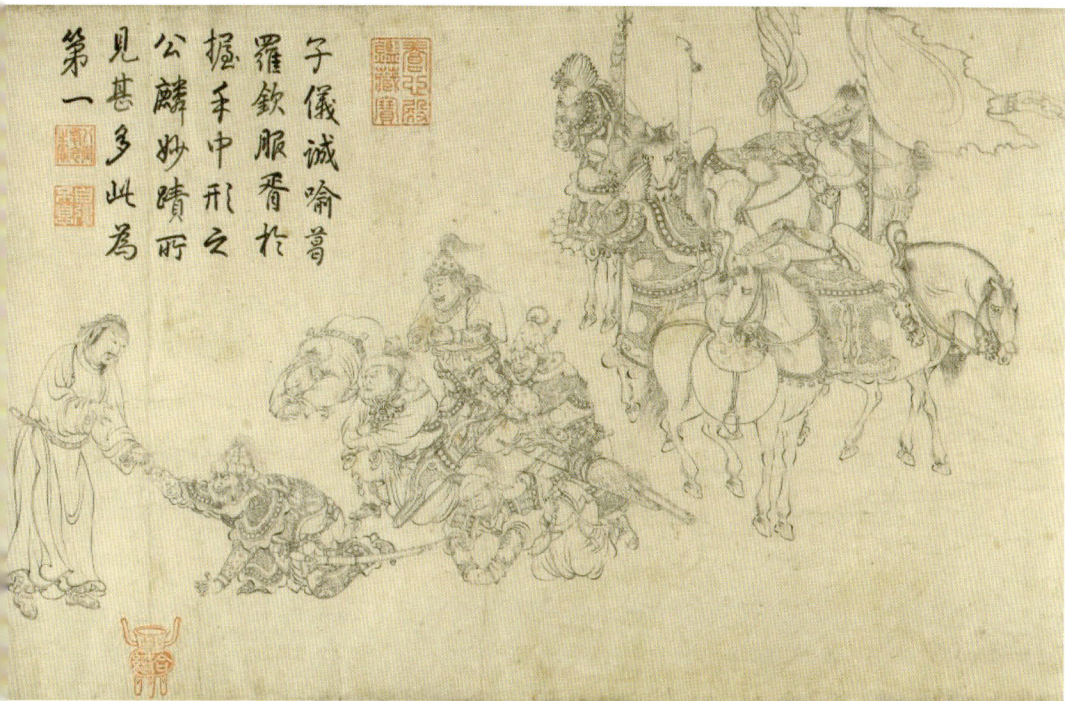

司马光的观点，往往认为这个看法没有从发展的角度看问题，没有意识到生产力是可以发展进步的，从而将"天地所生财货"看成固定不变的。在工业革命发生之前，古代社会生产力发展确实是缓慢的。在短期内更是难以有明显的量的变化。然而，置于北宋时代民间经济的运行依附于官府军事财政体系的运作模式之下，司马光的理解是符合当时的实际的。一旦以战争为目的，为了准备和供给战争投入的资源越多，民间经济的运行所得到的资源就越少，直至最后军事财政体系反向从民间经济体系中掠夺存量资源。面对这种情况，民间经济是毫无还手之力的。所谓"天地所生财货百物，不在民，则在官"的奥秘不外如是。那么王安石所说的"不加赋而国用足"难道真是不可能实现的吗？其实不然，当我们跳出民间经济的运行与军事财政体系的绑定，就会发现，其实还有一条宋代历史上并未走过的道路，是可以实现这一目标的。那么另一条路是什么？是否有可能走通呢？

借款：走不通的另一条路

20世纪后半叶，欧美学术界从讨论近代西方国家建构的历史出发，发起了以"财政－军事"国家体制的建构研究各国历史发展道路的学术探讨。虽然最初这个议题的时代背景是中世纪至近代的欧洲国家，但随着研究的不断深入和讨论范围的逐渐扩展，开始有学者用这一理论框架关注中国历史上的朝代。

熊彼特在《税收国家的危机》[①]一文中总结欧洲历史，提出了两类国家概念：领地国家（domain state）与税收国家（tax state）。领地国家是封建制度的产物，国王的税收来自自己的领地和诸侯的贡赋，同时国王并无权对诸侯的领地征税。税收国家则是由中央政府及下级政府在全国范围内用税收的方式来汲取财力。熊彼特认为，财政需求是近代国家得以诞生的直接原因，税收制度引领国家其他部门组织得以发展。借助税收，国家渗透到私有经济中，并不断加大对私有经济的控制。

熊彼特的解释无疑让我们直接联想到之前的章节中我们对宋代社会经济的各种描述。已经颇有一些从这个角度观察宋代国家形态的研究。比如有学者认为"宋朝国家财政制度

---

① Joseph A. Schumpeter, "The Crisis of the Tax State," International Economic Papers, 1954.

经济学家约瑟夫·熊彼特（Joseph Alois Schumpeter, 1883—1950）提出了领地国家与税收国家的概念

以间接税为主要收入来源，摆脱了对土地税的依赖。安史之乱以后战争市场化与经济货币化两种趋势的高度结合，是这种新型财政体制的来源。其在当时出现及以后的飞跃式发展，无疑印证了宋朝在近代欧洲之前就走上了熊彼特所说的税收国家道路"①。

如果从熊彼特对税收国家的详细论述和学术界对于税收国家的后继讨论看去，我们还能看到更多熟悉的地方。比如，"在熊彼特看来，国家陷入财政窘境的主因，在于雇佣兵兴起导致不断腾升的战争花费，而近代西欧国家诞生的直接原因就是要应付巨额财政需求。蒂利（Charles Tilly）进一步将欧洲霸权的崛起解释为'战争创造了国家，国家也创造了战争'，以描述 1500 年以来组织化、货币化的军事动员和军

---

① 刘光临、关荣匀：《唐宋变革与宋代财政国家》，载《中国经济史研究》，2021 年第 2 期。

事冲突如何催生了近代西方国家"。以至于有学者忍不住提醒
"西方学者没有注意到类似的情形早在中国发生：军费开支飞
涨所引发的财政危机，也是推动宋朝国家公共财政体制变革
的最大动力"[①]。

　　宋代国家财政体系与财政国家范式高度重合的特点，甚
至让人不禁联想，从税收国家再进一步，就会发展到近代财
政国家（fiscal state）。而这再进一步，需要一种国家体制能
够从市场源源不绝地大量汲取财政资源。一般认为，1815年
英国在欧洲最先达到近代财政国家阶段。而"国家体制能够
从市场源源不绝地大量汲取财政资源"是不是又让我们想起
了宋代的财政与社会？这不禁让人浮想联翩，北宋时代的政
府和财政体系与近代财政国家如此相似，那么北宋是否有可
能走上发展为近代财政国家的道路？

　　然而，拥有很多表象的相似之处并不代表就是同一种东
西，10—12世纪的北宋朝廷和近代财政国家完全是不可同日
而语的两种存在。在近代财政国家的讨论面扩大到历史上的
中国王朝之后，自然有研究者注意到了宋代财政的这些相似
之处。于是，晚清之前的中国古代王朝为何没有建立起近代
财政国家体制自然成了必然的研究内容[②]。

　　从这个角度出发，研究者提出了财政国家分为传统财政
国家（the traditional fiscal state）和近代财政国家（the modern

---

① 刘光临、关棨匀：《唐宋变革与宋代财政国家》，载《中国经济史研究》，2021年第2期。
② 如邓钢：《中国财政国家的持续性及其效能，公元前700年—1911年》，[美]王国斌：《中国的税收征缴与善政治理，1500—1914年》，内容介绍转引自何平：《传统中国的货币与财政》，人民出版社，2019年，第36~42页。

fiscal state）①，将古代宋代的中国与近代财政国家做了区分。宋代朝廷主要以税收收入来满足其经常性支出，金融市场并不大，国家并不恒常地渗透进金融市场。成为近代财政国家的条件则严苛得多，比如税收要使用汇票等便捷信用工具进行汇划，中央和地方政府之间要分配政府支出。

我们比较一下相似环境下，走向近代财政国家的欧洲国家与深陷传统财政困境的北宋朝廷就很清楚了。

走向近代财政国家的欧洲国家，其"财政－军事"国家体制的建构是"组织化、货币化的军事动员和军事冲突"所催生的。比如16—17世纪的尼德兰联省共和国（今荷兰加比利时），为了摆脱西班牙的统治，与西班牙展开了长达80年的战争。"联省共和国与西班牙的战争发生于军事革命的大背景下，军事行动的代价越来越高。1568年，共和国的战争预算为290万盾，17世纪30年代年均军费已达2200万盾，其中荷兰和泽兰两省提供了全部经费的70%，而荷兰一省又占58%。1600年，荷兰省通过资本市场融资500万盾，1620年总额增至约2000万盾，1648年战争结束时，荷兰省通过资本市场借款高达1.25亿盾。1641年左右，共和国开支的近九成用于军费。没有这种贷款，共和国不可能在八十年战争中坚持下来，因为税收根本不能满足需求（1640年，荷兰省的总收入约1000万盾），缺口只能依靠公债来弥补。"②

长达80年的战争，巨额的军费开支远远高于日常税收的

---

① 和文凯：《走向近代财政国家之路：英国、日本与中国》，相关内容转引自何平：《传统中国的货币与财政》，人民出版社，2019年，第36~42页。
② 黄艳红：《近代早期的国际竞争与财政动员：关于西荷与英法的比较研究》，载《史学集刊》，2020年第2期。

财政收入，但联省共和国通过资本市场借贷了超过税收收入的公债，维持了财政体系的正常运作。相比之下，同样面对长期战争（北宋神宗、哲宗、徽宗三朝的战争持续了近60年）和巨额军费开支，北宋朝廷的财政早已左支右绌，不得不使用强力手段直接搜刮民财，最终导致财政体系崩溃，民间纷纷起义。

就如上一章最后我们提到的，北宋朝廷并非没有想到"借款"这一招。但是并没有一个成熟的近代化金融市场可以给北宋政府提供借贷服务。"借款"最后只能以可笑的使用权力向民间富户"强借"收场。欧美学者也发现了这个问题，如威廉·戈兹曼（William N. Goetzmann）就认为："中国金融技术唯一的缺失的点在时间维度上。羸弱的欧洲政府在中世纪晚期和文艺复兴时期一直诉诸赤字财政和发行债券，但中国却没有。"[1]我们知道，北宋朝廷甚至实施了赤字财政，但利用近代化金融市场发行债券募集公债确实完全不可能发生。

双方在金融市场上的差距到底有多大呢？"荷兰共和国承接了建国前多个省份在财政金融领域的制度基础与创新成果，在建国后又进行了积极的探索，由此形成有效的国家财政、健康的税收基础与发达的公债市场，让它能够汲取财力资源，并进而吸引到整个欧洲的资金，以应对外来军事威胁、发展国内的基础设施、拓展国际贸易市场。这些制度方面的诸多变化，被学者称为'financial revolution'，本文将其译为'财政金融革命'……在汇兑银行（其中最重要的是阿姆斯特

---

[1] ［美］威廉·戈兹曼：《千年金融史：金融如何塑造文明，从5000年前到21世纪》，张亚光、熊金武译，中信出版社，2017年，第355~356页。

丹银行）、可转让股票、海外债券、大型公司金融等方面也有很多制度创新，且与财政制度建设交织在一起。"①而在北宋时代，完全没有能与之对应的政府与民间金融机构以及相应的金融活动存在。联省共和国可以做到"利用中央集中征收的财政收入作为资本，为从市场上动员财力提供杠杆"，而北宋朝廷除了"涸泽而渔"的残酷剥削征敛外便别无他法了。

换句话说，利用发达的金融市场，以公债的形式上杠杆动员社会财力，这就是在面对长期战争造成的财政压力时，北宋军事财政体系不得不对民间进行残酷刻剥这一困境的解法，也是足以实现王安石"民不加赋而国用足"理念的现实工具，即我们在上一节末尾提出是否存在的另一条路。

然而，成熟的近代化金融市场并非从天上掉下来的。欧洲金融市场的形成，以及欧洲国家借助金融市场进行借贷、发行公债的日常操作也不是一朝一夕就形成的。我们顺着历史的轨迹向前寻找就会发现，至少从中世纪的 12 世纪起，"银行家和金融家的服务对于向国家或者领主供应其入不敷出时所需的资金已经变得不可或缺。银行家和金融家还为统治者出谋划策，帮助他们作出有关盈余资金投资或者代表君主或共和国进行地区或国家资本转移的决策"②。由此我们可以得知，欧洲的金融业、金融市场以及欧洲国家借助金融市场进行借贷的日常操作在与北宋同时的 12 世纪，就已经相当发

---

① 刘守刚、王培豪：《荷兰共和国时期的财政金融革命及历史启示》，载《金融评论》，2021 年第 3 期。
② ［英］理查德·邦尼主编：《经济系统与国家财政——现代欧洲财政国家的起源 13—18 世纪》，沈国华译，上海财经大学出版社，2018 年，第 527 页。

16—17世纪尼德兰联省共和国与西班牙之间的长期战争带来了高额战争支出。图为以此次战争为背景的油画

[西班牙] 迭戈·罗德里格斯·德·席尔瓦·委拉斯凯兹《布列达的投降》西班牙马德里普拉多博物馆藏

达。中世纪同样是欧洲早期银行业出现的时代，而欧洲金融业在信贷上的渊源，更可以向前追溯到中世纪之前[①]。欧洲的金融业、金融市场，是在欧洲国家从领地国家向税收国家演进的同时伴随着一并发展进化的。

与此同时的北宋社会，并没有与之类似的金融业与金融市场的存在。在作为王朝首都和最发达的商业市场所在地的汴京城中，经营金融业的包括专门经营抵押信用业务的质铺；经营生金银、金银器饰的买卖与兑换业务、金银器饰与生金银的铸造和鉴定的金银铺；收取保管费而供储存钱货、金银与其他财宝，并接受储存者委托变卖财宝重品换取现金的柜坊与寄附铺[②]等，与同时期欧洲的金融业相比，根本没有早期银行出现的迹象，自然也未见有"向国家或者领主供应其入不敷出时所需的资金"的贷款业务存在。

---

① 陈勇：《13—15世纪欧洲早期银行业研究》，复旦大学2009年博士毕业论文。
② 杜正琦、曹军新：《宋代金融体系与治理》，载《中国金融》，2020年第24期。

这一缺失是相当致命的。研究者已经指出了这一缺失导致的重要后果。唐宋时期的中国，"人们越是富庶，越是将铜钱作为财富甚至一种实物资产来窖藏。同时，在当时的传统工商业组织中，其生产备用资金也是以自身蓄积铜钱存在，铜钱的周转受到阻碍。铜钱的私人窖藏就等于相应铜钱的非货币化……在没有近代银行体系的唐宋时代，呈现出社会越繁荣，铜铸币供给越多，而同时富豪越多，铜钱的私自蓄积越多，钱荒越严重的奇特现象。其要因在于近代金融体系的缺乏，社会的剩余货币不能转化为资本，进入生产和流通，从而使得货币的贮藏职能异化为流通货币的消失"[①]。银行的基本功能就是吸收存款和发放贷款，是将社会的剩余货币转化为资本的工具。北宋时代没有银行出现，货币不能资本化，从而无法实现乘数效应下的货币创造，也就无法为宋代朝廷从市场上动员财力提供杠杆。

　　北宋时代真的没有机会发展出银行业吗？其实至少就目前的史料看，似乎有一次民间的金融创新离真正的银行诞生只差一步。那就是第三章中我们提到过的民间交子的诞生。

　　最初民间发行的交子，是完全可兑换的货币兑换券。交子需求者向交子户缴纳现钱，交子户发行相应面值的交子给需求者。交子在市面上使用，使用者可以随时向交子户兑取现钱，只是每一贯（1000 文）要缴纳 30 文作为交子户的利润[②]。

---

① 何平：《唐宋的"钱荒论"及其实质》，载《中国钱币》，2019 年第 6 期。
② ［宋］李攸：《宋朝事实》卷一五《财用》："书填贯不限多少。收入人户见钱，便给交子，无远近行用，动及万百贯。街市交易，如将交子要取见钱，每贯割落三十文为利。"见《文渊阁四库全书》第 608 册，台湾商务印书馆，2008 年，第 173 页。

　　　　　　　　　　　　　　　　　第五章　名城悲歌

因为交子只是一张纸币，使用便利，加之其随时完全可兑现的信用担保，使得交子在四川铁钱区大行其道，交子户因此收取了大量铁钱。"当货币兑换商开始大量吸收存款，发放贷款时，银行业就诞生了"（当然，偶尔、临时的信贷活动不应该成为判断银行业是否出现的标准）[①]，交子户已经完成了"货币兑换商大量吸收存款"这一步，只要他们用吸收的这些铁钱经营发放贷款的业务，银行业就将诞生。

然而，历史上的交子户并没有利用吸收的铁钱开办发放贷款的业务，而是利用手中的现金广置田产。当时的交子户并没有准备金的概念，当大量现金被换成土地田产等不动产之后，交子户手中掌握的可以用来随时应付交子使用者兑现的现金数量就捉襟见肘了。当遇到兑换量大，手中现金不足以兑付的状况时，交子户干脆关门闭户，引发兑付者聚众争闹。最终由官府出面协调解决，兑付者一贯钱只能兑付七八百文，直接损失 20%~30%，导致交子户信用破产[②]。

在这个过程中，我们甚至无法把责任推给常见的官府，整个过程中，官府在交子户无法兑付引发兑付者聚众闹事之前并没有介入交子户的运营活动，整个事件中交子户在陷入危机前的经营选择完全是自主做出的。

交子户与银行的出现失之交臂也为后来的研究者所惋惜。

---

① 陈勇：《13—15 世纪欧洲早期银行业研究》，复旦大学 2009 年博士毕业论文。
②［宋］李攸：《宋朝事实》卷一五《财用》："收买蓄积，广置邸店屋宇园田宝货；亦有诈伪者，兴行词讼不少。或人户众来要钱，聚头取索印，关闭门户不出，以至聚众争闹，官为差官拦约，每一贯多只得七八百，侵欺贫民。"见《文渊阁四库全书》第 608 册，台湾商务印书馆，2008 年，第 173 页。

因为交子户利用收纳的现钱投资土地田产等不动产，"与近代西方民间银行发行银行券之间，形成根本的制度差异。其从事一般商业和不动产的经营行为，在货币发行和经营行为上的非专门化，不仅可能致使它因商业经营的失败影响兑换准备的安全，而且由于与一般商业的混合经营，抑制了它专门化地发展为类似近代银行利用比例准备在银行技术上的创新进而支持经济发展的可能，影响了信用货币可持续机制的建设"①。

然而，惋惜之余我们再深思一步就会想到，货币发行和经营行为的专门化，是需要一定时间的实践积累相关业务经验才能形成的。交子户用吸纳的现钱投资不动产这种非专门化操作，正是由于民间金融业大规模吸纳现钱在此之前并没有太多先例，因此没有积累出相关专门化的操作。简言之，就是民间金融业大规模吸纳现钱本身都还是新鲜事，怎么能够指望一步跨三级式地发展出专门化的货币发行和经营行为呢？

另一个问题则更显严重，交子户在经营失误导致无法偿付客户的兑换后所表现出的失信行为，直接酿成了治安事件，逼迫官府介入。而之后交子得以继续发行，也得益于官方注入国家信用，民间才重新开始使用。这说明当地的民众对于交子户的私人商业信用已经无法相信了。交子是当地十余户有力的富户联合主导发行的民间信用货币②。这些富户还是以对官府承担人力和物力义务为代价，才取得发行交子的特许

① 何平：《传统中国的货币与财政》，人民出版社，2019 年，第 87~88 页。
② ［宋］李焘：《续资治通鉴长编》卷一〇一，"天圣元年十一月癸卯"条："初，蜀民以铁钱重，私为券，谓之交子，以便贸易，富民十六户主之。"中华书局，1995 年，第 2342 页。

权力①。连这样的民间顶级人物都无法保证自己的商业信用，这恐怕说明在北宋时，私人在商业信贷中的信用保证并不能支撑起银行业的产生与发展。

正如我们在第二章描述的那样，随着中晚唐至宋代社会的变化，普通民众获得了迁徙、选择职业的权利和相对平等的法律身份，他们可以在农村从事耕作，可以流入城镇，或从事商业活动，或成为雇佣劳动者；还可以选择同时从事多种职业的"兼业"②。正是这种社会变化，使得普通人有机会接触到自己日常生活圈子之外的"陌生人"，而正是与"陌生人"的经济交往，才催生了广泛的商业信贷需求。

大多数从事各种经营的民众，开始接触到在之前的社会环境中很难接触到的商业信贷。有学者研究指出，从宋代开始，关于小生产者的生产与生活普遍地依赖于借贷的言论屡屡见于文献之中③。这其实也意味着，商业信贷的信用保证与维护，对宋代的大多数人来说，还是一个刚刚有所接触，有所意识但尚未加以重视的概念。

直到南宋时期，袁采在《袁氏世范》中还谆谆告诫家族"有轻于举债者，不可借与，必是无籍之人，已怀负赖之意……故借谷至百石，借钱至百贯，虽力可还，亦不肯还"，"凡人之敢于举债者，必谓他日之宽余可以偿也。不知今日无宽余，

---

① ［宋］李攸：《宋朝事实》卷一五《财用》："始，益州豪民十余户连保作交子，每年与官中出夏秋仓盘量人夫及出修糜枣堰、丁夫物料。"见《文渊阁四库全书》第608册，台湾商务印书馆，2008年，第172~173页。
② 李晓：《宋代工商经济与政府干预研究》，中国青年出版社，2000年，第14页。
③ 刘秋根：《关于中国古代高利贷资本的历史作用——〈资本论〉第三卷第五编》，载《史学月刊》，2000年第3期。

对宋代的大多数人，包括小商人在内，商业信贷的信用保证与维护还是新鲜事物

[南宋] 李嵩《骷髅幻戏图》
故宫博物院藏

他日何为而有宽余……凡无远识之人，求目前宽余而挪积在后者，无不破家也"①。其中透露出的对借贷关系的鄙视与警惕说明，直至南宋时期，社会上涉及借贷的民间商业信用依旧难以依靠。

这使得当时很多买卖，往往如苏轼看到的"自来民间买卖，例少见钱，惟藉所在有富实人户可倚信者赊买而去。岁岁往来，常买新货，却索旧钱，以此行商坐贾，两获其利"②。牵涉商业信用时，必须选择"富实人户"而且"可倚信者"，也就是可信的熟人和财产保证齐备，才能确保其民间商业信用的可靠。这一点甚至沿用到明清时期的商业信用保证之中。

---

① [宋] 袁采：《袁氏世范》卷下《治家》，"钱谷不可多借人"条、"债不可轻举"条，见《文渊阁四库全书》第698册，台湾商务印书馆，2008年，第639页。
② [宋] 苏轼：《苏轼文集》卷三二《缴进应诏所论四事状》，中华书局，1986年，第903页。

如果是陌生人对陌生人，则恐怕很难有双方都能相信的信用存在。这正促使了宋代交易中"牙人"职业的发达。"牙人"在宋代商业领域的活动范围非常广泛，他们的主要业务职能有说合交易、评估无价，以及为需要依靠商业信用进行赊买或预支货款者提供担保[①]。实则也是为难以建立信任关系的陌生人之间提供商业信用保证。

因此，随着唐宋以来社会的变化、商品经济的发展，商业信用在宋代社会逐渐铺开发展起来，官方也在用法律和教化以及提供硬性担保人的方式保护和普及民间商业信用[②]。但是积累时间毕竟太短，宋代民间的商业信用还不足以支撑早期银行业的出现。

总而言之，"信用"在宋代是非常重要的。北宋朝廷显示出的走向近代财政国家的特征，诸如间接税比例高于农业税，税收货币化的推进，国家依靠税收渗透到民间经济领域，战争引发国家财政体系的变革等，其核心正是对国家信用取信于社会的借重与遵循。同时，民间的商业信用概念开始普及和发展，这才有了空前繁荣与发达的商品经济。然而，也可以看到鲜明的"失信"的影子，朝廷撕毁国家信用，弃信夺取社会财富；民间也没有发展出足够的商业信用，更不用说支撑近代金融业发展到给艰难的国家财政提供公债的地步，北宋最终走向灭亡。

至此，我们可以回答一下前一节最后的问题。司马光着眼于现实中政府财政与民间经济关系的约束，出于他务实的

---

① 姜锡东：《宋代商业信用研究》，河北教育出版社，1993年，第130~132页。
② 姜锡东：《宋代商业信用研究》，河北教育出版社，1993年，第141页。

作风和极高的道德约束主张"天地所生财货百物，不在民，则在官"。而王安石天才的目光却已经越过了当时民间经济活动与政府的军事财政相互依存的关系，想到了解决困境的方法。然而，真正能让他实现目的所需要的金融工具却并不可能存在于那个时代的北宋社会之中。当王安石只能依靠先秦古老的财政思想与自己天才的思维结合去试图制造可以实现自己意图的财政政策和金融工具时，其结果也只能是令人遗憾的。这他山之石的另一条路，即走向近代财政国家之路，在那个时代终究是不可能走通的。

今天的研究者也明确看到了这一点。有学者指出，在晚清之前，只有宋朝统治下，这个帝制财政国家自愿地游离于它的农业基础，创造了短期有利于商业增长的条件，但也因此使帝国陷入了不稳定的状态①。

有的学者认为，若要将税收结构调整为以商业性税收为主体，同时还要保证征税公平和社会稳定，就需要专业人才的培养和税收技术的提升。宋元时期对商业性税收的尝试实质上并不成功：政府基层行政监督问题和税收技术问题都没有得到解决，社会出现了混乱和动荡。因此，明清回归了宋代以前保守的财税制度。财政的稳定和保守在中国历史语境中具有某种合理性②。

在部分学者眼中，宋代成为中国历史上一个特殊的时代，获得了与众不同的成功与特立独行的失败。

---

① 邓钢：《中国财政国家的持续性及其效能，公元前 700 年—1911 年》，转引自何平：《传统中国的货币与财政》，人民出版社，2019 年，第 38 页。
② 孙睿：《经济史中的"国家能力"：问题与反思》，载《中国人民大学学报》，2022 年第 3 期。

　　实质上，这些研究和它们的结论无一不是在阐释本书的主角汴京城的命运，它的兴起、繁华与毁灭背后最深层的原因。

　　这座前所未有的大都市与它所在的时代具有相同的命运。它的崛起与繁荣，依靠的是天时——唐宋社会之变带来的民众在迁徙、择业和人身平等上的改变；地利——经过整饬的内河航运网使其成为全国物流中心；以及人和——王朝初始政策对社会、经济规律的尊重，对国家信用的遵守。

　　这使汴京成为历代独一无二的超级大都市：一个走向开放、平等、流通的时代孕育了它；一种遵守信用合作共赢的治理方式推动了它的繁荣；终究发展不足的民间商业信用水平与开放程度遏制了它的进步；落后于时代的统治观念与经济政策导致了它的衰败；最终撕毁了国家信用的权力与发展不足的市场争夺社会资源，抽干了它最后一点儿元气，使它最终走向灭亡。

　　　　　　　　　　　　　　　　　　　　　　汴京，汴京

《清明上河图》中
繁华的街市

而在它之后，再次看到有类似特点的大都市在中国大地
上诞生，已经要到近代中国了。

小　结

四通八达的内河运输网络是汴京城成为超级大都市的物
理基础，也是北宋王朝生存的重要生命线。随着五丈河、惠
民河漕运相继停止，汴京城的繁华全部寄托于汴河一条水路
之上。这一幕也正如北宋王朝的命运，日益命悬一线。到最
后，北宋王朝灭亡的第二年，杜充掘开黄河堤坝导致黄河改
道，夺淮入海。至此汴河彻底失去了漕运能力，而汴京城也
就此日渐沉沦。汴洛地区直到今天也再未诞生过世界级的大
都市。

运河的相继失能毕竟只是北宋王朝和京师汴京逐渐走向
衰落的表象之一，其背后的机理在于北宋独特的经济结构：

民间经济活动与政府军事财政紧密缠绕的经济模式。在北宋前中期长期和平的环境下，民间经济与政府财政在这个模式之下相得益彰，造就了经济的繁荣和汴京城的发达。然而当宋神宗时代开始应对长期战争时，从民间日常经济中获得的常规财政收入远远不足以支撑军事需求。当时的统治者对经济社会的理解跟不上时代的变化，在他们控制下的宋廷中央财政，只能选择传统"利出一孔"的模式，使用强力手段撕毁对民间和市场承诺的信用，从社会中强行抽取财富。最终导致民间经济残破，社会财力枯竭，国家信用崩溃，人民起义反抗，加速了北宋王朝的灭亡。

然而，统治者对经济社会的理解落后于时代同样只是一个表象。实际上，落后于时代的远远不止限于统治者小群体。人身固定、身份固定、职业固定的传统社会直到中晚唐时才逐渐崩坏。整个社会放开地域、职业、身份的流动不过短短百来年，旧时代的各种思想和观念尚根深蒂固。当时的社会既没有发展出可以替代"利出一孔"的系统经济思想，也没有发展出足以产生近代信贷和银行的民间信用，对于政权的治理方式在并不彻底的尝试之后也再次回归集权专制……这一切，在北宋晚期和北宋灭亡后的南宋时期，并没有随着社会变革进一步前进，反而越发展现出对社会变革的阻碍与反动。

而这才是北宋时代与那个时代造就的汴京城要面临的无解难题。而今天研究者所关注的走向近代财政国家之路，在那个时代是注定不可能存在的。

尾声

2015 年，故宫博物院的"石渠宝笈特展"上，北宋末期画家张择端《清明上河图》的原本难得一见地全卷展开陈列。笔者当时排了几个小时的长队，终于有幸近距离一睹这件稀世国宝的真容。

某种意义上，《清明上河图》描绘的场景，就是普通人对宋代汴京城乃至整个北宋社会的直观印象——文明而繁荣、尚文而风雅、精巧而脆弱。这似乎也符合宋徽宗统治前期崇宁、大观年间①的北宋给人留下的普遍印象。很多观众也能意识到，仅仅在这幅名画完成后 20 多年，画面上文明繁荣的都市就毁灭于金人南下的铁蹄。

本书始终在探究的，正是汴京这座大都市何以诞生，又何以衰亡。这看似只是一座城市的兴亡，却是整个北宋王朝兴亡的密码，背后隐藏着中国历史数千年中一个曾经孕育着另一种可能性的出口。

汴京这座城市在中国古代帝制时期显得如此特别——从秦始皇统一天下开始到清朝灭亡结束，可以说，前 1100 年，是西安与洛阳东西两都的时代，后 700 年，是北京与南京南北两京的时代。而夹在其中成为过渡的，就是北宋汴京时代。

---

① 余辉：《北宋张择端〈清明上河图〉揭秘》，载《紫禁城》，2013年第4期。

河南省开封市铁
塔公园内的北宋
铁塔。塔为宋代
遗构，见证了北
宋汴京城的繁华
与毁灭

西安、洛阳、北京、南京是著名的四大古都，它们以帝
王之宅的身姿伫立在中国历史的长河中。如果要我们对帝王
之宅的气象做出描述的话，最妙莫过于唐代大诗人王维那首
《和贾舍人早朝大明宫之作》：

绛帻鸡人报晓筹，尚衣方进翠云裘。

九天阊阖开宫殿，万国衣冠拜冕旒。

日色才临仙掌动，香烟欲傍衮龙浮。

朝罢须裁五色诏，佩声归到凤池头。

我们的思绪不禁飘飞到盛世的长安：巍峨的朱雀门后，
气势恢宏的宫殿群鳞次栉比地分布在巨大的皇城与宫城之中。
朱雀门前，150米宽的朱雀大街逶迤延伸，直到天边矗立的终南山脚下。宽阔的大街上，威武的皇家仪仗绵延数里，这是皇帝出行的法驾。沿途两侧围观的居民被扈从的禁卫军远远拦阻在街道之外，对着皇帝的仪仗顶礼膜拜……

然而，帝王之宅的巍巍气象背后，是帝国都城作为政治城市的礼仪功能、政治功能的极致舒张。那是属于"天上人"统治阶层的城市。为了维护这样的气象，严格的管理和控制制度诸如里坊制、夜禁制、过所制等制造着各式各样的阻碍，限制着普通人在帝王之城中的居住与商业生活。

与气势恢宏的帝王之城相比，北宋汴京城一直缺少这种宏大与气派。北宋皇宫的基址建立在唐代节度使官衙的基础之上，狭小逼仄。被百姓侵占的街道狭窄拥挤，皇家浩大的仪仗队在这样的道路上不但会被挤作一团，而且居民路人徜徉穿梭在仪仗队之间，也毫无威仪可言……里坊制度、过所制度崩溃，夜禁制度松弛，商业的繁荣与生活的便利使得普通人在这座城市中的生活不再受到重重约束。民间夜市饮酒作乐的热闹甚至反衬出皇宫夜半的冷清孤寂。

虽然缺少了宏大与气派，但王朝都城的政治身份带来的特权为汴京城戴上另一种光环。同时代在地方州县普通民众要遭受各种赤裸裸的盘剥压榨，因为京城的光环在汴京城得到了些许放松与体面。汴京城的居民比起地方州县的民众，享受到了更多的尊重与照顾——就是从今天的角度看都可以说活得更像一个有尊严的人些。

于是，在这个城市的居民身上发生了一些听起来不像发生在帝制时代的故事，却并不令人觉得奇怪。比如我们在正文中提到过的，皇帝因为顾念百姓的民居而放弃了扩建皇宫的工程。又如，曾经发生过这个城市的居民因为家养的猪

尾声

丢失，直接敲登闻鼓向皇帝索取，还得到了受理……比起之前与之后王朝首都的帝王之宅，北宋的汴京城更趋向于变成"走卒类士服，农夫蹑丝履"的"平民乐土"。

因此，汴京城成了那个时代普通人"用脚投票"的终极目的地，我们在正文中描述过的龚美小夫妻的"汴漂"之旅中已经看到了他们选择的结果。有钱人可以在汴京城仅依靠钱享受优渥的生活，贫困者也能在汴京城这个全国最繁荣的市场中谋得安身立命的营生。如果说北宋地方州县的社会中，百姓面临着并不比其他朝代轻的压榨剥削，而在汴京城中，普通民众能得到的是超越时代的开放、流动和平等，最接近近代特征的古代社会生活。

然而，这"乐土"仅仅存在了短短百余年，就迎来了"失乐园"。导致汴京城走向衰败的决定性因素是伴随中国古代社会和政权而内生的。延续了千年的秦汉唐传统社会在唐宋之际看似解体了，但不论在思想上、组织上还是治理方式上却始终死而不僵，甚至带动了社会形态的回潮。

汴京城的毁灭不足为奇，然而值得深思的却是这些走向近代的特征，却为何仅仅在汴京城中惊鸿一瞥，不再复现。由北宋至南宋，到南宋灭亡后的元明，很多已经走向开放、流动、平等的变化反而发生了倒退。比如在北宋摆脱地主的人身控制，获得迁徙权利的佃农，在南宋又逐渐变回地主的附庸；南宋灭亡之后，普通人的迁徙权利再次丧失，此后出现的路引制度变相重生了北宋时已经消亡的唐代过所制度，将平民再次固定在居处所在的土地之上；元明的户计制度将平民按照不同职业进行区分固定，重新剥夺了平民选择职业的权利……

这样，北宋汴京城和孕育它的时代就成了中国古代史上的异数，中国的历史长河并没有沿着汴京时代曾经指向的方向流淌下去。错失了这个可能的出口之后，一些曾经出现在汴京时代的特征，再次出现在中国大地上，已经要到近代了。

尾　声